Eine Einladung nach Rom, ein halbes Jahr im Süden. In der Ewigen Stadt folgt die Erzählerin den Spuren Goethes und Ingeborg Bachmanns, sie entdeckt für sich Caravaggio und den Park der Villa Borghese, findet Freunde, reist zum Lago Maggiore und nach Syrakus, erinnert sich an die Landschaft Lapplands, an Kuba, an Che Guevara. Zwiegespräche mit Vergangenheit und Gegenwart: Wohin mit mir?

Ein intimes, heiter-nachdenkliches Buch, das mit großer poetischer Kraft vom Suchen, Verfehlen und Finden des Glücks erzählt.

»›Alles, was lebt, sei lebendig‹, hat Goethe geschrieben. Sigrid Damms römisches Diarium nimmt diese Empfehlung erfrischend beim Wort.

Dieses Buch dürfte die vielen Fans der Autorin erfreuen ... Sigrid Damm ist als Flaneurin ganz Auge und Ohr. Mit unbefangenem Blick begibt sie sich auf die Wege durch Rom und nach allmählicher Vertrautheit und wachsender Zuneigung findet sie ihr unverhofftes römisches Glück.« *Heinrich Detering, Frankfurter Allgemeine Zeitung*

»Ein Rom-Buch der liebenswürdigsten Sorte. Unbefangen, ohne jede Prätention von Kennerschaft oder Insidertum berichtet Sigrid Damm von ihren Streifzügen und Entdeckungen, von Begegnungen der spektakulären oder »nur« menschlichen Art, von Spurensuche und Offenbarungen. Sie tut es auf so sympathische Weise, dass man auch als Romkundiger alles noch einmal neu und im Zustand der Unschuld zu sehen glaubt.« *Kristina Maidt-Zinke, Die Zeit*

Sigrid Damm, in Gotha/Thüringen geboren, lebt als freie Schriftstellerin in Berlin und Mecklenburg. Sie ist Mitglied des P. E. N. und der Mainzer Akademie der Wissenschaften und der Literatur. Sie erhielt für ihr Werk zahlreiche Auszeichnungen, unter anderem den Feuchtwanger-, den Mörike- und den Thüringer Literaturpreis.

insel taschenbuch 4275

Sigrid Damm

Wohin mit mir

Sigrid Damm

Wohin mit mir

Insel Verlag

Umschlagabbildung: Antonio Canova, Amor und Psyche
(Ausschnitt), 1793

2. Auflage 2015

Erste Auflage 2013
insel taschenbuch 4275

Hinweise zu dieser Ausgabe am Schluß des Bandes
Vertrieb durch den Suhrkamp Taschenbuch Verlag
Umschlag: Hermann Michels und Regina Göllner
Satz: Satz-Offizin Hümmer GmbH, Waldbüttelbrunn
Druck: CPI – Ebner & Spiegel, Ulm
Printed in Germany
ISBN 978-3-458-35975-3

Das letzte Jahr des vergangenen 20. Jahrhunderts. Für mich, die Erzählerin, war es ein abenteuerlich volles, verwirrendes Jahr, dieses 1999. Die Dichte der Ereignisse, die mich nicht zur Besinnung kommen ließen, der Wechsel der Orte, den der Körper vollzog, ein Wechsel, bei dem die Seele nicht nachzukommen vermochte. Ihr Zurückbleiben. Vergebliches Warten. Wohin mit mir.

Meinen Lebensmittelpunkt hatte ich – nach dem Sturz meines Landes in den Abgrund und der Öffnung der Grenzen in alle vier Himmelsrichtungen – im hohen Norden gefunden, in Schweden, unweit des nördlichen Polarkreises, in einer Landschaft, in der alles lag, was ich erzählen wollte, in der mich eine *warm bewohnte Unendlichkeit* umgab. Da rief man mich nach Süden, nach Italien. Vom 1. Juli bis 31. Dezember wurde mir ein Aufenthalt als Stipendiatin der Casa di Goethe in Rom zugesprochen.

Und zudem: im Frühjahr des Jahres 1999 war ich in der Erwartung, Großmutter zu werden. Eine halbjährige Abwesenheit aus Deutschland?

Auch mein Verlag zeigte sich nicht glücklich darüber. Mein im August des Vorjahres erschienenes Buch hatte überraschend Erfolg. Ein Ansturm von Wünschen nach Lesungen. Wenigstens einen Teil solle ich erfüllen, sagte mein Verleger, und so drängten sie sich im ersten Drittel des Jahres zusammen.

Dann kam noch etwas dazu, das wohl entscheidend war: In mir arbeitete bereits ein nächstes Buch. Es hatte, wie konnte es anders sein, den hohen Norden zum Erzählraum. In diese Landschaft war ich durch meinen älteren Sohn gekommen, der sie für sich entdeckt und mich und seinen jüngeren Bruder mit seiner Leidenschaft für den Norden infiziert hatte. Jahre schon hatten wir den Traum: ein Buch zu dritt darüber zu machen. Nun brachte der Erfolg ihn in greifbare Nähe. Ich entsinne mich an den Tag, als wir ihn in die Realität eines Entschlusses wandelten. Es war Karfreitag, der 2. April. Mit den Söhnen und der hochschwangeren Frau des älteren fuhren wir in die Umgebung von Berlin hinaus. Mieteten am Lehnitzsee ein Boot, ruderten zur Mitte des Sees, ließen das Boot treiben, es kreiste um sich selbst, lange, trieb dann unendlich langsam dem Ufer zu. Und da stand der Entschluß fest. Und auch der, daß ich vor meinem Aufbruch nach Italien allein nach Norden fliegen, dort die Zeit von Mitte Mai bis Mitte Juni verbringen würde.

Wenige Tage nach jener Bootsfahrt kam das Kind zur Welt. In das Glück meines Großmutter-Daseins mischte sich die Bitternis über die Vorgänge im zerfallenen Jugoslawien. Am 21. März hatten – ohne Mandat der UNO – die Luftangriffe der NATO-Verbündeten auf Serbien begonnen. Auch in der Nacht, als das Kind geboren wurde, bombardierten NATO-Flugzeuge serbisches Gebiet. Wenige Tage später, ich war schon wieder unterwegs, beim Umsteigen auf dem Leipziger Hauptbahnhof die riesige Leinwand, auf der Bilder vom zerstörten Belgrad flimmerten, in der Nacht war das Innenministerium getroffen worden. Und Aufnahmen von einem von Flugzeugen angegriffenen Zug, in dem Zivilisten saßen. Die Tötung von Unschuldigen, Gewaltanwendung im Namen einer Aktion, für die man das Wort *Friedensdurchsetzung* hatte; eine in meinen Augen durch nichts zu rechtfertigende Aktion, an der sich auch Deutschland beteiligte. Waren die Politiker meines Landes von allen guten Geistern verlassen?

Mitte Juni, als ich von Luleå in Nordschweden nach Berlin zurückflog und in Stockholm zwischenlandete, sah ich auf den Titelseiten der großen Zeitungen und auf den Bildschirmen in der Wartehalle: Die NATO-Verbündeten, unter anderen auch deutsche Truppen, zogen wie Siegermächte im Kosovo ein, und die Menschen standen an den Straßenrändern und winkten den Panzern zu.

Der hohe Norden. Mitte Mai. Der Winter war noch nicht vorbei. Der Piteälven trug noch Eis. Überall waren Schneereste. Auch auf dem Grundstück in Roknäs; der Nachbar hatte den Schnee zu Haufen zusammengeschoben. Die Bäume waren noch völlig kahl. Die Erde gefroren. Nur in den Ameisenhaufen regte es sich.

Aber wie in all den Jahren beginnt das Glück hier übergangslos; von null auf tausend. Sofort bin ich von dieser Unendlichkeit umgeben. Morgensonne. Draußen vor meiner Kammer auf dem Rentierfell sitzend frühstücke ich. Am Fluß treffe ich eine Elchmutter mit ihrem Kind und zwei Rentiere. Ich besuche meine Freunde in Bölebyn, der Eisgang auf dem Piteälven hat ihre Saunahütte weggerissen. Ich schlafe zehn Stunden.

Traumlos. An einem windstillen Tag brenne ich die Wiese ab. Höre auf das Fallen der Regentropfen auf das Dach der Terrasse, höre auf die Kehllaute der Vögel. Beobachte die Vorgänge im Ameisenhaufen oder mit dem Fernglas die sich entfaltenden Blätter an den Bäumen. Der Frühling kommt hier explosionsartig. Über Nacht erscheint ein blühender Teppich von Anemonen hinter dem Vorratshaus. Und die braunen wurmartigen Gebilde am Wegrand rollen sich zu stolzen Farnen auf. An den Bäumen kann ich die Blätter wachsen sehen, ich renne hinaus, mehrmals, messe, in wenigen Stunden neun Millimeter, und innerhalb von zwei Tagen ist die zum Haus führende Birkenallee in ein berauschendes Gelbgrün getaucht.

Die Sonnenturbine läuft. 26 Grad am Mittag. Es dämmert zwar am späten Abend, aber es wird nicht mehr dunkel. Ich laufe um Mitternacht über die Wiesen und in den Wald hinein. Einige Breitengrade weiter oben steht die Sonne schon ununterbrochen am Himmel. Wie soll mein Kindeskind hier Tag und Nacht unterscheiden und schlafen können. Und die Mücken. Ich messe die Fenster in der Schlafkammer aus, fahre ins Nachbardorf, bestelle Mückenfenster und Verdunklungen.

Und die Abende am Kamin, das prasselnde, lodernde, sprühende Feuer, wie in all den vergangenen Jahren. Stundenlang sitze ich, ohne mich zu rühren. Oder liege auf der Bank in der Stube und sehe in die Flammen. Erhebe mich nur, um ein Scheit Holz nachzulegen. Oder um zu tanzen. Nach Zamfir, der seine Panflöte zu Bach, Albinoni, Corelli und Telemann spielt.

Und plötzlich weiß ich, daß der Erfolg meines Buches mit diesem Ort zu tun hat. Hier ist es überwiegend entstanden. In dieser Leere, Stille, dieser Unendlichkeit. Hier habe ich Zeithaben und Gelassenheit gelernt; am Feuer und auf den Gängen über die einsame Landschaft. Wartenkönnen, bis das überlieferte Material sich freigibt, Rhythmus und Sprache sich finden. Undenkbar, daß man sich in den Himmel der Literaturwissenschaft oder in den der Spekulation versteigt, hier hat man die kleinen Bleigewichte an den Füßen, ist geerdet, ist der Erde nah.

Freilich, unbedingte Konzentration ist nötig. Wenn die Söhne in die Berge aufbrachen, begnügte ich mich, mit dem Finger auf der Landkarte entlangzuwandern. Jetzt aber, und das ist der Grund meiner Reise, werde ich das tun, wovon ich während der Jahre der Arbeit am Manuskript geträumt habe: die nahe am Haus vorbeiführende Straße weiterzuziehen bis an ihr Ende, bis an die Atlantikküste nach Bodø in Norwegen.

Der Rucksack ist gepackt. Am 1. Juni breche ich auf. In Bodø angekommen, feiere ich mit wildfremden Menschen die Mitternachtssonne. Dann weiter nach Narvik. Von dort über Katterjåkk nach Riksgränsen. Schließlich über Abisko, Kiruna und Gällivare zurück nach Roknäs. Zwölf Tage bin ich unterwegs. Ein Sinnenrausch. Ich schreibe nichts auf. Ich mache kein Foto. Aber mein Kopf ist übervoll. Erlebnisintensität. Neue Arbeitsfelder.

Die große Unruhe, von der ich nach der Rückkehr nach Deutschland erneut erfaßt wurde. Seit Monaten schon wird das Haus, in dem ich wohne, saniert. Die Balkonbrüstungen aus Beton sind abgerissen, auf dem Brettergerüst spazieren die Bauarbeiter, winken durch die offene Balkontür, wenn man noch im Bett liegt. Baulärm. Alle Rohrleitungen werden erneuert, wochenlang gibt es in der Küche keine Kochmöglichkeit, einige Tage lang ist selbst die Toilette nicht zu benutzen. Das Haus wird in Eigentumswohnungen verwandelt; ich kann meine sechsundvierzig Quadratmeter kaufen. Bestimmen, welche Fliesen, wohin mit den Steckdosen, auch alle Stromleitungen werden erneuert. Die fast dreißig Jahre alte Einbauküche aus Sprelacart zerfällt beim Abmontieren in ihre Einzelteile. An Mangelwirtschaft gewöhnt, werde ich nun mit Überfluß konfrontiert. Die Überfülle der Angebote. Durch Baumärkte, Küchenstudios.

Und inmitten von Einkaufshektik und Baulärm die Durchsicht der Fahnen von zwei Manuskripten. Den Aufwind des Erfolgs nutzen, sagt mein Verleger. Eines der Manuskripte liegt ihm besonders am Herzen, es ist sein Vorschlag, das andere mit Arbeiten aus zwei Jahrzehnten ist mir nahe.

Der Termin der Abfahrt nach Rom verschiebt sich. Mein Sohn Joachim bekommt vom Hebbel-Theater die Chance, einen Beitrag zu dem im Jahr 1999 in Berlin stattfindenden »Theater der Welt« zu entwickeln. Er wählt einen Aufführungsort im Freien, den Humboldthafen am Lehrter Stadtbahnhof. Er arbeitet wie besessen, in kürzester Zeit entsteht das Projekt »Wassertheater«; es hat viel mit unserem nordischen Buch zu tun, ich will die Aufführung nicht versäumen. Und im Roten Salon der Volksbühne spielt er sein Solostück »No time to loose«. Damit seine Frau eine der Vorstellungen sehen kann, erkläre ich mich bereit, bei dem Kind zu wachen.

Die erste Nacht allein mit dem kleinen Menschlein. Ich bin aufgeregt. Lausche auf sein Atmen, sein Schniefen und Glucksen wie auf eine Musik von Luigi Nono oder Johann Sebastian Bach. Bis drei Uhr schläft er durch. Dann gebe ich ihm die Flasche, er sieht mich unverwandt ernst an, sein Blick: wer bist du bloß. Die Wärme des kleinen Körpers, ich ziehe ihm ein Jäckchen an, halte ihn hoch, klopfe den Rücken. Später lege ich ihn wieder hin. Er schläft sofort ein. Und ich lausche von neuem der Musik.

Nach dieser wundersamen Nacht wieder Baulärm, Durchsicht von Fahnen, Einkauf in Baumärkten. Und dann die erste Durchlaufprobe des »Wassertheaters«. Ich fahre zum Lehrter Stadtbahnhof. Die am Humboldthafen aufgebaute Bühne. Das vom Projektleiter zusammengestellte Team, auch sein Bruder ist darunter. Alle Nächte wird durchgearbeitet.

Und dann kommt der Tag der Premiere, der 1. Juli. Alles läuft gut. Großer Applaus. Um vier Uhr am Morgen bin ich zu Haus. Gegen halb sieben laufen die ersten Bauarbeiter auf dem Gerüst entlang. Nun rückt die Abfahrt in unmittelbare Nähe. Der 6. Juli ist vereinbart. Mit dem jüngeren Sohn – am Tag der Premiere hat er seinen dreißigsten Geburtstag gefeiert – werde ich die Alpen überqueren. Koffer packen, die Wohnungsschlüssel der Freundin geben. Sie wird in der Zeit meiner Abwesenheit den alten Teppichboden entfernen und Parkett legen lassen. Welch Luxus! Wenn ich zurückkehre, versichert sie mir, werde ich die Wohnung nicht wiedererkennen.

Der Humboldthafen. Der Abbau des »Wassertheaters« ist in vollem Gang. Es ist drückend heiß. Die jungen Männer, ihre Hemden sind durchtränkt von Schweiß. Abschied vom älteren Sohn. Der andere winkt: bis morgen. Der Kinderwagen steht im Schatten. Nackte Füßchen. Keine Windel. Nur ein bis zum Bäuchlein reichendes leichtes Hemdchen. Ich nehme das Kindeskind aus dem Wagen, wieder dieses ernste: wer bist du bloß. Dann aber, mit einer langen, fast theatralischen Verzögerung, lacht das Kind, dem seine Eltern den Namen Noah gegeben haben, mich an. Zum ersten Mal. Abschied von ihm. Für ein halbes Jahr. Undenkbar, diese lange Zeit.

Die Nacht vor der Abreise. Noch immer diese drükkende Schwüle. Die Turmuhr des Roten Rathauses schlägt die viertel, die halbe, die volle Stunde. Die nächste viertel, halbe, volle Stunde. Die Hitze. Reisefieber. Dann ein Donnergrollen, das näher kommt, schließlich ein heftiger Wind, der an den Pappeln im Innenhof reißt, und endlich – erlösend – ein starker langanhaltender Regenguß. Am Morgen ist der Himmel bedeckt, es hat sich merklich abgekühlt. Gutes Fahrwetter.

Das Abenteuer Süden kann beginnen. Wenn ich mich jetzt, mehr als zehn Jahre später, daran entsinne, ist mir, als ob das Durchlebte erst in der Erinnerung Realität gewänne. Damals war ich abwesend in der Anwesenheit. Der Zwiespalt von Körper und Seele, von Süden und Norden. Der wahre Aufenthalt in Rom ein nachträglicher, den die Erzählerin sich schreibend erschafft? Der Versuch, das Gewesene Tag für Tag zurückzuholen. Beginnend mit dem Tag der Abreise.

6. Juli
Es ist ein Dienstag. Pünktlich ist Tobias da. Sein roter Passat, den er vor einem halben Jahr gegen sein erstes, nach dem Mauerfall erstandenes Auto, einen Trabant, getauscht hat. Der Passat hat bereits hunderttausend Kilometer hinter sich.

Bis Schleiz ist uns alles vertraut. Die Autobahn in Richtung München. Ich bin sie noch nie gefahren. Auch der Sohn nicht. Spannung, wann werden die Alpen auftauchen. Der Himmel ist voller schnell ziehender Wolken, die sich mitunter düster türmen. Wir müssen lange warten. Dann aber reißen unvermittelt, nur für kurze Zeit, die Wolkenwände auf, und die Alpenkette liegt breit und behäbig wie ein urzeitliches Tier vor uns, seine Rückenzacken die Berge.

Ich erinnere mich, wie mein Verleger erstaunt die Augenbrauen hob, als ich sagte, ich sei noch nie in den Alpen gewesen, geschweige denn, daß ich sie überquert hätte. Er wollte es nicht glauben. Und ich erzählte ihm von den Bergen der Hohen Tatra und der Malá Fatra, in die man in DDR-Zeiten gefahren sei. Er schwieg, als fiele das nicht ins Gewicht. Diese Reaktion ist mir nach der Wende vielfach begegnet. Wenn ich von den hellen Nächten in Leningrad, von Moskau, vom Balaton oder vom Schwarzen Meer erzählte: Schweigen. War das nicht auch die Welt? Die Teilung in Ost und

West hatte also nicht nur für mich existiert. Aber während, wie mir schien, die aus dem Osten hastig schlingend sich den Westen einzuverleiben suchten – Spanien, Italien, Mallorca, die Türkei die bevorzugten Ziele –, war dieselbe Gier in die andere Richtung keineswegs zu beobachten. Goethe, sagte mein Verleger dann, das Schweigen beendend, habe zweimal auf der Paßhöhe des Gotthard gestanden und sei umgekehrt. Erst beim dritten Anlauf habe er die Alpen zu übersteigen vermocht, habe Arkadien, sein Sehnsuchtsland erreicht.

Vor dem Dreieck Inntal verlassen wir die Autobahn, wir sind hungrig, es wird Abend, wir müssen uns eine Bleibe für die Nacht suchen. Ein Landgasthof, ein Zimmer mit einem Himmelbett, auf seinem Baldachin tummeln sich aufgemalte pausbäckige Engel. In der Gaststube ein kräftiges Mahl, auf fast allen Tischen, auch auf dem unseren, die Maß Bier – wir sind in Bayern. Als wir vor die Tür des Gasthofs treten, um noch einen Abendgang durchs Dorf zu machen, geht ein heftiger Gewitterguß mit Graupel und Hagelkörnern nieder. Dann bewachen die pausbäckigen Engel unseren Schlaf.

7. Juli
Der Tag der Alpenüberquerung. *Innspruck liegt herrlich in einem breiten reichen Thal zwischen hohen Felsen und Gebirgen.* Goethe. *Von Innspr. herhauf wird's immer schöner. Da hilft kein Beschreiben.* Fünfeinhalb Stunden brauchte Goethe von Innsbruck bis zum Brenner. *Von Innsbr fuhr ich um 2 Uhr ab und war halb achte hier.*

Das Inntal-Dreieck. Richtung Innsbruck. Wir kaufen

eine Autobahn-Vignette für Österreich, tanken. Das Auto verliert Öl, keine Panik, sagt der Fahrer. Keinerlei Kontrollen an den Grenzen. Wir gewinnen an Höhe, sind wir schon auf dem Brenner? Das Handy klingelt. Tobias meldet sich, kein Wort, wo er sich befindet, er spricht, als sei er an seinem Arbeitsplatz in Berlin, nimmt einen umfangreichen Auftrag eines Kunden entgegen. Das unaufhörliche Dröhnen und Rauschen des Verkehrs. Das hohe Tempo, mit dem alle fahren. Auf der rechten Spur versperren die Lastwagen mit ihren Anhängern den Blick. Dann für Sekunden ein Schild: *Brénnero/Brenner*. Tobias verlangsamt das Tempo, heftiges Hupen hinter uns, er läßt sich nicht beirren, steuert auf die nächste Abfahrt zu, verläßt die Autobahn. Ich bin überrascht. Das Öl? Er schüttelt den Kopf. Goethe sei auch nicht auf einer achtspurigen, sich auf riesigen Betonstelzen befindlichen Autobahn gereist; wir nehmen die alte Brennerstraße, sagt er.

Der Reisende zweihundert Jahre vor uns verweilte auf dem Gebirgsscheitel. Am Abend des 8. September 1786 schreibt er an Charlotte von Stein: *Wie sonderbar daß ich schon zweymal auf so einem Punckte stand, ausruhte und nicht hinüber kam!* Die Erinnerung an die Umkehr im Juni 1775, er zeichnete auf der Paßhöhe des Gotthard den »Scheide Blick nach Italien«. Die zweite Umkehr im November 1779 als Begleiter des Weimarer Herzogs nach einer Wanderung von Chamonix über die Furka. Auch im Herbst 1786 zweifelt er, ob ihm die Alpenüberquerung gelingen werde. *Auch glaub ich es nicht eher als bis ich drunten bin.*

Er übernachtet auf der Paßhöhe. Macht Notizen, die

er numeriert. *Note a. Gedancken über die Witterung.* – *Note b. Über Polhöhe, Clima pp.* – *Note c. Über Pflanzen, Früchte pp.* – *Note d. Von Gebürgen und Steinarten.* Der Blick des Ilmenauer Bergwerkskommissars auf die Erdformationen; von *grauem Kalck*, von *Glimmerschiefer*, von der *Granitart Gneis* ist die Rede. *Granit selbst habe ich noch nicht gefunden.*

Zusammenfassend heißt es: *Zu meiner Weltschöpfung hab ich manches erobert.*

Als letztes: *Note e. Menschen.* Ihm fallen *bey den Weibern ... sehr gut gezeichnete schwarze Augbrauen* auf, *bey den Männern ... blonde Augbrauen und breite.* Die Kopfbedeckungen *der Weiber* sagen ihm nicht zu: *weise, baumwollene, zotige, sehr weite Mützen, wie unförmige MannsNachtmützen*, die der Männer dagegen sehr: *Die grünen Hüte geben zwischen den Bergen ein fröhliches Aussehen.* Er beobachtet, daß fast jeder eine Feder am Hut trägt, vor allem *Pfauenfedern* seien bei den *gemeinen Leuten* beliebt. Sein Rat an Reisende, *solche Federn mit sich zu führen.* Dann könne man *statt eines kleinen Trinckgelds ein groses ohne Unkosten geben.*

Über den Jaufenpaß und Meran kommen wir in eine Ebene, an deren Ende sich die Stadt Bozen befindet. *Das Thal worinn Botzen liegt ... gegen Mittag offen, gegen Norden von den Tiroler Bergen bedeckt.* Eine Rast? Zustimmung. Von der Landstraße auf einen Feldweg, dann zwischen Wiesen einen Hang hinauf. Der weite Blick. Unsere Fahrt nach *drunten* war gewiß nicht so abenteuerlich wie die Goethes. Da der Brenner-Wirt seine Pferde am Morgen braucht, überredet er seinen

Gast, auf eine zweite Übernachtung zu verzichten und bei Mondschein talabwärts zu reisen. *Um sieben fuhr ich vom Brenner weg ...* notiert Goethe. *Der Postillon schlief ein und die Pferde liefen den schnellen Trab bergunter immer auf dem bekannten Wege fort, kamen sie an ein eben Flecken ging's desto langsamer, er erwachte und trieb und so kam ich sehr geschwind zwischen hohen Felsen, an den reißenden Etsch Fluß hinunter.* Mehrmals dann Wechsel der Pferde. Über *Sterzingen, Mittenwalde, Brixen* ging es nach *Colmann*, wo Goethe am frühen Morgen anlangt. Er beklagt sich über die rasante Fahrweise: *die Postillone fuhren daß einem oft Hören und Sehen verging*; von *entsetzlicher Schnelle* schreibt er.

Der Sohn lacht, als ich das vorlese. Die Durchschnittsgeschwindigkeit einer Postkutsche betrug damals – je nach Wegezustand – in etwa drei bis vier Kilometer die Stunde. Talabwärts mögen es vielleicht einige Kilometer mehr gewesen sein. Dann sind wir doch gut, statt 180 auf der Autobahn nur 80 auf der Landstraße oder 50 zu fahren. Auch hinter Bozen verschmähen wir die Autobahn, deren unablässiges Gedröhn zu uns herüberdringt. Wir lassen uns von der grünen Linie auf der Landkarte verführen. Nehmen den Weg durch die Dolomiten. Steile enge Straßen, viele Kehren, atemberaubende Haarnadelkurven; ich möchte nicht am Steuer sitzen. Tobias fährt wie ein junger Gott.

Über Mezzolombardo, Sarche und Arco erreichen wir gegen Abend Torbole am Gardasee. Ich wette, sagt der Sohn, Goethe war hier. Ich bestätige es. *Das Örtchen liegt am nördlichen Ende des Sees*, schreibt er am 12. September 1787 an Charlotte, und, daß er die *ersten Feigenbäume* und *die ersten Ölbäume voller Oliven* gesehen habe. *Die Menschen leben ein nachlässiges Schlaraffenleben.*

Wir essen in der Abendsonne im Freien unter Palmen an einem weißgedeckten Tisch. Gehen danach hinunter zum See. Eine Decke unterm Arm, eine Flasche Wein, »Vino di Goethe di Garda« (ein Buchhändler hat sie mir geschenkt). Wir trinken. Reden. Auch darüber, daß in der Nacht des 23. April der Hauptsitz des serbischen Radios und Fernsehens mitten im Zentrum Belgrads von Flugzeugen der NATO bombardiert wurde. Eine Verletzung des Genfer Abkommens, von *amnesty international* als *Kriegsverbrechen* eingestuft. Die unheilvollen achtundsiebzig Tage der Bombardierungen der NATO.

Der Gardasee. Das gegenüberliegende Ufer mit Bergen und grünen Hügeln scheint menschenleer und unbelebt, als aber die Dämmerung kommt, gehen vereinzelt Lichter an, und mit der zunehmenden Dunkelheit werden es immer mehr. Unzählige kleine Ortschaften müssen sich dort drüben befinden.

Wie war der Goethe-Satz mit der Weltschöpfung, fragt der Sohn. *Zu meiner Weltschöpfung hab ich manches erobert.* Später macht er allein noch einen Gang durch Torbole. Ich gehe schlafen.

8. Juli

Wir beginnen den Tag mit Schwimmen in dem zum Hotel gehörenden Freibad. Nehmen uns viel Zeit für das Frühstück. *Schlaraffenleben.* Dann die Straße am

Ufer des Lago di Garda entlang: Malcésine, Brenzone, Bardolino. Bei Peschiera fahren wir unter der Autobahn durch. Wir bleiben auf der Landstraße. Ein Schild: Mántova. Ich vermeine die Arie des Grafen von Mantua aus Verdis Oper »Rigoletto« zu hören. Die Poebene mit ihrer vielen Industrie. Unweit von Borgoforte überqueren wir den Fluß; breit und träge fließt der Po dahin. Hinter Réggio Nell'Emilia wird es leicht bergig. Wieder folgen wir der grünen Linie auf unserer Karte. Dann Sassuolo, Serramazzoni, Pontepetri; bei Pistoia erneut die Unterquerung der Autobahn. Schließlich Empoli, Castelfiorentino.

Die Toskana. Wir übernachten in San Gimignano. Die Stadt liegt auf dem höchsten Punkt eines langgestreckten Bergrückens. Olivenhaine und Weinberge, soweit das Auge blicken kann. Der Gegensatz zu der grauschwarzen, von blendenden Schneeflächen unterbrochenen endlosen Einsamkeit der Berge auf meinem Weg im hohen Norden könnte nicht größer sein.

Wieder Abendessen im Freien. Die *elastische Luft*, von der Goethe spricht, sie *würkt auf die Organe der Pflanzen, macht ihre Existenz vollkommen*. Der Sohn im weißen Hemd, hinter ihm eine grüne Wand mit üppigem Oleander voller zartrosa und tiefroter Blüten. Dieser Hintergrund – unwirklich, wie auf einem alten kostbaren Gemälde.

Später ein Gang durch San Gimignano. Mittelalterliche Gebäude, auch die alte Stadtmauer ist erhalten. Die Steine der Häuser, der Mauern; ihre lautlose Sprache. Enge Gassen. Es ist still in ihnen. Vor den Haustüren sitzen schwarzgekleidete alte Frauen, jede für sich vor ihrem Haus, nickend erwidern sie unseren Gruß. Sie sitzen auf ihren Stühlen. Sie schweigen. Sie warten. Worauf? Auf den Tod.

Auf der Piazza Cisterna aus Backsteinen ein Muster. La Collegiata, der romanische Dom aus dem 12. Jahrhundert, wie wir an der Pforte lesen. Sie ist geschlossen. Der den Dom noch überragende mittelalterliche Turm daneben. Plötzlich ein Knarren, die Dompforte öffnet sich. Im langen schwarzen Habit kommt ein Pfarrer oder Küster, unterm Arm eine große Plasteflasche – gewiß für das Weihwasser –, schnellen Schrittes die flachen Stufen herab. Am Brunnen füllt er die Flasche, eilt dann mit wehendem Gewand die Stufen hinauf. Die Tür schließt sich hinter ihm, wieder das knarrende Geräusch.

Die Nacht in einem winzigen Zimmer zu ebener Erde, ab und an Hundegebell und vereinzelt Schritte von Vorübergehenden.

9. Juli

Unser Siena-Tag. Der Sohn war schon hier. Nach Mauerfall und Beendigung seines Wehrdienstes in der Nationalen Volksarmee – beide Ereignisse fielen annähernd zusammen – war er umgehend nach Italien aufgebrochen. Er führt mich. Porta Camollia, San Domenico, der Dom, der Campanile. Von oben blicken wir auf die Piazza del Campo, von hier kann man ihre Muschelform und die neunteilige Gliederung gut erkennen. Die Sinfonie der Farben. Italienisches Ocker, ein gelbes bis rotbraunes Pigment, benannt nach der Erde rund um die Stadt: Terra di Siena, Erde von Siena. Siena ist neben anderen Erdfarben das früheste Pigment, das Menschen nutzten. Bereits in steinzeitlichen Höhlenmalereien läßt es sich nachweisen.

Dann sind wir unten auf der Piazza del Campo. Laufen im Strom der Touristen. Der Palazzo Pubblico, der Mangia-Turm; farbsatte Rotgelbtöne, ein Gelbbraun, das zu Ocker wird, Umbra, ein grünliches Braun. Siena, eine Stadt, die niemals bombardiert wurde, eine unzerstörte alte Stadt, ein aufgeschlagenes Geschichtsbuch. Wo hat die Gegenwart hier Raum? An der Piazza del Campo ein Restaurant am anderen, überall Touristen; auch wir sind Gaffer, sind Zuschauer, ohne Spieler zu sein.

Vor Jahren übernachtete der Sohn am Stadtrand im Zelt. Jetzt suchen wir uns das schönste Hotel. Palazzo Ravizza, hohe Zimmer, alte Möbel, im Garten plätschernde Brunnen, ein Blumenflor. Am Abend sitzen wir auf der Terrasse – der Blick in die weite Ebene der Toskana. Die südlichen Farben, die üppige mediterrane Fulle. Der blaue Himmel. Die weißen Gebäude mit den roten Ziegeldächern, in der Nähe, der Ferne, verteilt über die Ebene, meist von hohen Pinien umgeben. Die Anwesen, die Wege, die Haine mit Ölbäumen, die Weinhänge, überall ist die Hand des Menschen zu sehen.

Vor mir tauchen, fast schmerzhaft sehnsüchtig, die Berge des hohen Nordens auf. Ihr verhaltenes vieltöniges Grau. Von einem Weißgrau bis zum Schneeweiß auf Gipfeln und an Nordhängen der Berge bis zum dunklen Grau des nackten Gesteins in Gebirgstälern und den fast schwärzlichen Adern, die auf den schon brüchigen Eisdecken der Seen von der untergründigen Bewegung des Schmelzwassers künden. Die Leere dieser Landschaft, ihre Urgewalt. Der Sohn hat es ähnlich erlebt. Wir sprechen darüber, ohne es in Worte fassen zu können. Eine Zuneigung wie zu etwas Verlorenem, das wir nach langem Suchen wiedergefunden haben. Nie waren wir so bei uns wie dort. Rilkes Verszeile von der *schlaflose⟨n⟩ Landschaft*, die uns *zum Vollsein* verhilft. Die nordische Landschaft als Spiegel, in dem man sich erkennt. Die Nähe zur Schöpfung. Inbild der Ruhe.

Vielleicht gibt es hier im Süden zu viel Schönheit, zu viel Überfluß … Die *elastische Luft*; der Abend ist lau, aber nicht zu heiß. Als die Dämmerung sich über die Ebene der Toskana senkt, schlendern wir nochmals zur Piazza del Campo. Sie ist voller Menschen. Die im Freien stehenden Tische der Restaurants sind alle besetzt. Lichter flackern auf ihnen. Wir laufen über den Platz. Leises Gemurmel. Junge Leute liegen auf der Erde, ihre Rucksäcke neben sich oder sie als Kopfstützen nutzend; ein friedliches Bild. Überall dieses leise Gemurmel, als ob der jahrhundertealte architektonische Raum die Hierhergekommenen zur Einkehr, Besinnung, zur Ruhe bringe.

In der Dunkelheit gehen wir zum Palazzo Ravizza zurück. Ich lege den Arm um den Sohn. Er läßt es geschehen. Geschenkte Zeit. Reisen als eine Zwischenwelt des Nicht-mehr und Noch-nicht. Der Körper nimmt mit allen Sinnen den Augenblick auf. Nichts anderes hat Raum. Glück.

10. Juli
Wieder *Schlaraffenleben*. Frühstück im Garten des Palazzo Ravizza. Das Handy klingelt. Kein neuer Auftraggeber; sein Bruder meldet sich aus Roknäs, mit Frau und Kind ist er glücklich angekommen. Zwei Monate wollen sie im hohen Norden bleiben.

Gegen 10 Uhr verlassen wir Siena. Es ist schon heiß. In Bolsena ein lockender See. In Montefiascone beschließen wir, nicht direkt nach Rom zu fahren, sondern die Straße am Meer entlang zu nehmen. Civitavécchia lockt, es liegt, sehen wir auf der Landkarte, direkt am Meer. Aber als wir uns nähern: kilometerweit häßliche Industriezonen, dichter Lastwagenverkehr. Ab und an sehen wir hinter Bauzäunen, Fabrikschloten und Batterien von Silos die blaue Fläche des Mare Ligure. Oder ist es schon das Mar Tirreno? Auch in Santa Marinella, Santa Severa wird es nicht besser. In Ladispoli die letzte Möglichkeit. An einem stinkenden, offenbar stillgelegten Flußarm parken wir das Auto. Zum Meer sind es keine fünfzig Schritte. Die Bademöglichkeit, ein eingezäunter Bereich, die Menschen liegen fast übereinander im schwarzen Sand. Musik dudelt. Wir legen unsere Sachen ans Ufer, schwimmen hinaus, das Wasser hat eine Temperatur von 28 Grad und bringt keine Abkühlung. Wir lachen über unsere gescheiterte römische Meeridee. Es ist schon weit über Mittag, und Hitze und Schwüle sind schwer zu ertragen.

Auf den Zufahrtsstraßen nach Rom ist wie erwartet Stau. Dann aber sehen wir schon die Kuppel des Petersdoms, sind auf der Brücke, der Ponte Cavour, wir müssen nur noch ein Stück am Tiber entlang und von der Piazza del Popolo in die Via del Corso einbiegen. Als wir dort sind, ein Polizist. Ein Verkehrsschild, das die Weiterfahrt verwehrt. Fast zwei Stunden irren wir durch die Stadt. Dann sind wir wieder bei dem Polizisten an der Piazza del Popolo. Erkennt er uns wieder? Er winkt. Wir halten an. Erklären ihm, wo wir hinwollen, zeigen unsere Einladung. Casa di Goethe, Via del Corso Numero 18? Si, si, sagt er lächelnd und macht uns mit einer eleganten Bewegung den Weg in die Fußgängerzone des Corso frei.

Es ist 16 Uhr, als wir endlich vor der Tür der Casa di Goethe stehen und klingeln. Eine Praktikantin aus Deutschland empfängt uns. Die Leiterin der Casa di Goethe hat Urlaub. Das Stipendiaten-Appartement. Moderne Büromöbel. Meine völlig andere Erwartung. Tobias nimmt auf Video auf, wie ich das Zimmer betrete, in welchem ich ein halbes Jahr leben werde. Am Abend zeigt er mir am Computer die Sequenzen. Mein Gesicht kann die Enttäuschung nicht verbergen. Wir lachen. Mit einem Raum ist es wie mit einem Menschen, sage ich, der erste Blick entscheidet über Sympathie oder Antipathie. Ich denke an meine aus rohen Holzbalken gezimmerte Kammer in Roknäs. Tisch, Stuhl, Petroleumlampe, Bett, Truhe. Die Energie dieses Raums.

In der römischen Casa auf den zweiten Blick versöhnliche Details. Das Hell-Dunkel des Gebälks der Kassettendecke. Der Fußboden mit seinen länglichen Terrakotta-Fliesen in einem warmen Rotbraun. Vor allem die tiefe Fensternische mit dem Lichteinfall vom Corso her. Diese Nische ist offensichtlich ein Anklang an

Tischbeins Aquarell »Goethe am Fenster seiner römischen Wohnung«. Zwischen Schläfrigkeit und Wachen, in Pantoffeln, Kniehosen, das Haar lose gebunden, steht Goethe ungezwungen in lässiger Haltung am Fenster, beugt sich aus einem der geöffneten Flügel. Das bei Tischbein viergeteilte Fenster ist jetzt eine Tür mit zwei Flügeln, die sich wie damals das Fenster durch hölzerne Innenläden – sogenannte *scuri* – verdunkeln läßt. Dieses liebevolle Architektur-Zitat wie auch das der Fliesen, in Form und Farbe denen auf Tischbeins kolorierter Zeichnung gleich, rührt mich: für einen Moment das heitere Gefühl, am authentischen Ort zu sein.

Wir öffnen die Tür, treten hinaus. Ein winziger Balkon. Auf ihm weht eine rote Fahne mit der Aufschrift »Casa di Goethe«. Am Abend sitzen wir mit einem Glas Wein auf dem Balkon. Der Blick hinunter. Ein Hin- und Herwogen, Rufen, Lachen, unter uns brodelt eine Menschenmenge. Über die gesamte Breite der Straße flaniert sie. Und Motorinos, laut und fordernd hupend, bahnen sich ihren Weg durch die Menge, unbeeindruckt davon, daß der Corso hier Fußgängerzone ist.

In der Nacht wachen wir mehrmals auf. Wir frieren. Ein kalter Luftzug kommt aus der Klimaanlage, die zudem ein lautes Brummen von sich gibt. Bereits nach der Ankunft hatten wir die Praktikantin gefragt, wie wir sie abstellen oder anders einstellen könnten. Sie kenne sich nicht aus, war die Antwort, aber am Montag morgen (es ist Samstag) würde Massimiliano Arangio, ein Mitarbeiter der Casa, kommen, ihn könnten wir fragen.

Schwacher Trost. Wir reißen die Flügel der Tür auf. Wärme. Aber Lärm strömt herein. Gegen drei Uhr morgens ebbt er ab.

11. Juli
Morgennebel. Gedämpftes Licht. Neugier. Freude. Der erste Tag in Rom. Die Piazza del Popolo wirkt wie eine Theaterkulisse. An ihrem Rand das Caffè Canova. Wir frühstücken im Freien. Am Nebentisch zwei ältere Deutsche. Der Mann hat einen Romführer in der Hand, aus dem er laut vorliest. Der 24 Meter hohe Obelisk – wir wenden uns um – stamme aus dem ägyptischen Helios, 1250 vor Christus sei er von Ramses II. vor dem dortigen Sonnentempel aufgestellt worden. Erst 1587 sei er nach Rom gekommen. Am Eingang der Via del Corso befänden sich die beiden Kirchen Santa Maria in Montesanto und Santa Maria dei Miracoli. Und zur Rechten – er blickt nicht auf – war das nördlichste Stadttor, die Porta del Popolo. Am 29. Oktober 1786 sei Goethe durch dieses Tor in Rom eingezogen. 1816 bis 1824 dann, auf Befehl Napoleons, die Umgestaltung des Platzes im klassizistischen Stil von Giuseppe Valadier, eingeschlossen die Treppen und Rampen, die zur Aussichtsterrasse des Pincio hinaufgehen. Er klappt den Führer zu, blickt erwartungsvoll auf die Frau. Auch wir sehen zu ihr. Aus den Augenwinkeln lächelt sie uns an und wiederholt ziemlich exakt das Vorgetragene. Aber sie läßt Goethe im Jahr 1587 in Rom einziehen und den aus Ägypten stammenden Obelisken 1786 aufstellen. Der Mann nickt befriedigt und wendet sich wieder seiner Lektüre zu. Ihr leicht spöttischer Blick,

mit dem sie zu uns schaut, läßt vermuten, sie hat die Jahreszahlen bewußt vertauscht. Sie hebt die Schultern, nickt zu uns herüber, als wolle sie sagen, so ist er nun einmal.

Unser Frühstück. Der Sohn kräftigt sich für die Rückfahrt. Ich hätte gern die ersten Tage mit ihm zusammen in Rom verlebt, aber seine Arbeitssituation erlaubt es nicht. Nein, es sei nicht nur der Auftrag, den er auf der Höhe des Brenners angenommen habe, durch das »Wassertheater« sei vieles liegengeblieben, er könne sich keinen freien Tag leisten. Wenn ich dich im Dezember abhole, dann ja. Zudem, das sonntägliche Fahrverbot für Lastwagen mache das Fahren angenehmer.

Wir gehen – wie wir nun wissen – die von Giuseppe Valadier erschaffenen Treppen und Rampen zum Monte Pincio hinauf. Noch immer Morgendunst. Wir laufen zum Parkhaus, das unter den Grünflächen des Parks der Villa Borghese liegt. Ein Labyrinth; wir finden endlich das Auto, zahlen für die eine Nacht einen astronomischen Preis. Nochmals zur Casa di Goethe. Dann der Abschied. Die Hand des Sohnes winkend aus dem Autofenster.

Ich bin allein.

12. Juli

Die zweite schlaflose Nacht mit dem Lärm und dem Luftzug der Klimaanlage.

Gestern meine ersten Gänge durch Rom. Via del Corso, Piazza Venezia, das monströse Monumento Nazionale a Vittorio Emanuele II. (von den Römern »Schreibmaschine« genannt), Engelsbrücke, Engelsburg. Die vielen Menschen, das Gedränge. Man kann nicht gehen, ohne angestoßen zu werden. Die Bettler, die zerlumpt und mit nackten Füßen auf der Straße oder in Hauseingängen liegen, Getränkedosen und dudelnde Kofferradios neben sich. Der Autolärm, die Abgase. Von den Abgasen wird mir schlecht.

Am Abend am Mausoleo di Augusto ein Entblößer.

13. Juli

In Leipzig wird heute mein alter Freund Jürgen Teller zu Grabe getragen.

Der Sohn meldet sich aus Berlin. Genau vierundzwanzig Stunden war er unterwegs, einige Stunden habe er im Wald geschlafen.

Erneut ein Gang durch Rom. Mein Ziel: die Scalinata, die Spanische Treppe. Ich laufe die Via del Babuino entlang zur Piazza di Spagna. Eine Menschenmenge. Von dem barocken Brunnen ist kaum etwas zu sehen. Auf seinem Rand sitzen dichtgedrängt Touristen, einige, die keinen Platz mehr fanden, waten in dem ovalen Brunnenbecken, mehrere junge Leute versuchen sogar, die Figuren im Becken zu erklimmen.

Auch die Treppe ist voller Menschen. Langsam steige ich Stufe für Stufe hoch, halte immer wieder ein; das Gefühl des Fließens, die Stufen fallen wie Wasser herab, an den Absätzen hält die Bewegung für einen Moment inne, dann fließt es steinern weiter.

Bei einem Halt beobachte ich, wie zwei Polizisten unten den Brunnen räumen. Für einen Moment liegt er in all seiner Schönheit da. Er hat die Form eines Bootes, sein Name sagt es: Fontana della Barcaccia. Schon wenige Minuten später, als ich auf dem Mittelabsatz angekommen bin und mich wieder umwende, bietet sich mir das gleiche Bild, der Schwarm der Touristen ließ sich nur kurz verjagen und hat sich schon wieder niedergelassen.

Dann die letzten Stufen. Vor mir ein Obelisk und die Mauern und Türme der Kirche Santissima Trinità dei Monti. Von der Brüstung der Blick auf die Ewige Stadt. Entzückungsäußerungen der Schauenden, Rufe der Verkäufer, die Rom-Souvenirs anpreisen.

Habe ich diesen Weg gewählt, weil ihn August von Goethe an seinem ersten Abend in Rom ging? Noch am Tag seiner Ankunft nach einer sechsundzwanzigstündigen anstrengenden Fahrt von Neapel nach Rom mit der Schnellpost macht er sich zur Piazza di Spagna auf. Es ist der 16. Oktober 1830. *Schnell stieg ich die Spanische Treppe hinauf um den Sonnenuntergang vom Obelisken auf Trinita del monti zu sehen. Rom lag vor mir und die Sonne ging hinter St. Peter unter, alles war wie ein Rosenflor.*

Als Goethe 1787 nach Rom kam, war hier Baustelle: *Auf Trinita di Monte wird der Grund zum neuen Obelisk gegraben, dort oben ist alles aufgeschüttetes Erdreich von Ruinen der Gärten des Lukullus.*

Die Sonne geht auch für mich hinter der gewaltigen, von Michelangelo geschaffenen Kuppel von Sankt Peter unter. Mir scheint alles unwirklich, vielleicht bin ich in einem Film. Und die Uferzone rechts und links der herabflutenden steinernen Scalinata: wie Schilf dicht aneinandergereiht die Häuser in warmen mediterranen Farben, der Blick auf die verwirrende Dächervielfalt, auf die unzähligen verschachtelten, mit Palmen und Blumenkübeln geschmückten Dachgärten.

Unten aber, ernüchternd, fast obszön, auf einer riesigen Plakatfläche, die sich über mehrere Häuserwände breitet, Werbung für Damenunterwäsche; die Spitzenhöschen und Büstenhalter dominieren die Piazza di Spagna (diese merkantile Gebäudeverhüllung an zu restaurierenden Häusern sah ich in Rom erstmals, heute ist sie auch in Berlin, selbst an Kirchen, zur Gewohnheit geworden).

14. Juli
Die Klimaanlage ist leiser gestellt, und es ist nicht mehr so kalt im Zimmer. Aber selbst durch Ohropax dringt der Lärm in der Nacht. Ich kann nicht schlafen. Bis gegen drei ist Leben auf der Via del Corso. Aber schon gegen vier Uhr setzt das Geratter der Kehrmaschinen ein. Und auch am Tag reißt der Lärmstrom nicht ab.

Unter mir, getrennt nur durch ein Mezzanin, in dem Waren gelagert werden, befindet sich eine Boutique. Seit Wochenbeginn hämmert in ihr von 10 bis 20 Uhr Techno-Musik. In der Wohnung über mir klappern, nein hacken, am Morgen und am Abend über eine Stunde unablässig Stöckelschuhe. Die Geräusche im Haus mischen sich mit dem Lärm der Stadt, der von draußen hereindringt, selbst wenn die Balkontür geschlossen ist. Der Chor von Autohupen, Preßlufthämmern, Sirenen von Polizei- und Krankenwagen, das ständige minutenlange Heulen der in den engen Gassen sich auslösenden Fehlalarme der Sicherungssysteme der parkenden Autos.

Nun bin ich hier und ruhig und wie es scheint auf mein ganzes Leben beruhigt …, schreibt Goethe am 1. November 1786, zwei Tage nach seiner Ankunft in der Ewigen Stadt. Und am 10. November: *Ich lebe nun hier mit einer Klarheit und Ruhe, von der ich lange kein Gefühl hatte.*

Und ich? Wie schaffe ich es, lärmresistent zu werden? Ruhe, wo nehme ich sie her?

Das Rom vor zweihundert Jahren. An der Porta del Popolo, keine 300 Meter von Goethes Wohnung entfernt, endete die Stadt. Wiesen und Felder breiteten sich aus. Auch zum Pincio hinauf Gärten. Die Kaiserforen eine Kuhweide. Selbst innerhalb der Aurelischen Mauer gab es, wie man auf Stadtplänen aus dieser Zeit sehen kann, weite unbebaute oder mit Trümmern übersäte Flächen. Ich dagegen komme in eine Millionenstadt, deren historisches Zentrum von einem Gürtel von Trabantenstädten aus Beton umringt und erstickt wird. Chaotischer Verkehr, Überforderung allerorten. Die Via del Corso, bereits seit der Antike als Straßenzug bekannt, war schon zu Goethes Zeiten die Flaniermeile der Stadt. Das ist sie geblieben. Hierher, in die historische Altstadt, strömen die Römer an Wochenenden und Abenden. Ebenso die Touristen. Was erwarte ich?

Goethes *Klarheit und Ruhe* aber ist nicht allein von akustischen Einflüssen abhängig, es ist eine innere Haltung, die für ihn aus dem Glück des endlich eingetretenen, lang ersehnten Hierseins erwächst. Vielleicht ist es auch für mich nicht einzig der Lärm. Sondern die Empfindung, in diesem Museum wenig willkommen zu sein. Dieses Gefühl schon seit der ersten Stunde. Und ich werde es nicht los.

Dabei sind alle hilfsbereit und freundlich, besonders Domenico und Massimiliano, die beiden jungen Mitarbeiter, die wenig Deutsch und auch nicht Englisch sprechen.

Bin ich zu empfindlich? Das Tief, das mich, seit ich allein in Rom bin, die Tage und Nächte gefangenhält. Ich lebe im Haus eines Toten. Sobald Besucher im Museum sind, kommt es immer wieder vor, daß an meiner Tür geklinkt, sie geöffnet wird, Neugierige, vor allem Japaner, die Köpfe hereinstecken oder mit der Frage eintreten, ob auch hier noch etwas über den großen Dichter zu finden sei. Seltsame Erfahrung.

Im hohen Norden fühle ich mich sofort *auf mein ganzes Leben beruhigt*, bin mitten im Leben, mitten in dieser Unendlichkeit, hier aber, in Rom, empfinde ich mich am äußersten Rand einer begrabenen Zeit.

Der Gedanke, die Stadt zu verlassen, steigt in mir auf. Ich werde den Aufenthalt hier abbrechen. Widersinniger Gedanke, der sich hartnäckig einnistet. Ich muß die Stadt annehmen. Aber wie schaffe ich das?

Goethe am 7. November 1787: *Nun bin ich sieben Tage hier, und nach und nach tritt in meiner Seele der allgemeine Begriff dieser Stadt hervor, ... ich tue nur die Augen auf, und seh' und geh' und komme wieder, denn man kann sich nur in Rom auf Rom vorbereiten.* Am 3. Dezember: *So hat z. B. das Pantheon, der Apoll von Belvedere, einige kollosale Köpfe, und neuerlich die sixtinische Kapelle, so mein Gemüt eingenommen, daß ich daneben fast gar nichts mehr sehe.*

Und am 13. Dezember heißt es: *Rom ist eine Welt, und man braucht Jahre um sich nur erst drinne gewahr zu werden.*

Ein innerlicher Ordnungsruf. Ein Entschluß. Habe ich nicht in der Via del Corso die Ankündigung einer El Greco-Ausstellung gesehen? Ich verlasse die Casa, finde das Plakat. Laufe zu einem Kiosk, kaufe ein Veranstaltungsheft. Suche auf meinem Stadtplan die Via Nazionale. Stehe dann vor der Nummer 194, vor dem Palazzo delle Esposizioni. Vier Stunden in der Ausstellung »El Greco. Identità e trasformazione«. Die Bilder des Malers, der sich El Greco, der Grieche, nennt. Fast ausschließlich religiöse Themen: »Cristo in croce«, »La Sacra Familia con Sant'Anna«. Die in die Länge gezogenen, vergeistigten Gesichter, die spitz zulaufenden Hände, die Flügel werden wollen. Das Purgatorium von Farben: ein kupfriges Blau, ein zersplitterndes Glasgrün, ein Schwefelgelb, ein Phosphorglühn. Und als eines der wenigen nicht sakralen Gemälde die 1585 geschaffene »Allegorie«. Das Bild, vor dem ich 1993 während der Zeit meiner Gastdozentur in Glasgow und Edinburgh so oft stand und das ich für den Umschlag meines Buches »Diese Einsamkeit ohne Überfluß« gewählt habe. Die junge Frau mit der Pechfackel, an der sie eine Kerze entzündet. Das Licht fällt auf ihr Gesicht; der Mann mit dem gelben Hemd ihr zur Rechten, das Äffchen ihr zur Linken. Das lodernde Feuer; Macht und Geheimnis. Die Dreiheit: Mann, Frau, Tier.

15. Juli
Der Verlag ruft an, in der nächsten Woche sei mein Buch auf Platz 1 der Spiegel-Liste. Und im Verkauf seien die 100 000 überschritten. Der ganze Verlag feiere.

Und ich? Lese Ortega y Gasset: »Um einen Goethe von innen bittend«. Goethes *Geschäftigkeit* bestimmt er als fehlende Übereinstimmung mit seinem Ziel, das er seit dem »Werther« verraten habe. Die tiefe Krise, die ihn zur Flucht aus Weimar trieb. Am 1. November 1786, drei Tage nach seiner Ankunft hier in diesem Haus in der Via del Corso, notiert Goethe, er habe diesen *langen einsamen Weg* gemacht, *um den Mittelpunkt zu suchen, nach dem* ihn *ein unwiderstehliches Bedürfnis hinzog*. Von der Notwendigkeit eines neuen Lebens, von *Wiedergeburt* schreibt er. Und ein halbes Jahr später: *In Rom habe ich zu mir selbst zuerst gefunden, ich bin zuerst übereinstimmend mit mir selbst glücklich*. Bereits nach der Überquerung der Alpen fühlt er sich in Italien heimisch: *Es ist mir als wenn ich hier gebohren und erzogen worden wäre und nun von einer Grönlandfahrt und einem Wallfischfang zurückkäme*. Und noch als alter Mann verklärt er seine Zeit in Rom, der Fünfundsiebzigjährige äußert: *Ja, ich kann nur sagen, daß ich nur in Rom gefunden habe, was eigentlich ein Mensch sei. Zu dieser Höhe, zu diesem Glück der Empfindung bin ich später nie wieder gekommen, ich bin, mit meinem Zustande in Rom verglichen, eigentlich nie wieder froh geworden.*

Und ich? Was will ich hier? Habe ich nicht meinen Mittelpunkt gefunden, in der einsamen Landschaft im hohen Norden? Was will ich hier?

Italien ist bereits in Goethes Kindheit gegenwärtig. *Roma nuncupata*, Rom, die heilige, schreibt der Siebenjährige in einer Lateinübung. Sein erstes Spielzeug ist ein vom Vater aus Venedig mitgebrachtes Gondelmodell. Rom-Ansichten, Veduten von Piranesi-Vorgängern sind ihm in seinem Elternhaus am Hirschgraben in Frankfurt täglich vor Augen. Ein Sprachmeister namens Domenico Giovinazzi unterrichtet die Schwester Cornelia und ihn. Oder der Vater tut es; sein großes Erlebnis Italien, immer wieder erzählt er den Kindern davon, über viele Jahre arbeitet er an seinen Aufzeichnungen »Viaggio per l' Italia«. Später Goethes Lektüre von Horaz' »Sermones« in der Übersetzung Wielands. Die Begegnung mit Winckelmanns Arbeiten. *Nach Italien ...! Nach Italien!* schreibt der Einundzwanzigjährige einem Studienfreund. *Rom* als seine *Universität*. Rom als der Ort der universalen Bildung. Als 1775 der Bote, der ihn nach Weimar begleiten soll, ausbleibt, notiert er: *Ich packe für Norden, und ziehe nach Süden.* Er kommt nur bis Heidelberg, da erreicht ihn der Ruf an den Weimarer Fürstenhof.

Für fast ein Jahrzehnt scheint dann das Italienbild vor der Gegenwart Thüringens zu verblassen. Am 13. November 1779, als Goethe zum zweiten Mal auf dem Gotthard steht und wiederum, nun dem Herzog zuliebe, umkehrt, heißt es: *Auch iezt reizt mich Italien nicht.*

Dann aber, am Ende des Jahrzehnts, wird der Drang nach Süden übermächtig. Der Hintergrund ist die tiefe Krise, in die er stürzt. In all seiner *Geschäftigkeit*, seinem Engagement am Fürstenhof muß er sich seine Einflußlosigkeit eingestehen. Zunehmend enttäuscht ihn die Politik des Herzogs. Er verabschiedet sich von dem Wahn, *die himmliche⟨n⟩ Juwelen* seiner poetischen Existenz *könnten in die irdischen Kronen dieser Fürsten gefaßt werden.* Die schmerzhafteste Erkenntnis aber: seine amtliche Tätigkeit hat ihn als Künstler erstickt: *da ich mir vornahm meine Fragmente drucken zu lassen, hielt ich mich für todt.*

Die Reise nach Rom, nach Italien – seit über dreißig Jahren *Wunsch und Hoffnung* – wird nun zur physischen, zur existentiellen Notwendigkeit. Von *Hegire* = Flucht ist in einem Brief an den Herzog die Rede. Sich aus allen amtlichen Zwängen und Verpflichtungen herausreißen, zum Werk, zur Dichtung zurückkehren: *wie froh will ich seyn, wenn ich mich durch Vollendung des angefangenen wieder als Lebendig legitimiren kann.*

Und ich? Italien, Rom war nie in meinem Kopf. Eine beschämende Unwissenheit, eine vollständige Leere. Habe ich nicht alles, was unerreichbar war, in eine weiße, unbeschriebene Fläche verwandelt. Bewußt! Die Reisebeschränkung als Sperre im Kopf. Meine Bildungserlebnisse mit sechzehn, siebzehn waren die Eremitage in Leningrad, die Tretjakow-Galerie in Moskau, die Museen in Budapest und Prag.

Mir fällt der April 1987 ein, mein Italien-Aufenthalt noch in DDR-Zeiten nach dem Erscheinen meines ersten Buches »Vögel, die verkünden Land. Das Leben des Jakob Michael Reinhold Lenz«. Drei Wochen Süden; Lesungen in Bari, Parma, Turin. Ein einziger Tag

Rom! Domenico Mugnolo, ein mir seit vielen Jahren befreundeter Literaturprofessor aus Bari, hatte mir einen Stadtplan geschenkt, über römische Straßen und Plätze eine Linie gestrichelt, die ich entlanglaufen solle, um in der Kürze der Zeit möglichst viel zu sehen. Ich erinnere mich, wie ich geradezu süchtig die Stadt mit allen Sinnen aufnahm. Wie ich in der Sixtinischen Kapelle, überwältigt von Michelangelos Deckenmalereien und seinem Jüngsten Gericht, stand, tränenüberströmt; niemals würde ich das wiedersehen, nie würden das meine Söhne sehen.

Zehn Jahre später dann das Geschenk eines halbjährigen Aufenthaltes in der Ewigen Stadt. Jeder beneidete mich, eine einmalige Chance. Und jetzt bin ich hier. Eingepackt, zugeschnürt, liegt das Geschenk vor mir. Ich erwäge sogar, es zurückzugeben.

Ich entsinne mich an den Tag, als es mir angeboten wurde. In Weimar, im November 1997 war es, die Schiller-Ehrengabe wurde mir überreicht. Beim Empfang fragte mich Dr. Konrad Scheurmann, ob ich mir vorstellen könne, einige Monate in Rom in der Casa di Goethe zu verbringen. Niemand wußte zu diesem Zeitpunkt etwas von meiner Arbeit über Christiane und Goethe. Wenige Wochen zuvor hatte ich, nach vier intensiven Arbeitsjahren, das Manuskript in der Einsamkeit des hohen Nordens beendet. Für Feinarbeit und Lektorierung würden noch ein gutes halbes Jahr nötig sein.

Die Frage an dem Abend in Weimar. War es vielleicht der arme Lenz, dem ich sie zu verdanken hatte? Der Gedanke erwärmte mich. Man müsse sich bewerben, das würden viele tun, so Dr. Scheurmann, aber ich hätte gute Chancen; er ermutigte mich, ich solle eine Art Arbeitspapier formulieren. Texte in Rom zu verfassen sei kein Zwang, ich könne auch die Zeit im reinen Anschauen der Stadt verbringen.

Worüber ich schreiben könnte, war schnell in meinem Kopf: über Goethes Sohn, für den die Ewige Stadt der Ort des Todes wurde. Über den witzigen Johann Gottfried Herder, dem das leichtlebige Rom mißfiel, dem dort alles *Gift und Ekel* war, der darüber seinem Freund Johann Wolfgang bittere Vorwürfe machte, bis hin zu seinen Kleiderempfehlungen: *Da schwätzt er und warnt mich vor dem schwarzen Rock und macht, daß ich den meinigen nicht mitnehme, und nun muß ich mir einen hier machen lassen* ... Oder über den Gescholtenen, über Goethe selbst könnte ich recherchieren, über dessen geheimgehaltene erotische *Aventure* in Rom, die ihm wohl nach der Rückkehr nach Thüringen erst den Blick auf die junge Frau aus der *Weimarischen Armuth* freigegeben hat. Als eine *erzählerische Verführung*, schrieb ich in meiner Bewerbung, stelle ich mir vor, *wenn der Ort des zu beschreibenden Geschehens vor zweihundert Jahren und der Lebens- und Schreibort der Autorin zweihundert Jahre später – für eine Zeit – zusammenfallen.*

Ich gewann das Stipendium; für das zweite Halbjahr 1999 wurde es mir zugesprochen. Ich war überglücklich. Es war reichlich Zeit. Ich meldete mich zu einem Intensivsprachkurs an. Die letzten Arbeiten am Manuskript. Die Lektorierung durch Vera Hauschild vom

Leipziger Insel-Verlag. Auch Siegfried Unseld, mein Verleger in Frankfurt am Main, las. Ein erbitterter Streit um das *a* in Christian*a* brach aus, Siegfried Unseld trug den Sieg davon, sie blieb Christiane.

Zu Goethes 249. Geburtstag, am 28. August 1998 – so bestimmte es mein Verleger –, sollte die Recherche (dieser Titel war von ihm) erscheinen. Ein durch die vielen Zitate in altmodischer Schreibweise nicht leicht zu lesendes Buch. 3500 Exemplare sollte die Erstauflage betragen.

Dann erscheint es und verkauft sich überraschend gut. Für mich nach zwanzig Schreibjahren eine ungewöhnliche Erfahrung. Die Mitteilungen des Verlages, welchen Platz es auf den Bestsellerlisten einnimmt. Von den untersten Rängen klettert es weiter und weiter nach oben. Ich hatte solche Listen noch nie wahrgenommen, auch nicht, daß sie in großen Ketten oder in Bahnhofsbuchhandlungen aushingen, die Bücher in Regalen daneben. Ich entsinne mich, wie ich am Stuttgarter Flughafen erstmals davor stand. Ich fand mein Buch in der Rubrik Sachbuch, das irritierte mich, denn es war für mich kein Sachbuch. Und die Gesellschaft, in der es sich befand, ernüchterte mich ebenso. Meine Aversion gegen das Wort Bestsellerautorin hat, glaube ich, dort, in der Flughafenbuchhandlung in Stuttgart, ihren Ursprung.

Mit dem Höherklettern auf den Listen nahmen die Anfragen für Interviews und Lesungen zu. Ständig waren Laufschritte in meinem Rücken. Alles annehmen, oder? Im Verlag selbst gab es dazu offenkundig unterschiedliche Auffassungen.

Bis heute bin ich der Pressefrau des Verlages dankbar, sie stoppte, kanalisierte, wählte aus. Heide Graßnick fand schnell heraus, daß ich zum einen unerfahren war, zum anderen nicht zu der Kategorie Autoren gehörte, die Gefallen an Medienauftritten finden. Weniges, aber Substantielles müsse man machen, sagte sie. Das in ihren Augen nicht Wichtige leitete sie gar nicht an mich weiter, es blieb auf ihrem Schreibtisch liegen. Ich war zufrieden, wie sie verfuhr. Sie wurde mein Schutzengel. Ich lernte viel von ihr. Es ist mir bis heute wichtig.

Auch Kurioses gab es. Ein Beitrag des Fernsehens. Was ist sensationell an Ihrem Buch, fragte mich der Feuilletonchef des Senders bei der Vorbereitung. Nichts, entgegnete ich, es geht immer um Alltag, um Alltägliches. Mißbehagen und Belehrung von seiner Seite. Man müsse seinen eigenen Text *hochreden*, nicht *runterreden*, wie ich es täte. Am Drehort in Weimar dann ein kundiger Regisseur, wir kamen gut aus, seine Zwischentexte sprach er mit mir ab. In der Nacht vor der Ausstrahlung schrieb der Feuilletonchef die Texte komplett neu, es stimmte fast nichts mehr, aber niemand außer dem Regisseur und mir fiel es auf. Als Reaktion auf meinen Beitrag hörte ich von Zuschauern immer wieder, mit wehendem Kleid sei ich durch Goethes Garten gegangen; dieses Bild hatte sich offenbar eingeprägt.

Selbst die wenigen Auftritte und Interviews belasteten mich. Zum einen fehlte mir die Zeit. Zum anderen mochte ich es einfach nicht, dieses Sicherklärenmüssen, den eigenen Text zerreden; stets hatte ich das

Gefühl, Überflüssiges zu sagen. Mein Medium war nicht das Gespräch, das Reden über ..., es war der Text selbst, die geschriebene Sprache. Stimmte mein Verleger mir im geheimen zu? Er drängte allein auf Lesungen. Es wurden einunddreißig. Der Intensivsprachkurs Italienisch war längst abgesagt. Mit Kassetten lernte ich in Hotelzimmern und Zügen. Die Orte der Lesungen: Im Januar las ich in Stuttgart und Freudenstadt im Schwarzwald, im Februar in Berlin-Dahlem. Im März und April dann eine dichte Terminfolge. Die Reiseroute habe ich noch im Kopf. Am 6. März Hofgeismar, vom 16. bis 27. März Münster, Hannover, Essen, Weimar, Osnabrück, Bremen, Lemgo, Lübeck, Gotha, Leipzig, Sondershausen, Wiesbaden, Butzbach. Dann kamen die Ostertage, die ich in Berlin verbrachte. Am Karfreitag – davon habe ich schon erzählt – der Entschluß zum neuen Buch. Am 9. April Tutzing am Starnberger See, am 12. Meißen, dann Greiz, Neubrandenburg, Neuruppin, Rostock, Ulm, Gräfelfing, Nürnberg, Karlsruhe, Fellbach, Bad Nauheim, Frankfurt, Koblenz, Ingelheim, Bonn und schließlich Wertheim in Franken.

Bisher war ich gewohnt, daß die Reiseroute vor den Zusagen mit mir abgesprochen wurde und zudem den geographischen Gegebenheiten folgte. Nun war die sorgsame Gisela Mörler in Rente gegangen und eine auf Zeit eingestellte junge Frau übernahm die Organisation. Glaubte sie, ich fliege auf einem Teppich von Ort zu Ort? Sie konnte kaum auf die Landkarte gesehen haben; auch die Verkehrsverbindungen, vor allem in den neuen Bundesländern, hatte sie nicht bedacht. Als ich sie anrief, verteidigte sie sich burschikos, witzigerweise mit dem Argument, welche unbekannten Städte ich alle sehen könne: Rostock, Leipzig, Neubrandenburg. Später entschuldigte sie sich kleinlaut. Aber die Zusagen waren schon gegeben. Da ich nicht wollte, daß ein Donnerwetter meines Verlegers sie traf, blieb mir nichts anderes übrig, ich fuhr im Zick-Zack – von Rostock nach Ulm, von Sondershausen nach Wiesbaden, von Lübeck nach Gotha, von Essen nach Weimar, von Greiz nach Neubrandenburg.

Zuweilen kam ich erst eineinhalb Stunden vor der Lesung an. Keine Zeit für Sitz- und Mikroprobe ohne Publikum. Meine Nervosität, die, statt mit den Jahren weniger zu werden, immer stärker wurde. Heftiges Herzklopfen. Angst, mit der Stimme nicht durchzuhalten, kein Wort herauszubringen, der Hals schnürte sich zu. Lampenfieber, beruhigte mich meine Schwiegertochter, die Schauspielerin ist, mußt du haben, es ist gut, sie habe es bis heute vor jeder Vorstellung. Ich klammere mich an ihre Aussage.

Mit dem Lesen der ersten Sätze dann Entspannung. Konzentration auf den Text. Und immer wieder Hochsehen, der Blick ins Publikum. Das Signieren danach. Und Runden mit fremden Menschen, oft viel zu große, und in verrauchten, lauten Gaststätten. Aber auch immer wieder das Glück der Begegnung mit Lesern, manchmal ist es nur ein Danke oder ein Blick oder ein kurzer Wortwechsel während des Signierens.

Die Erinnerung an Räume, in denen die Lesungen 1999 stattfanden. Die Wendelinskapelle in Butzbach, die Alte Handelsbörse in Leipzig, die ich besonders mag. Die Heinrich-Heine-Bibliothek in der Orangerie in Gotha, wo ich als Dreizehnjährige meine allererste Lesung erlebte – unvergeßlich –, beim gedämpften Schein einer Lampe las Hanns Cibulka Gedichte von Paul Éluard. Der Arkadensaal des Frankfurter Hochstifts, in dem ein Jahr zuvor zur Frankfurter Messe die Buchpremiere mit Siegfried Unseld war. Der Domherrenhof in Meißen, Frau Schollbach, die Buchhändlerin, entsinne ich mich, stand mit einem Blumenstrauß am Bahnhof. Und schließlich der Festsaal des Sommerpalais in Greiz. Der Raum ist mir nicht mehr in Erinnerung, nur das Gefühl, daß ich während der Lesung fror. Ein Kälteeinbruch an diesem Tag. Auch danach im Bett kann ich mich nicht erwärmen. Gegen drei Uhr hocke ich verfroren im Bad, die Füße auf der Heizung, und trinke in Ermangelung von anderem heißes Wasser aus der Leitung. Um 6 Uhr muß ich aufstehen, so früh ist niemand da, der Frühstück machen könnte. Von Greiz nach Neubrandenburg. Die Eröffnung des »Bücherfrühlings« im Brigitte-Reimann-Haus. Ich fühle mich heimisch, Theaterleute, Freunde, viele bekannte Gesichter, ich war oft hier, als der Sohn zwischen Abitur und Wehrdienst für ein Jahr Praktikant am hiesigen Puppentheater war.

Am nächsten Morgen ein ausgiebiges Frühstück; für den Vortag mit. Dann durch das Stadttor hinaus zum Tollensesee. Auf der Wasserfläche spiegelt sich die Sonne. Wenn es irgend möglich ist, versuche ich, den Tag vor der Abfahrt in die nächste Stadt mit einem Spaziergang zu beginnen. Ich entsinne mich an den Morgen an der Elbe in Meißen, an den in den Weinbergen von

Fellbach, ich lief über betonierte Wege, entsinne mich an den noch winterlichen Gang mit meiner Freundin Christine am Maschsee in Hannover, die vielen Pelzmäntel und Hüte dort. Und im April lief ich durch den Schloßpark in Karlsruhe, das heitere Lärmen der Vögel, die Kastanien fingen an zu blühen. In Karlsruhe fand ich sogar Zeit für einen Museumsbesuch, ich entdecke einen wunderbaren Hans Baldung Grien: »Die Geburt Christi« von 1539.

Und es gab zwei freie Tage. Den einen in Osnabrück. Das Felix Nußbaum-Haus wird eröffnet. Ein Festakt mit geladenen Gästen. Danach gelingt mir das Hineinkommen. Der Daniel Libeskind-Bau, die Nußbaum-Bilder. Überwältigend. Der zweite freie Tag, ein Sonntag zwischen den Lesungen in Leipzig und Sondershausen. Ich fahre zu meinen Buchhändlerfreunden nach Gotha, wir wandern im Thüringer Wald, zur Tanzbuche, wo ich so oft als Kind war. Und ich übernachte in ihrem Dachstübchen mit dem Blick auf den Krahnberg.

Am intensivsten ist meine Erinnerung an die Orte, wo ich zum zweiten Mal las. Freudenstadt im Schwarzwald. Der Flug nach Stuttgart. Von dort mit dem Zug. Schneetreiben. In Freudenstadt zehn Zentimeter Neuschnee. Gleich nach der Ankunft eine Schneewanderung. Glück: bewegliche Wände aus Weiß, das seltsame Geräusch, wenn der Wind in die schneeschweren Bäume fährt und sie schüttelt. Abends die Lesung. Die erste vor Jahren war aus »Vögel, die verkünden Land«. Der Buchhändler, dessen freundliches Gesicht ich in Erinnerung habe, ist an Krebs gestorben. Seine Frau führt das Geschäft weiter. Den jungen Deutschlehrer erkenne ich sofort wieder, sieben Kilometer sei er gestapft, erzählt er, und, daß er zur Zeit in seinem Deutsch-Kurs mein Lenz-Buch behandele. Auch der über achtzigjährige Geigenlehrer ist wieder da. Die Gesichter im Publikum, die Gespräche danach. Alles stimmt. Auch in Sondershausen. Hier las ich vor Jahren aus »Ich bin nicht Ottilie«. Herr Meyer von der Wezel-Gesellschaft. Und seine Frau. Thüringer Klöße dampfen bei meiner Ankunft auf dem Tisch. Die Lesung. Danach gibt es im Gespräch im kleinen Kreis keinen Weg, der nicht von Goethe zu Wezel führt; das rührende Engagement für diesen in Sondershausen geborenen Johann Karl Wezel, wie Jakob Michael Reinhold Lenz ein vergessener Dichter. Am anderen Morgen, erinnere ich mich, schien auf der Fahrt nach Erfurt die Sonne. Dann kam Nebel, der wie ein lebendiges Wesen in Schwaden über die Felder wanderte. Schließlich Wertheim. Auch hier war ich schon. Langes Gespräch mit der Buchhändlerin über die Krankheit ihres Mannes. An kein Gesicht erinnere ich mich, auch nicht an den Raum, in dem ich las; nur an die angstvolle Sorge dieser Frau, und daran, daß sie nach der Lesung die kleinen, mit Stoff bezogenen Knöpfe und die handgearbeiteten Schlaufen an meinem schwarzen Kleid und an meiner Jacke bewunderte.

Und daß ich nach Mitternacht – es war der 29. April, ich hatte alle Lesungen geschafft – das Hotel nochmals verließ und bei Vollmondschein durch den Bilderbuchort ging, die Blumen im Arm, die ich in den vergangenen Tagen bekommen und von Ort zu Ort geschleppt hatte. Die Rückreise würden sie kaum überstehen. Ich machte an einer Brücke halt, warf eine Blüte nach der anderen in die Tauber, sah ihrem langsamen Davonschwimmen und ihrem schließlichen Verschwinden hinter der Flußbiegung nach.

Am anderen Morgen wurde ich mit dem Auto nach Würzburg gebracht. Von dort fuhr ich mit dem Zug nach Berlin. Immer wieder sah ich auf die Uhr. Am Abend wollte ich in Magdeburg zur Premiere von Goethes »Die Leiden des jungen Werthers« sein. Joachim hatte das Bühnenbild gemacht. Spätestens gegen vier müssen wir in Berlin losfahren, sagte sein Bruder. Der Zug war pünktlich, ebenso pünktlich stand das Auto vor der Tür. Alles klappte. Das Bühnenbild das Gegenteil einer Wetzlarer Idylle, im Vordergrund ein langer, hölzerner, mit Wasser gefüllter Graben, an dem die Regisseurin Gefallen fand, mehrfach benutzte sie ihn als Spielfläche. Ein gelungener Abend. Noch in der Nacht fuhr ich mit Tobias nach Berlin zurück.

Der Anruf. Die Lektüre Ortega y Gasset. Ist meine *Geschäftigkeit* nicht fehlende Übereinstimmung mit mir selbst? Ich lasse mich von außen treiben, vom Verlag, den Lesungen, den Journalisten, den Rundfunkleuten, von den Arbeiten, die noch mit dem Goethe-Buch in Zusammenhang stehen, so der Herausgabe des Tagebuches von Christiane. Aber war nicht alles notwendig? Und auch gut? Und habe ich es nicht geschafft. Es ist vorbei. Ich bin hier. Warum noch immer die Laufschritte in meinem Rücken.

Im Verlag feiern sie den Erfolg des Buches. Mit wem soll ich in der Einsamkeit in Rom feiern? Mit mir selbst.

Freude über den Erfolg kann nur bedeuten: zur Übereinstimmung mit sich zu kommen. Vielleicht bin ich nur erschöpft, ich muß stehenbleiben, wie jener Afrikaner es auf seiner Reise tat. Auf die Frage, warum er so oft haltmache, antwortete er, er warte, bis seine Seele nachgekommen sei.

16. Juli
Gestern die Begegnung auf dem Monte Pincio. Von der Casa di Goethe aus die wenigen Schritte bis zum Ende der Via del Corso, vorbei am Caffè Canova, die von Giuseppe Valadier geschaffene Treppenanlage nach oben. Zweimal muß ich die Via d'Annunzio überqueren, ich tue es an der Haarnadelkurve, die die rasant fahrenden Italiener zur Zurücknahme des Tempos zwingt, laufe dann über die gewundenen Wege einer kleinen Grünanlage, an deren Ende die bemoosten Steintreppen – und ich bin auf dem Monte Pincio.

Die Aussichtsterrasse ist voller Besucher. Die begehrten vorderen Plätze zum Fotografieren. Rom liegt in der Sonne. Ein weiter Blick. Ich genieße ihn und denke daran, wie mein Großvater mich als Kind auf den Stufen des Erfurter Domes bei jedem Spaziergang aufforderte, die vor uns liegenden Kirchtürme der Stadt zu zählen. Hier wäre es müßig, man würde nie fertig.

Als von den Touristen abstechend nehme ich ein altes Ehepaar wahr. Die Frau trägt ein helles Seidenkleid. Der Mann im eleganten, grauen Flanellanzug hat ein scharf geschnittenes, interessantes Gesicht und spärliches Haar. Neben ihm lehnen zwei Krücken, ich sehe, er hat nur ein Bein. Die beiden sitzen auf der seitlichen Steinbank, sie interessiert die Aussicht offenbar kaum, sie scheinen eher die auf das Panorama Blickenden zu beobachten. Vermutlich sind sie von hier, sind Römer.

Mein Gang durch den Park der Villa Borghese. Nicht zielgerichtet vom und zum unterirdischen Parkhaus wie mit dem Sohn. Ich lasse mich treiben, von Weggabelungen verführen oder von Bäumen aufhalten. Zypressen, Magnolien, Zedern, Pinien, Steineichen. Prächtige Exemplare, schattenspendend. Sommerliche Düfte. Und überall Statuen. An einer Mauer entdecke ich eine Frau in königlicher Haltung, ihr Gewand fällt in unnachahmlich schönen, steinernen Falten herab; erst nach einer Zeit nehme ich wahr, sie ist kopflos. Aber ich habe mich schon in sie verliebt.

Nach eineinhalb Stunden laufe ich über die Viale delle Magnolie und den Piazzale Napoleone I. zum Monte Pincio zurück.

Der Himmel schimmert rot durch die Bäume, die Sonne ist untergegangen, die Touristen haben sich verlaufen, nur wenige Menschen sind noch auf der Aussichtsterrasse. Darunter das alte Ehepaar. Ich setze mich auf die Steinbank ihnen gegenüber. Die Dämmerung senkt sich. Die letzten Besucher gehen. Ich bin allein mit den beiden. Spüre, sie beobachten mich. Ich sie auch. Dann steht der Mann auf, seine Frau stützt ihn, reicht ihm die Krücken. Er kommt die wenigen Schritte auf mich zu. Aus Deutschland, fragt er. Touristin? Warum allein, das sei für Rom ungewöhnlich. Wann ich angekommen sei, wie lange ich bleiben werde. Ich antworte auf alles. Casa di Goethe, ruft er, beginnt von Goethes »Italienischer Reise« zu schwärmen. Alles auf italienisch, einige Brocken Deutsch dazwischen. Er deutet auf seinen Stumpf. Mit der deutschen Armee sei er in den vierziger Jahren nach Afrika gezogen. Generalfeldmarschall Rommel sei sein Oberbefehlshaber gewesen; noch heute könne er kein nachteiliges Wort über ihn äußern. Die Geschichtsbücher sind das eine, das eigene Erleben das andere, sagt er. Von Rommel geht er übergangslos wieder zu Goethe über, zitiert mit theatralischer Geste Mignon-Verse.

Sie seien, wenn das Wetter schön wäre, jeden Abend hier, sagt er, er heiße Fulio, seine Frau sei Anna. Wir geben uns die Hand. Sie würden sich freuen, mich hier wiederzusehen.

Das war gestern. Heute traf ich sie wieder auf dem Monte Pincio. Meine Italienisch-Stunde. Und Freude, daß in der fremden Stadt zwei Menschen auf mich warten.

17. Juli

Am Nachmittag werde ich ans Telefon gerufen. Der Sohn. Er habe sich ein italienisches Fahrrad gekauft. Um mir das zu sagen, wird er nicht zum Hörer greifen. Und, frage ich. Er schweigt. Nach einigem Zögern dann, auf der Rückfahrt von Italien nach Deutschland habe er einen Entschluß gefaßt. Welchen? Er werde seine Wohnung im Hinterhaus aufgeben, ins Vorderhaus ziehen und im Hof zu ebener Erde sich einen Raum für ein Büro mieten. Meine Freude, er macht sich selbständig. Eine gute Nachricht.

Am Abend gieße ich mir Rotwein ein, setze mich,

wie am Ankunftstag mit dem Sohn, auf den winzigen Balkon. Unter mir der unablässig fließende Menschenstrom. Lachen, Stimmengewirr. Junge Mädchen im Pulk. Viele Paare, die sich umschlungen halten. Auch Männer gehen untergehakt. Niemand hastet, niemand eilt. Diese Gelassenheit! Schräg gegenüber, am Tor vor dem Gebäude neben dem Palazzo Rondanini, ein Straßenmusikant, ein alter Mann spielt auf der Geige, eine Melodie ständig wiederholend, stets an derselben Stelle schmerzhaft falsche Töne. Aber seine Mütze, sehe ich, füllt sich. Knatternde Motorinos bahnen sich mit lautem Hupen einen Weg durch die Menge. Ich beobachte, keiner der Fußgänger regt sich darüber auf.

Ich blicke den Corso hinab. Und hinauf, dort, wo er sich zur Piazza del Popolo hin öffnet. Plötzlich verwandeln sich die Häuserschluchten in kantige Berge und die flanierende Menge in einen Gebirgsstrom mit seinem an- und abschwellenden Rauschen.

Noch ein Glas. Später, als ich die Tür hinter mir geschlossen habe, breite ich zwei Wanderkarten von Nordschweden auf dem Fußboden aus, glätte sie und befestige sie vorsichtig mit durchsichtigem Klebeband an den zwei Schränken. An der Wand gegenüber hängt das Panorama der Ewigen Stadt. Ein Nachdruck aus dem 19. Jahrhundert. Zwölf Einzelblätter einer Kupferstichfolge von Giuseppe Vasi von 1765, die zu einer Gesamtansicht von Rom zusammengefügt sind. Die Sehenswürdigkeiten sind mit winzigen Zahlen versehen. Am Sockel des Panoramas befindet sich die Legende. Schon mehrmals bin ich auf mein wackliges Bett, das am Tage zum Sofa mutiert, geklettert, habe nachgelesen; 390 einzelne Örtlichkeiten und Gebäude werden erklärt.

Jetzt stehe ich mitten im Raum, sehe befriedigt von einer Wandseite zur anderen. Ich muß den Augenblick am Schopf packen. Mich der Stadt einfach ausliefern.

Donnergrollen. Ein Gewitterguß. In Minutenschnelle ist die Via del Corso menschenleer. Die sich in der Toreinfahrt im gegenüber gelegenen Palazzo Rondanini drängenden Menschen. Ich öffne die Balkontür, Geruch nach Regen und Staub; erfrischend. Dann geht der laute Platzregen in ein gleichmäßig leises Regentrommeln über. Mein lappländischer Umhang. Ich gehe zum Monte Pincio hinauf. Auch da kaum Menschen. Ich genieße den Regen. Von den Bäumen des Parks der Villa Borghese tropft das Wasser, Rom liegt regenverschleiert unter mir. Glücklich.

Am späten Abend nochmals eine Regenwanderung im fast menschenleeren Park der Villa Borghese.

18. Juli
Am Morgen Sonne. Mein Ziel: das Kolosseum. 1987 habe ich es nur von außen im Vorbeigehen wahrgenommen. Das Amphitheater soll das größte Bauwerk des antiken Rom sein, 72 nach Christus unter Kaiser Vespasian in Angriff genommen. In der nachantiken Zeit diente es über Jahrhunderte als Steinbruch.

Ich steige zur dritten Empore hinauf, setze mich auf die steinernen Stufen. Hier ist noch Schatten. Keine Luftbewegung im gesamten Innenrund des Kolosseums. Weit oben ein Kran, er schwenkt eine Last, ich kann nicht erkennen, was es ist, ein einziger Arbeiter steht dort und nimmt sie ab. Die Rundbogenarkaden mit ihren dorischen, ionischen und korinthischen Kapitellen; meine Kunsterziehungslehrerin taucht vor mir auf, sie wirft mir ein Stück Kreide zu, ruft mich an die Tafel.

Durch die offenen Bögen des alten Gemäuers blicke ich auf Pinien, dahinter sanft ansteigende Hügel. Die aufgehäuften Steinmassen des gewaltigen Kolosseums. Totes Gestein, das nicht zu mir spricht. Warum sagt mir eine Landschaft mehr über die Menschen und ihre Geschichte als diese Steine?

Die Sonne wandert, bald wird sie mich erreichen. Eine Gruppe graugekleideter Nonnen nähert sich, schöne offene Gesichter, ich lächele, einige lächeln zurück. Mehrere sind wohlbeleibt, haben starke Brüste, ganz umsonst im Leben, denke ich, kein Kind wird daran gesäugt. Eine Trillerpfeife schrillt, ein Aufseher ruft die Leute zur Ordnung. Ich kann nicht sehen, welche Sünden sie begangen haben. Eine Schulklasse wandert vorbei, sehr diszipliniert zwei und zwei, ihre Aussprache; unverkennbar, es sind Schwaben. Ein rothaariger Junge fällt mir auf, wache Augen; es könnte der Zögling Friedrich Schiller sein. Die Nonnen kommen zurück. Wieder das Lächeln, wir grüßen uns. Eine ganz junge mit einem modernen Rucksack sagt an mich gewandt: Wird es heute noch heißer werden? Ich nicke, mein Schattenplatz liegt jetzt in der Sonne. Sie brennt unbarmherzig. Ich nehme mir vor, noch heute im Hutgeschäft in der Via del Babuino einen Sonnenhut zu kaufen.

Die riesigen Ausmaße des Kolosseums, über mir der vierte Rang, dort war das gemeine Volk. Von innen und außen soll der Bau ursprünglich mit Marmor verkleidet gewesen sein. 70 000 Menschen fanden Platz, alle Stockwerke oder Ränge konnten von den Zuschauern in kürzester Zeit erreicht werden, achtzig Eingänge gab es; von oben konnte – gegen die Sonne – ein riesiges Segel über das gesamte Rund des ovalen Areals gespannt werden. Die Politik von Brot und Spielen. Bei der Einweihung 80 nach Christus unter Kaiser Titus soll es Festspiele gegeben haben, die hundert Tage dauerten. Gladiatorenkämpfe, Seeschlachten, Tierhatzen. Bei letzteren sollen allein 5000 Tiere getötet worden sein. Hundert Löwen konnten gleichzeitig in die Arena gebracht werden. Ob das alles stimmt? Woher nimmt man diese Zahlen? Ich stehe auf, gehe langsam nach unten, nehme das Schild wahr, das zu den Tierkäfigen führt, ich muß sie nicht besichtigen.

Draußen der Blick auf das weiße Tor. Das Gewimmel der Besucher, die Fremdenführer mit ihren hochgehaltenen Schildern oder Schirmen, das Hupen der zur Abfahrt bereitstehenden Busse. Schwerleibige alte, aber auch schlanke junge Italiener in historischer römischer Tracht, mit Federbüschen an den goldfarbenen Plastehelmen, sie locken gegen Bezahlung zum Gruppen- oder Einzelfoto. Heiko, du Dämel, paß doch auf, ruft eine dicke Frau in breitem Sächsisch.

Weiter laufen, über den Palatin in Richtung Tiberfluß. Die Basilica di Santa Maria in Cosmedin. In die Vorhalle strömen Besucher. Ich beobachte, wie die Ankommenden sich vor einer Skulptur fotografieren lassen, alle die Hand in eine mundähnliche Öffnung gelegt. Gewiß steht es in den Reiseführern.

Ich verlasse die Touristengegend, gelange über die Tiberinsel in den Stadtteil Trastevere. Eine Gaststätte, ein Brünnlein rauscht. Als ich Platz genommen habe, Klopfen und Sägen, der Fußboden wird erneuert. Aber ich bleibe. Ein freundlicher Kellner, schlank, schwarzhaarig, elegante Bewegungen. Ich bestelle, was am schönsten klingt: *Carrello al Tavolo con Vasto Assortimento* und *Bucatini all'amatriciana*. Seine Frage *un quarto di vino bianco* beantworte ich mit *Si, prego*. Soviel Wein am Mittag und bei dieser Hitze, wie soll das gehen. Nur vier Tische sind besetzt. In meiner Nähe zwei junge Männer mit einer älteren Frau in lebhaftem Gespräch. Sie bestimmt es, wie ich sehen kann. Die jungen Männer hören ihr gespannt zu, stellen ab und an Fragen. Als die Frau, sie hat ein eigenartig schönes Gesicht, aufsteht, um zur Toilette zu gehen, stützt sie einer der jungen Männer. Da bemerke ich, wie hinfällig sie ist. Das treibt mir – unerklärbar – die Tränen in die Augen. Sehe ich mich in ihr, wie ich in einigen Jahren sein werde? Das Gespenst des Alterns, Altwerdens, das mich seit einiger Zeit heimsucht und nun auch in Rom auftaucht.

Das Essen ist vorzüglich. Der Ober fragt mehrfach, ob ich zufrieden sei. Er bleibt am Tisch stehen, die Hände auf dem Rücken. Woher ich komme, fragt er. Erzählt dann, als habe er auf ein Stichwort gewartet, er sei Rumäne, habe vier Jahre in Karlsruhe gearbeitet, seit drei Jahren sei er hier. Ja, er habe Frau und Kind, erwidert er auf meine Frage. Mit einundzwanzig Jahren sei er Vater geworden. Seine neunjährige Tochter wachse bei den Großeltern in Rumänien auf. Warum? Hier gebe es andere Werte, er wolle, daß sein Kind mit denen seiner Heimat aufwachse, zudem, seine Frau und er seien von früh bis spät beschäftigt. Wenn das Mädchen groß sei, könne es selbst entscheiden, wo es leben wolle.

Vom vielen Wein bin ich benommen, erst der doppelte Espresso macht meinen Kopf wieder etwas klar. Draußen Schwüle, unerträglich drückende Hitze. Die Via della Paglia, dann ein großer Platz, gnadenlos grell von Sonne überflutet. Mir fällt der bissige Heinrich Heine ein, der den Katholizismus *eine gute Sommerreligion* nannte, der vom *gedämpften Licht* und der *wehenden Kühle* der italienischen Dome sprach, von der Möglichkeit einer *kühlen Andacht* in ihnen, dem *heiligen Dolce far niente.*

Die Kirche Santa Maria in Trastevere. Im Halbdunkel erkenne ich zwei junge Frauen, die sich zärtlich berühren. Geld klingelt im Kasten. Ein Mütterchen zündet eine Kerze an. Ein älterer Mann liegt laut schnarchend auf einer der hölzernen Bänke. Eine Frau mit einem bunten Mickymaus-Hemd sammelt Gebetbücher ein und legt sie neben dem Altar auf einen Tisch. Ein Mann weckt den Schnarchenden, ist es der Kirchendiener oder ein Freund? Ich sehe, wie der aus dem Schlaf Gerissene sich schwerfällig erhebt und mit müden Füßen zum Ausgang schlurft, bis zur Tür begleitet von dem anderen. Ich setze mich in die erste Reihe. Die Mosaiken in der Apsis, unter dem Himmelszelt thront

Christus mit einer in byzantinischer Formensprache stilisierten Maria im Arm. Zwei bettelnde Kinder stehen plötzlich vor mir, halten mir, wie bei einer Kollekte, einen kleinen Korb entgegen. Die Frau mit dem bunten Mickymaus-Hemd ist sofort da und weist sie schroff hinaus.

Wieder draußen, sehe ich, wie die beiden Jungen, höchstens vier oder fünf können sie sein, ihr Behältnis einem alten Mann hinstrecken. Der stellt seine Aktentasche ab, entnimmt ihr zwei Äpfel und schenkt sie den beiden. Der nächste, den sie anbetteln, gibt ihnen nichts, er hält sie fest und spricht ernst und lange mit ihnen. Beide – ihr Gesichtsausdruck ist ängstlich – schütteln mehrfach die Köpfe. Und plötzlich, sehe ich, reißen sie sich los und sind im Nu vom Platz verschwunden.

Langsam laufe ich weiter. In den Gassen die fliegenden Händler, meist junge Schwarzhäutige, auf der Erde ihre Waren breitend, Sonnenbrillen, Schmuck, Poster mit kitschigen Blumenarrangements und – überraschend – bei fast allen das Porträt des bärtigen kubanischen Rebellen. Der Stadtplan in meiner Hand. Mein Ziel ist der Botanische Garten an der Villa Farnesina. Aber schon von weitem sehe ich; er ist gesperrt, weißrote Bänder zeigen es an. Giftige Pflanzenschutzmittel sind gesprüht worden, lese ich auf einem Schild.

Am Abend eine Italienischstunde mit Fulio und Anna auf dem Monte Pincio. Danach Lektüre der »Reise nach Süden« von August von Goethe, gerade im Hanser Verlag erschienen. Bei *heiterem Sonnenschein* wird er am 29. Oktober 1830, vierzig Jahre jung, seitlich der

Pyramide des Cestius an der Porta San Paolo auf dem seit Beginn des 18. Jahrhunderts von den päpstlichen Behörden zur Bestattung von Nichtkatholiken freigegebenen Fremdenfriedhof zu Grabe getragen.

19. Juli
Mit der U-Bahn zur Station Piramide. Ist es die Aurelische Mauer, an der ich entlanggehe? Das Tor zum Cimitero acattolico degli stranieri ist verschlossen. Erst nach einer Zeit sehe ich weit oben die kleine Glocke, ich ziehe am eisernen Strang. Ein heller Klang, wieder dauert es Minuten, bis der Friedhofswärter erscheint. Er fragt mich streng, zu wem ich wolle. Ich sage es, und er öffnet die Pforte, erklärt mir den Weg.

Ich bin völlig benommen, süße Düfte, Vogelgezwitscher, nie gesehene baumhohe Büsche mit üppigen lachsrosa Blüten, andere übervoll von zart lavendelblauen Dolden, wucherndes Grün; ein botanischer Garten. Augusts Grab. *Goethe Filius/ Patri/ Antevertens/ Orbiit/ Annor XL/MDCCCXXX.* Nicht einmal sein Vorname. Der Sohn dieses Vaters eben. Das schlichte von Bertel Thorwaldsen geschaffene Reliefmedaillon mit dem Porträt des Verstorbenen. Ich lege meine Rose auf das Grab. Wandere weiter, überall streunende Katzen, zwei von ihnen begleiten mich. Das Grab von Wilhelm Waiblinger, sechsundzwanzigjährig starb er in Rom. Ein Kindergrab, der Sohn von Caroline und Wilhelm von Humboldt. Das Grab von Antonio Gramsci. Von Keats, von Shelley. John Keats kam 1820 nach Rom, schon krank, ein Jahr später starb er, wie Waiblinger sechsundzwanzig Jahre alt. *Here lies one whose name was writ in water*, steht auf seinem Stein. Percy Bysshe Shelley ertrank – er war dreißig – bei einer Segeltour vor La Spézia, Lord Byron verbrannte die Leiche am Ufer des Sees, seine Asche wurde nach Rom gebracht.

Die Ewige Stadt nicht ein Ort der *Wiedergeburt*, wie sie es für Johann Wolfgang Goethe war, sondern einer des Todes. Das schreckliche Ende von Ingeborg Bachmann in Rom, ihre Verbrennungen, an denen sie starb. Siebenundvierzig Jahre war sie. Hier, auf dem Fremdenfriedhof, zwischen Keats und Shelley, wollte sie begraben werden.

Müde vom Umherwandern setze ich mich auf eine Bank. Drei der herumstreunenden Katzen machen es sich neben mir bequem. Der Friedhofswärter kommt, verjagt sie, nimmt Platz, bietet mir Bonbons an, fragt und erzählt. Von der Bank aus ist die Cestius-Pyramide zu sehen. Ein Denkmal des antiken Rom, sagt er, der Prätor Caius Cestius habe es zwischen 18 und 12 v. Chr. in Anlehnung an den Totenkult der Ägypter als Grabmal errichten lassen. Er schlägt ein kleines Heft auf, zeigt mir ein Bild, es sei von Goethe. Ich betrachte es, als ob ich es nicht kennen würde. Die lavierte Federzeichnung, das Nachtstück »Pyramide des Cestius im Vollmondlicht«. Goethe, erzählt er, habe hier begraben werden wollen. Nun, dann habe es den Sohn getroffen. Ob oft jemand zu seinem Grab komme? Er schüttelt den Kopf. Die drei Katzen sitzen längst wieder auf der Bank. Eine vierte hat sich ihnen zugesellt. Andere sonnen sich unweit von uns auf der Mauer, die den Friedhof begrenzt.

Am Abend nochmals auf August von Goethes Spuren. Die Kirche Santissima Trinità dei Monti. Hier hat er bei seiner Ankunft in Rom den Gesang der Nonnen gehört, vom *göttlichen Gesang der Nonnen*, lese ich. *Das war ein Genuß, solche Stimmen habe ich noch nie gehört, das Ora pro nobis brachte einen bis zu Thränen.* Die Kirche wird gerade geschlossen, eine dicke Nonne mit einem großen Schlüsselbund steht unten am Gitter, mit ausladenden Bewegungen und dem Ruf *scendere* treibt sie die Besucher an, sie eilen die Stufen hinab, und mit mürrischem Gesicht schließt sie das Gittertor. Fragen, wann wieder geöffnet werde, überhört sie.

20. Juli
Heute am Morgen in der kleinen Kirche Santa Maria del Popolo. In einer der Seitenkapellen zwei Gemälde, die mich fesseln. Eine scharfe, sichere Gegenwart in ihnen. Ein moderner Maler? Auf dem einen Bild in der vorderen, unteren Ebene ein junger Mann mit ausgebreiteten Armen rücklings auf der Erde liegend. Ein gleißendes Licht fällt auf ihn. Sein Ursprung liegt außerhalb des Bildfeldes. Aber um einzig dieses Lichtes willen scheint das Bild gemalt. »Die Bekehrung des heiligen Paulus«, lese ich. Das in der Apostelgeschichte mehrfach beschriebene Bekehrungserlebnis vom Saulus zum Paulus, das, soweit ich mich erinnere, immer mit der Stimme des Herrn und einer Lichterscheinung verbunden ist. In den Darstellungen bei Raffael und Michelangelo ist sogar Christus zu sehen, umgeben von einer Lichtaureole. Das Licht, das auf den auf der

Erde liegenden jungen Mann fällt. Die gesamte obere Bildhälfte aber nimmt ein Pferd ein, das ein Knecht am Zügel führt. Dieses Pferd – sein starker Leib. Merkwürdig. Faszinierend.

Auf dem zweiten Gemälde ragt ein schweres Holzkreuz diagonal in den Bildraum hinein. Ein bärtiger alter Mann, bekleidet mit einem Lendenschurz, ist an Händen und Füßen daran genagelt; weit aufgerissene Augen, gerunzelte Stirn, leicht geöffnete Lippen. Er lebt noch, hebt den Kopf, scheint zu sprechen. Mit wem? Drei Schergen sind damit beschäftigt, das Kreuz aufzurichten. Die physische Anstrengung dieses Vorgangs beherrscht das Bild und ist für mich, die ich es betrachte, fast körperlich nachvollziehbar. Die konzentrierte mitleidlose Geschäftigkeit der Männer. Der links im Bildvordergrund Kniende sucht das schwer auf seinen Schultern lastende Kreuz zu stemmen, der nächste hat das Ende gefaßt, reißt es nach oben, der im Zentrum Stehende zieht, mit einem über den Rücken gelegten Seil, gleichfalls mit großer Kraftanstrengung an dem schweren Kreuz.

»Die Kreuzigung des heiligen Petrus«, lese ich und den Namen eines mir unbekannten Malers.

Am Nachmittag über die Spanische Treppe wieder wie gestern zur Kirche Santissima Trinità al Monte Pincio. Das Gittertor steht offen. In der Pförtnerloge sitzt ein junger Schwarzhäutiger. Er steckt seinen Kopf heraus, fragt freundlich auf englisch, ob er mir helfen könne. Ob es hier noch ein Nonnenkloster gebe, möchte ich wissen. Er erhebt sich, kommt aus seinem Verschlag.

Macht eine Bewegung, ihm zu folgen. Dann stehen wir im Kreuzgang eines überwältigend schönen Klosterhofes. Seine Eltern lebten in Mombasa, erzählt er, er sei Kongolese, sei fünfunddreißig. Er habe Ökonomie studiert, sei verheiratet, habe zwei Kinder. Er gibt mir die Hand, stellt sich vor. Baschal, sagt er. Er ist ungemein gesprächig. Und die Nonnen, frage ich. Er geht mit mir vom Kreuzgang in die Mitte des Innenhofes, weist rechts auf die obere Fensterreihe über den Arkadenbögen. Dort lebten sie. Es seien nicht einmal mehr zwanzig Nonnen, zumeist alte. Eine sei über hundert Jahre alt, sie könne nicht mehr aufstehen. Eine andere flehe jeden Tag zu Gott, daß sie das neue Jahrtausend erlebe, und wenn es nur ein einziger Tag sei. Und singen sie auch? Ja, bei ihren sonntäglichen Andachten.

Wir gehen zur Pförtnerloge zurück. Heute sei ein besonderes Ereignis, sagt er, am Abend werde unter freiem Himmel im Klosterinnenhof Verdis »La Traviata« gegeben. Seit Wochen sei die Vorstellung ausverkauft. Aber er lade mich ein.

Ich weiß nicht, wie mir geschieht, bin freudig überrascht und nehme seine Einladung an.

Am Abend steht die Treppe voller Menschen, die auf den Einlaß warten. Mit einem unaufhörlichen *Scusi*, Verzeihung, arbeite ich mich nach oben. Der junge Kongolese sieht mich, kommt aus seiner Pförtnerloge, führt mich an den Kartenabreißern vorbei, durch eine Seitentür gelange ich in den Klosterhof.

Langsam füllt er sich. Mein Platz in der ersten Reihe.

Das Orchester. Ausnahmslos junge Musiker. Unmittelbar vor mir ein Geiger mit kahl rasiertem Schädel. Seine Kiefer mahlen, er hat einen Kaugummi im Mund. Spricht zugleich in sein Handy, laut, wie alle Italiener. Auch andere Musiker telefonieren.

Dann das Stimmen der Instrumente. Stille. Das erwartungsvolle Publikum. Beifall für den Dirigenten. Die Musik setzt ein, die Bühne belebt sich. Auch Chor und Solisten sind sehr jung; eine grazile Violetta mit einem reinen Sopran, Tenor und Bariton von Vater und Sohn Germont von großer Kraft. Das Publikum ist begeistert. Mehrfach Szenenapplaus. Auch beim Trinklied.

Zwischen den Akten gibt es keine Pause. Das Orchester bleibt sitzen, mehrere Musiker greifen wieder zu ihren Handys. Auch die Zuschauer verharren auf ihren Plätzen, nur die ganz außen Sitzenden vertreten sich die Füße im Kreuzgang. Im zweiten Akt, als der alte Germont seinen Sohn an sein heimatliches Land, an Herkunft und Familie erinnert und zur Umkehr bewegen will, wieder Applaus auf offener Szene. Ich beobachte, die Kiefer an dem rasierten Schädel mahlen, sobald er seine Geige sinken läßt. Es stört mich nicht.

Alles ist mir wie ein Traum. Eine laue Sommernacht; der Himmel über dem Innenhof wird langsam dunkel, Schwalben zischen über ihn hin, Flugzeuge dröhnen, von der Straße ist der Lärm der Fahrzeuge zu hören. Ich sehe zu den Fenstern hoch: die Klosterzellen der Nonnen. Alle Fenster stehen offen, ab und an bewegt ein Luftzug die Gardinen. Liegt die über Hundertjährige in ihrem Bett und lauscht? Verfolgen auch die anderen Nonnen die Geschichte des gefallenen Mädchens, ihrer großen Liebe und ihres Verzichtes, lauschen dem betörend schönen Gesang?

Der dritte Akt. Die todkranke Violetta. Als Alfred Germont und sein Vater in ihrer großen Arie Violetta um Verzeihung bitten, kommen mir die Tränen. Ich kann mich nicht entsinnen, wann mir das jemals in einer Oper passiert wäre. Sie fließen auch in der Sterbeszene; das letzte Duett der Liebenden, Violettas *Addio del passato ...*, Alfredos *Mia Violetta! Colpevol sono – so tutto – o cara ...*

Heimweg im Strom der Menschen, die Spanische Treppe hinab, die Via del Babuino entlang und dann links durch die kleine Gasse, die Via Laurina, es ist bereits nach 23 Uhr, aber in dem kleinen Piercing-Laden ist noch reger Betrieb.

21. Juli

Ich werde ins Sekretariat gerufen. Günter Berg vom Verlag ist am Apparat. 100 Jahre Insel, eine Messeveranstaltung, ich müsse dabeisein. Schon Unseld zuliebe. Man könnte noch einige wenige Lesungen anhängen. Ich stelle mich taub. Also will ich doch hier bleiben, denke ich, als ich den Hörer auflege.

Über die Via Piacenza zum Monte Cavallo hinauf. Wieder auf den Spuren von August von Goethe. In seinem Tagebuch unter dem Datum 17. 10. 1830: *Dann noch nach Monte Cavallo, einen Augenblick ausgestiegen, die Collosse, meine Freunde und Lieblinge begrüßt.* Eine Menschenmenge auf dem Platz. Militärmusik. Vor dem Palazzo del Quirinale, dem Sitz des Staatspräsidenten, findet eine Parade statt. Matrosen marschieren und salutieren. Ein Reiterregiment. Ich dränge mich nach vorn, um die Pferde zu sehen. Ausnahmslos stolze, schöne Tiere mit hohen Kruppen und schlanken Fesseln, die Reiter mit weißen Handschuhen, silbernen Helmen, von denen lange schwarze Büschel wehen. Die italienische Nationalhymne. Dann, offenbar als Schluß der theatralischen Zeremonie, der Triumphmarsch aus Giuseppe Verdis »Aida«. Nach dem Verklingen des letzten Akkordes Bewegung in der Menge, sie beginnt sich zu zerstreuen. Ich ziehe mich in den Schatten einer Toreinfahrt zurück. Das Trappeln der Pferdehufe noch eine Weile. Die Musiker steigen mit ihren Instrumenten in vorfahrende Busse. Ebenso die Matrosen. Innerhalb von zehn Minuten ist der Platz menschenleer. Ich kann die beiden Rossebändiger, die Dioskuren aus Marmor, begrüßen, über fünf Meter sind sie hoch, sie gehören zu den wenigen antiken Plastiken, die nicht verschüttet waren.

Ich nehme den nächsten Weg, der sich mir bietet, und stehe mit einemmal vor Roms größtem Wasserschauspiel, der Fontana di Trevi. Gedränge, Blitzlichtgewitter, Schweißgeruch, Stimmengewirr. Touristen mit Eistüten, mit Rucksäcken, Wasserflaschen, ihre seltsame entstellende Aufmachung, dicke Frauen in Shorts, Männer in kurzen Hosen, auf den nackten Oberkörpern nur die Hosenträger, viele Japaner, alle mit Kameras und topfartigen Hüten.

Der Brunnenrand ist dicht belagert, über die darauf Sitzenden werden in weitem Bogen Münzen in das Wasserbecken geworfen; wie ich sehe, immer in der gleichen Weise, mit der linken Hand über die rechte Schulter. Ich entsinne mich, im Reiseführer gelesen zu haben, es soll die Rückkehr nach Rom sichern. Der Brunnen ist seit Federico Fellinis »La Dolce Vita« mit Anita Ekberg und Marcello Mastroianni ein Kultort.

Der steinerne Gott Oceanus auf seinem von Seepferden und Tritonen gezogenen Wagen zeigt sich von allem unbeeindruckt.

Dann zum Pantheon, 27 vor Christus ist es erbaut. Der einzig vollständig erhaltene Kuppelbau der Antike. Ich umrunde ihn zweimal von außen, dann durch die säulengeschmückte Vorhalle, den Pronaos, ins Innere. Wunderbare Maßverhältnisse. Im Zenit des Rundtempels eine kreisförmige Lichtöffnung. Obgleich das Pantheon voller Besucher ist, bin ich allein. Harmonie. Wodurch kommt sie zustande? Der riesige Durchmesser der Kuppel, er beträgt 43,2 Meter, und dem entspricht genau die Gesamthöhe des Rundtempels. Ist es das?

Auf dem Rückweg komme ich zur Piazza Montecitorio, sehe die Herder-Buchhandlung. Ich trete ein, eine Frau meines Alters kommt auf mich zu. Sie sind …, sagt sie und nennt meinen Namen. Jetzt werden die üblichen Fragen kommen, denke ich, denn das Goethe-Buch liegt im Schaufenster. Aber überraschenderweise spricht sie überhaupt nicht davon, sondern über ihre Lektüre von »Ich bin nicht Ottilie«. Sie ist in Thüringen geboren, ist mit drei Jahren mit ihren Eltern in den Westen geflohen, nach Heilbronn gegangen, seit vielen Jahren lebt sie in Rom, ihr Mann, ein Schweizer

Architekt, ist verstorben. Seither leitet sie die Buchhandlung. Wir sitzen in ihrem kleinen, nur mit Stellwänden umgebenen Büro. Reden. Schnell sind wir uns nah.

Nach Fulio und Anna, nach Baschal ein dritter Anker im endlosen Meer der Ewigen Stadt.

22. Juli

Telefonat mit Nordschweden, mit Roknäs. Daß du die Wiese abgebrannt hast, war gut, sagt der Sohn. Er habe sie gerade gemäht. Mit der Sense? Ja. Ein scharfer Sehnsuchtsschmerz durchfährt mich. Ich sehe die an die Wand vor meiner Kammer gelehnten Gerätschaften: Spaten, Rechen, Heugabel, Sense. Und das Kind, frage ich. Der Sohn erzählt von Noahs Fortschritten, genau hundertundsieben Tage ist er auf der Welt. Und mit einemmal weiß ich, wann das Gespenst des Altwerdens, des Alters erstmals vor mir auftauchte. Die Geburt des Kindeskindes, die Generationenfolge, ich bin die nächste, die abzutreten hat. An einem Frühlingstag 1999 war es, zum ersten Mal fuhr ich Noah aus. Mit Schwiegertochter und Sohn war ich ins Briesetal bei Berlin gefahren, die Sonne schien durch die zartgrünen Blätter, spiegelte sich im See, wir gingen den Uferweg entlang. Die beiden liefen engumschlungen vor mir her. Ich folgte ihnen, schob den Kinderwagen. Da die Erinnerung: Ich sah mich vor zwanzig Jahren, an ebenjenem Uferweg im Briesetal in der heimlichen Zeit mit meinem Geliebten – oft waren wir hier –, sah mich dann später mit meinem Ehemann, seltsamerweise hatte auch er dieses Tal für unsere vergeblichen Versuche der Rettung unserer Ehe gewählt. Nun lebe ich seit

Jahren allein; kein Umfangenwerden, kein Lauschen auf die Atemzüge des andern bei Nacht. War dieses Kind vielleicht ein Ersatz? Plötzlich war mir problematisch, wie ich da auf dem Uferweg beglückt den Kinderwagen vor mir herschob. Sah es nicht nach Resignation aus? Da schien mir auf einmal mein Großmutter-Dasein als das des unabwendbaren Altwerdens, als das des herannahenden Endes.

Mir kommt die hinfällige, von den beiden jungen Männern gestützte Frau im Restaurant Comparone an der Piazza in Piscinula in den Sinn.

An einem der ersten Abende auf dem Monte Pincio examinierte mich Fulio, was ich bisher von Rom gesehen hätte. Er war unzufrieden.

Als ich zur nächsten Italienisch-Stunde erscheine, ist nur Anna da. Sie nimmt mich an der Hand, unweit von hier stehe das Auto. Ohne Widerrede folge ich ihr. Ein Minimalprogramm habe er sich ausgedacht, was man in Rom gesehen haben müsse, ruft der im Auto schon ungeduldig wartende Fulio mir entgegen. Wir fahren zur Via Veneto. Anna chauffiert, Fulio erklärt. Der Inbegriff von *la dolce vita* sei diese Straße. Namen von Hotels und berühmten Gästen, die in den fünfziger Jahren hier abstiegen, Jahreszahlen aus Jahrhunderten, Namen von Brunnen, Gebäuden, Kirchen; Santa Maria della Concezione, hier seien Schädel und Knochen von 4000 Franziskanern aufbewahrt, zum Teil zu Ornamenten gestaltet; ein barockes Memento mori.

Ein andermal fahren wir auf den Gianicolo, besehen das 1895 geschaffene Reiterstandbild Giuseppe Garibaldis. Kriegerische Pose, wilde Gebärde. Aber vom Fuß des hohen Sockels ein phantastischer Blick über die Stadt.

Und: Fulio hat sich in den Kopf gesetzt – er hat sogar eine Zeichnung angefertigt –, mir die antike Via Flaminia, die Fortsetzung der Via del Corso, die Verbindung Roms nach Norden, zu zeigen. 220 vor Christus von Gaius Flaminius angelegt, führe sie über die gesamte Halbinsel, überquere den Apennin und ende in Rimini. So weit fahren wir heute nicht, lacht Fulio, läßt Anna an der Brücke, der Ponte Flaminio, halten und – er warte im Auto – besteht darauf, daß ich mit ihr zu der den Fußgängern vorbehaltenen Milvischen Brücke laufe, wo die Via Flaminia auf den Tiber treffe, ein antikes Bauwerk, Garibaldi habe es sprengen lassen, um das Vorrücken der Franzosen zu verhindern, unter Papst Pius IX. sei es 1850 wieder errichtet worden, die mittleren Pfeiler und Bögen seien noch antik.

23. Juli
Unerträgliche Hitze seit Tagen. Die Stadt glüht. Die Touristenströme scheinen ins Unendliche zu wachsen. Im August sollen sie nachlassen. Die Abgase der Autos stehen in der heißen Schwüle wie Wolken dicht über dem Straßenpflaster, der Asphalt ist aufgeweicht. Selbst im Schatten ist es am Nachmittag zu heiß auf den Bänken im Park der Villa Borghese. Ich klage es Baschal. Er sitzt mit der italienischen Ausgabe meiner »Cornelia Goethe« in der Pförtnerloge und liest. Einmal in seinem Leben wolle auch er unbedingt ein Buch schreiben,

sagt er, lacht, zeigt seine weißen Zähne. Und freut sich über die Geschenke, die ich für seine Kinder mitgebracht habe.

Für Sonntag habe er eine Überraschung für mich. Die Äbtissin erlaube, nachdem sie einen Blick in seine Lektüre geworfen habe, daß ich am Nachmittag für zwei Stunden im Garten der Nonnen spazierengehen könne.

24. Juli

Die wechselnden Praktikanten in der Casa di Goethe. Drei oder mehr Monate bleiben sie, es sind begehrte Plätze, die Bewerber drängen sich. Die Zeit der Praktikantin, die uns am ersten Rom-Tag empfing, ist um. Sie fliegt nach Deutschland zurück. Ab morgen werde ich in der Nacht allein in der Casa di Goethe sein. Sie erklärt mir die Alarmanlage und weist mich ein, was zu tun ist, wenn sie sich auslöst. Und wie und welcher Bereich zu entsichern sei, wenn ich am Morgen die Putzfrau einlassen müsse. Ich möchte ihr Zimmer sehen. Sie zeigt es mir, es ist winzig, aber es ist ruhig und atmosphärisch, es geht auf den Hof hinaus, man blickt ins Grüne, auf Palmen mit bis zur Erde hängenden Wedeln und auf Bananenbäume mit riesigen Blättern.

Am nächsten Abend mache ich – alle Mitarbeiter sind gegangen – das Zimmer sauber und schlafe dort. Das Klappbett ist zwar nur ein Behelf, aber die Ruhe ist himmlisch. Tief und traumlos schlafe ich. Es ist Sonnabend, heute kommt keine Putzfrau. Die Casa di Goethe öffnet um zehn Uhr. Vor halb zehn werden Massimiliano und Domenico nicht dasein. Als ich Schritte auf der Treppe höre, entschwinde ich samt meinem Bettzeug in mein Zimmer.

Ausgeschlafen bin ich ein anderer Mensch.

Ein glücklicher Tag. Im Park der Villa Borghese sammeln ein Mann und eine Frau Pinienkerne. Der Mann zeigt mir, wie man sie aufmacht. Als die beiden gehen, schenken sie mir eine Rose.

Die kopflose Frau mit den schönen Gewandfalten. Immer, welchen Weg ich auch nehme, gehe ich bei ihr vorbei und begrüße sie. Heute sind hinter der hohen Mauer, vor der sie steht, Stimmen zu hören und Tellerklappern, feiner Rauch steigt auf, es riecht nach gebratenem Fleisch. Ich entdecke einen Feigenbaum, dessen Zweige weit über das Gemäuer reichen. Aber die Früchte hängen zu hoch.

Sonnenuntergang auf dem Monte Pincio. Fulio und Anna sind nicht da.

25. Juli

Pünktlich bin ich im Kloster Trinità dei Monti. Schweißtreibende Nachmittagshitze. Mein Kleid klebt am Körper. Dann die Erlösung, ich tauche in ein üppiges, kühles Grün ein. Nichts vom Autolärm der unten nur wenige Meter von der Mauer entfernt vorbeiführenden Viale della Trinità della Monti ist zu hören. Kein Geruch nach Benzin und Abgasen gelangt bis hierher. Schattenspendende Bäume. Stille. Efeuüberwucherte Mauern, Steingefäße mit bizarren Pflanzen und immer wieder Gebüsche von Arkantus mit den fünffingrigen auffälligen Blättern. Eine Brunnenschale, in die Wasser rieselt. Niemand ist im Garten. Ich glaube mich im Paradies.

Viel zu schnell vergeht die Zeit. Dann die Andacht der Nonnen, die ich heute miterleben darf. Baschal läßt mich in das den Klosterfrauen vorbehaltene Refugium ein. Dahinter, abgeteilt durch ein Gitter, der Raum für die Touristen. Gemurmel und Schlurfen von Füßen ist zu hören. Dann wird es still, offenbar hat man die Kirchentür für die Zeit der Gebetsstunde geschlossen. Das hohe Schiff, zwei Emporen, der barocke Altar. Durch eine kleine Tür links vom Altar kommen einzeln und in Abständen die Nonnen herein. Ich erkenne die Korpulente, die die Besucher die Treppen hinuntertrieb. Baschal hat mir erzählt, daß sie die warmherzigste und lustigste sei. Zwei Frauen ohne Tracht, vielleicht die Pflegerinnen der Hundertjährigen. Sie setzen sich nebeneinander. Die anderen nehmen weit voneinander Platz. Als scheinbar alle da sind – ich zähle siebzehn –, steht eine der Nonnen auf. Ist es die Äbtissin? Für einen Moment sehe ich ihr Gesicht, es ist von tiefen Falten, Gräben voller Bitternis durchzogen. Sie geht nach vorn und öffnet ein auf einem Pult liegendes Buch. Jetzt wird sie lesen, denke ich. Aber sie geht zurück. Als ihre Schritte verhallt sind – Stille. Vollkommene Stille. Die Nonnen sitzen mit gesenkten Köpfen, ohne jede Bewegung, vertieft in ihre Andacht. Nichts geschieht. Was habe ich erwartet? Mir ist kalt, mein dünnes Kleid, ich habe schon gefroren, als die Nonnen hereinkamen, ich bewege vorsichtig Arme und Beine, reibe sie aneinander, bewege die Füße, sehe wiederholt verstohlen auf meine kleine Taschenuhr. Der Zeiger will nicht rücken. An-dacht; das Wort erschließt sich mir körperlich. Genau nach einer dreiviertel Stunde erhebt sich die Nonne, die vielleicht die Äbtissin ist, geht zum Pult, schlägt das Buch zu. Geht zurück. Wieder eine mir endlos scheinende Pause. Dann endlich setzt karg, ohne Begleitung der Orgel, das *Ora pro nobis* ein. Einzig der schöne Alt der korpulenten Nonne schwebt über dem Gesang, der ein ansonsten dünner, mitunter stockender müder Altfrauengesang ist; keineswegs der *göttliche der Nonnen*, der August von Goethe zu *Thränen brachte*.

26. Juli
Wieder im kleinen Zimmer geschlafen. Bei offenem Fenster. Tagsüber und auch am Abend darin gearbeitet. An einem winzigen Ausziehtisch, die Füße auf einer grünen Plasteschüssel. Die ersten Seiten zum Lappland-Buch. Ich könnte vor Glück auf dem Kopf laufen. Der Schein des Vollmondes liegt auf den Bäumen im Innenhof und taucht sie in ein schwarzgrünes leuchtendes Licht. Ich bin bei mir.

28. Juli
In Santa Maria del Popolo. Es hat mir keine Ruhe gelassen. Wer ist dieser Caravaggio? Goethe, der doch für längere Zeit in unmittelbarer Nähe der Gemälde lebte, erwähnt seinen Namen nicht. (Auch die Kirche kommt bei ihm nicht vor, obgleich das angrenzende Kloster der Aufenthaltsort Martin Luthers bei seinem Rom-Besuch 1511 war. Und diese Gemeinde Goethe als *Möller* in ihren Einwohnerlisten führte.) Auch

Winckelmann mißt Caravaggio keine Bedeutung zu. Michelangelo Merisi, geboren im Dorf Caravaggio in der Nähe von Bergamo, kommt 1591 oder 1592 zwanzig- oder einundzwanzigjährig in die Ewige Stadt. Er erlebt ein Rom, in dem die Kuppel des Petersdoms gerade vollendet wird, in dem man auf dem Campo de' Fiori Giordano Bruno auf dem Scheiterhaufen verbrennt. In der Kunstszene herrscht der Manierismus vor. Man gefällt sich darin, Michelangelo und Raffael zu kopieren. Wie findet dieser Merisi aus der Nähe von Bergamo zu seinem schockierenden Realismus, wie dazu, alle ikonographischen Traditionen über den Haufen zu werfen, wie zu seiner völlig neuen Bildsprache, der erregenden Lichtregie in seinen Gemälden? Der geheimnisvollste und revolutionärste Maler der Kunstgeschichte soll der über dreihundert Jahre Vergessene sein; Rembrandt, Velázquez, überhaupt die Moderne nicht ohne ihn denkbar.

Für Cerasi, den Schatzmeister des Papstes, hat er die beiden Bilder in Santa Maria del Popolo gemalt. Der starke Leib des Pferdes, der auf der Erde in der Lichtaureole liegende vom Saulus zum Paulus Gewandelte. Mir scheint, als ob die Augen beider sich treffen, es einen Blickkontakt zwischen Tier und Mensch gibt. Überliefert ist ein Dialog zwischen dem Maler und einem Prälaten des Klosters. Aufgebracht soll der gefragt haben: *Warum hast du das Pferd in die Mitte und den heiligen Paulus auf die Erde plaziert? – Darum!* habe der Maler geantwortet. Der Prälat: *Soll dieses Pferd Gott sein?* Caravaggio: *Nein, aber es steht im Licht Gottes.*

»Die Kreuzigung des heiligen Petrus«. Die *historia sacra* in ihrer schockierenden Profanität. Die radikale Reduzierung der Bilderzählung. Es sind die ihn umstehenden Anhänger des Märtyrers, zu denen Petrus, von Agrippa zum Kreuztod verurteilt, spricht. Aber auf Caravaggios Gemälde sind sie ausgeblendet. Seine Konzentration auf die Täter, die Kreuzaufrichter. Der Farbklang von Rot, Gelb und Grün, der den Schergen zugeordnet ist. Am rechten Bildrand entdecke ich das Blau eines Tuches. Der abgelegte Mantel des Petrus? Das heilige Blau. Daneben ein Felsbrocken, eine Anspielung auf das Christus-Wort in Matthäus 16,18: *Du bist Petrus und auf diesen Felsen werde ich meine Kirche bauen.*

29. Juli
Halb sieben am Morgen. Es läutet seit fünf Minuten. In der Sprechanlage die Auskunft: Polizei. Vom Balkon sehe ich, fünf Männer sitzen unten vor der Tür, die Tür steht offen. Die Männer tragen keine Uniform, kein Polizeiauto ist zu sehen. Ich reagiere nicht, jeder kann sich als Polizei ausgeben. Dennoch bin ich unruhig. Das Läuten hört auf. Gegen halb acht wieder Klingeln, aber nur einmal und sanft. Ich sehe durch den Spion, es ist die Putzfrau. Ich entsichere die Alarmanlage. Lasse sie ein. Sie entschuldigt sich, sie sei eine halbe Stunde zu spät.

30. Juli
Tiefer Nachtschlaf. Der kleine Raum zum Innenhof mein Refugium. Schreibglück. Ein Text über die Geschichte des Hauses Storsöder 13 in Roknäs.

Als ich am Mittag ins Büro komme, lehnt ein kleines Brillengestell, die Hände verkrampft in den Hosentaschen, im Türrahmen: Es ist die neue Praktikantin. Sie studiert Germanistik in Bonn, kommt gerade aus Verona, wo sie ihr viertes Semester abgeschlossen hat. Sie spricht ausgezeichnet Italienisch.

Am Nachmittag zeige ich ihr die Geschäfte, in denen sie einkaufen kann. Wir überqueren den Corso, gehen durch die Via del Vantaggio, biegen rechts in die Via di Ripetta ein, etwa nach fünfzig Metern auf der rechten Seite der Brotladen, Pane e formaggio. Daneben die kleine Trattoria. Ich zeige ihr die schöne Weinhandlung und den Fleischer- und Delikatessenladen an der Ecke. Und dann auf der anderen Seite des Corso in der Via di Gesù e Maria das Lebensmittelgeschäft, das immer überfüllt ist, in dem man stets lange anstehen muß. Ihre Frage nach einer Kaufhalle, einem Supermarkt. Nein, im weiten Umkreis gibt es nichts dergleichen, man ist auf die sehr teuren kleinen Läden in der historischen Altstadt angewiesen.

31. Juli
Die Nacht wieder in meinem Lärmkäfig. Einmal schrillt irgendwo in der Nähe minutenlang eine Alarmanlage. Gegen drei Uhr die Kolonne der Kehrmaschinen. Ab sieben das Gedröhn von Preßlufthämmern. Und um

halb acht Uhr schiebt sich ein riesiger Kran die Via del Corso entlang, Material für die Baustelle zwei Häuser weiter wird abgeladen. Mein fester Entschluß: Sobald die Leiterin der Casa di Goethe vom Urlaub zurückkommt, werde ich um das kleine Zimmer bitten.

2. August
Frau Bongaerts ist zurück. In Berlin haben wir uns bereits kennengelernt in Vorbereitung auf meine Stipendiatenzeit. Eine sympathische, offene junge Frau, die vor Energie sprüht.

Ich bin erschrocken, sie sieht schlecht aus, keineswegs kommt sie erholt aus dem Urlaub zurück. Sie habe ihre Scheidung hinter sich, sechzehn Jahre sei sie mit dem Mann zusammengewesen, sagt sie. Ihr Bedürfnis, darüber zu sprechen. Ich höre zu.

Dann trage ich meinen Wunsch mit dem kleinen Zimmer vor. Sie versteht mein Problem, bittet aber um einen Tag Bedenkzeit.

3. August
Ihre Zusage; Bedingung ist, daß ich jeden Morgen die Putzfrau einlasse und vorher die Alarmanlage für die Museumsräume entsichere. Ich verschweige, daß ich das schon getan habe. Bin ihr äußerst dankbar. (Mir ist bewußt, daß dem Haus dadurch zusätzliche Kosten entstehen.) Das kleine Brillengestell protestiert entschieden. Massimiliano erklärt sich sofort bereit, ihr bei der Zimmersuche zu helfen. Ein paar Tage aber werde es dauern.

4. August
Goethe und Faustina aus Pappmaché sind angekommen. Mit dem Rücken zueinander stehen sie im Büro; Werbung zum 250. Geburtstag Goethes, sie werden auf dem Balkon postiert, um Besucher anzulocken.

5. August
Heute der für mich schönste abendliche Ausflug mit Fulio und Anna. Dorthin, wo der Tiberfluß die große Schleife macht, auf den dem Stadtteil Trastevere gegenüberliegenden Aventin. Als erstes die Kirche Santa Maria in Cosmedin. Die Vorhalle, ich erinnere mich, hier war ich schon; an dem Kolosseumstag, die Touristen, die sich mit der Hand in der Öffnung fotografieren ließen. Den feingliedrigen siebenstöckigen Campanile von Santa Maria in Cosmedin habe ich damals nicht wahrgenommen. Von griechischen Mönchen, die zur Zeit des Bildersturms aus Byzanz nach Rom flohen, ist die Kirche errichtet worden. Und das begehrte Fotoobjekt ist ein antiker Wasserspeier, eine Tritonenmaske, die *Bocca della Verità*, der Mund der Wahrheit, sie beiße jeden Lügner, der die Hand in die Öffnung lege.

Wir fahren weiter, die Kirche Santa Sabina. Durch Fulios Behindertenausweis können wir unweit vom Eingang parken. Die Kirche ist noch offen. Die Anmutung einer frühchristlichen Basilika, ein hoher Innenraum mit korinthischen Säulen, über und zwischen den Bögen Marmorintarsien in Grün und Purpur. Ein Raum von großer Schönheit. (Hierher, in die Kirche Santa Sabina, an der Piazza Pietro d'Illiria, werde ich mehrfach zurückkehren. Zweimal sogar eine römische Hochzeit erleben, die Braut in Tüllwolken, die ganze Gesellschaft festlich angezogen, die kleinen Mädchen in Organzakleidchen, mit Hütchen und Lackschühchen, die kleinen Jungen wie Erwachsene in schwarzen Anzügen mit Schlips und Weste. Diese Hochzeiten kosten ein Vermögen, erzählt mir Renata Crea, jahrelang spart das Brautpaar darauf.)

Heute aber, als ich mit Fulio und Anna Santa Sabina erstmals betrat, sagt er, er wolle mir die vermutlich älteste erhaltene Darstellung der Kreuzigung Christi zeigen; auf einem der achtundzwanzig Holzreliefs in dem auf das Jahr 432 datierten Portal aus afrikanischem Zedernholz ist sie zu sehen, im Portikus, links neben dem Haupteingang.

Dann fahren wir zur Piazza dei Cavalieri di Malta. Anna hält am Sitz des Malteser-Ordens an, und Fulio fordert mich auf, durch das Schlüsselloch am Tor zu sehen. Ein seltsamer Befehl, ich zögere, aber er drängt. Ich tue es, und genau im ovalen Ausschnitt des Schlüsselloches erscheint, wie in einem Rahmen, die Kuppel des Petersdoms. Fulio lacht über die gelungene Überraschung. (Auch hierher werde ich bei meinen Wegen über den Aventin noch mehrmals zurückkehren, aber immer stehen Reisebusse auf dem Parkplatz, und lange Schlangen warten vor dem Tor der Villa dei Cavalieri, um einen Blick durch das Schlüsselloch zu tun.)

6. August

In dem winzigen Kabinett neben der Bibliothek, das durch die Alarmanlage gesondert gesichert ist, arbei-

g' ich noch allen
n in Weimar und Gotha
es Lebewohl!
ebe begleite mich ...«

Goethes Freunde in Gotha und Weimar

Gebunden. 240 Seiten
€ 19,95
(978-3-458-17611-4)

m enthüllt in ihrem neuen
eitgehend unbekanntes Kapitel
Biographie und fügt ihr eine
gende Farbe hinzu.

Sigrid Damm

Suhrkamp · Insel

Sigrid Damm

lebt als freie Schriftstellerin in Berlin und Mecklenburg. In Gotha / Thüringen geboren, dort aufgewachsen. 1959–65 Studium der Germanistik und Geschichte in Jena. 1970 Promotion. Seit 1978 freie Schriftstellerin. Mitglied des P.E.N. und der Akademie der Wissenschaften und der Literatur in Mainz.

Atemzüge

Essays
it 2585. 296 Seiten. € 14,–
(978-3-458-34285-4)

»Ihre Miniaturen über Lenz, Mörike, Christiane Goethe, Fühmann und Róža Domašcyna sind eindringliche, kunstvolle Texte, genau, melodisch und von unaufdringlicher Eleganz.«

Klaus Bellin, Neues Deutschland

Foto: Agenzia »Vision«

»Ein schöneres R
Jahren nicht gese

Tage- und Näch

Bilder von Hamster I
228 Seiten. Gebunde
(978-3-458-17526-1)

»Nur
Freu
ein t
Eure

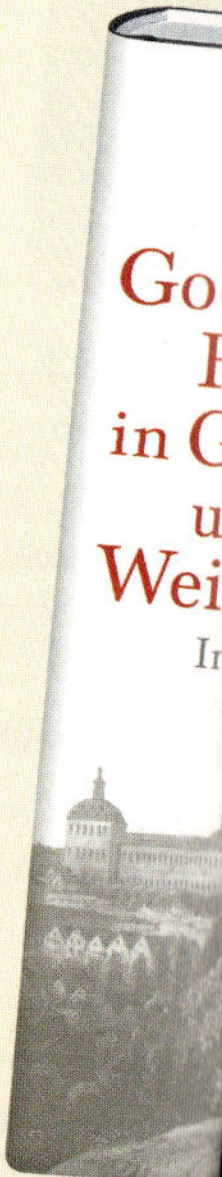

Sigrid Da
Buch ein
in Goethe
neue aufr

tet seit Tagen ein junger Mann. Er katalogisiert die originalen Goethe-Zeichnungen, die im Besitz der Casa di Goethe sind. In den Pausen trinken wir einen Kaffee zusammen. Die weißen Handschuhe, mit denen Andreas arbeitet. Er hat Kunstgeschichte studiert, schreibt seine Dissertation über die Farben bei Raffael. Sein spannendes Erzählen. Meine Neugier. Einmal liegt ein weiteres Paar weißer Handschuhe neben ihm. Ich verstehe sofort. Ich darf mit in das Kabinett. Originale Zeichnungen von Goethe, Tischbein, von Philipp Hackert. Der Zeichenschrank mit seinen großen Fächern, die sich mit einem leichten Fingerdruck öffnen lassen, die Schätze im Seidenpapier, vorsichtiges Aufschlagen, Betrachten, Sich-Austauschen über das Gesehene.

Am Abend Einladung zu Fulio und seiner Frau nach Hause. Anna ist eine vorzügliche Köchin. An den Wänden Fotografien von Kindern und Enkeln. Und Fulio in Uniform, noch ohne seine Kriegsverletzung. Weder Anna noch ich kommen zu Wort. Fulio redet. Ist es sein Alter von fünfundsiebzig Jahren, das ihn zum unaufhörlichen Aufarbeiten seines Lebenslaufes drängt, als bliebe ihm keine Zeit mehr für diese Mitteilungen über sich? Nur das Thema Rom lenkt ihn ab, er schmiedet sofort Pläne, was ich noch sehen müßte.

7. August
Ein Brief vom Programmleiter meines Verlages, er gratuliert mir zum *Hosenbandorden*. Ein schlechter Scherz? Er kann nur den Platz auf der Spiegel-Liste meinen.

Macht er sich lustig über mich? Mir fällt das Regal mit den Bestsellern am Flughafen Stuttgart ein. Und die leichte Ironie, mit der neuerdings befreundete Kollegen und selbst Verlagsmitarbeiter mir begegnen. Literarische Qualität und Verkaufserfolg schließen einander aus, scheinen sie sagen zu wollen. Nicht ein einziges Wort habe ich mit dem Programmleiter über mein Buch gewechselt. Hat er es gelesen, zumindest hineingesehen? Ich fühle mich ausgesetzt, verhöhnt; tagelang geht mir der *Hosenbandorden* nicht aus dem Kopf. Um es loszuwerden, erzähle ich es der Pressefrau, als sie mich anruft. Einfach eine Entgleisung, es sei nicht die erste, Unseld sei unglücklich darüber, entgegnet sie, vergessen Sie es.

8. August
Ich habe Anna und Fulio in die Casa di Goethe eingeladen, führe sie durch das Museum. Anna hört zu, stellt Fragen. Fulio dagegen unterbricht mich ständig, erzählt von sich; immer die gleichen Geschichten. Anna wird plötzlich energisch. Fulio greift in die Räder seines Rollstuhls, beleidigt fährt er in den nächsten Raum. Vor Johann Heinrich Wilhelm Tischbein hält er an. Aber nicht das große »Goethe in der Campagna di Roma« interessiert ihn, er betrachtet die Zeichnungen über das Alltagsleben im Künstleratelier. Arbeiten mit Feder, Tusche, mit schwarzer Kreide, Bleistift, die kleinste 15 × 22,6 cm, die größte 41,5 × 26,6 cm. Ich sehe, er studiert die nebenstehenden Texte: »Goethe lesend, auf zurückgelehntem Stuhl« – »Zwei Männer auf dem Sofa« – »Abendgespräch« – »Goethe in seiner

römischen Wohnung mit seinen Wirtsleuten«. Als ich mit Anna den Raum betrete, fragt er, ob man wisse, wer diese Wirtsleute waren. Ja, ein sechsundsechzigjähriger Kutscher namens Sante Serafino Collina und seine sieben Jahre jüngere Frau Piera Giovanna de Rossi aus Gallese. Sie war die Köchin. Im März 1788, als Goethe sein Quartier innerhalb des Hauses veränderte, ließ er sich zudem von einer Magd und einem Ex-Jesuiten bedienen, der bei Tisch auftrug und die Kleider ausbesserte.

Fulio hat gut beobachtet, die Nachtmütze entdeckt, die Goethe auf der Zeichnung »Abendgespräch« trägt. Den geologischen Hammer auf einer anderen Zeichnung, ebenso die Vase, die brennende Öllampe – ich denke an die Vierte der Römischen Elegien – und das breite Bett mit den zwei Kissen, an der Wand rechts über dem Lager das Mädchenporträt im Profil. Erwartet er seine Geliebte, kommt sie nicht, lacht Fulio, will wissen, was es mit dem *das verfluchte zweite Küssen* auf sich habe, das der Zeichner Tischbein wie bei einem Comic als Spruchband aus Goethes Mund kommen läßt. Fulio macht sich lustig, daß Goethes erste Liebe in Rom ein Gipskopf gewesen sei. *Er habe sich*, liest er vor, *den kollosalen Junokopf, wovon ein Original in der Villa Ludovisi steht, in den Saal gestellt. Es war meine erste Liebschaft in Rom, und nun besitz' ich sie. Keine Worte geben eine Ahnung davon. Er ist wie ein Gesang Homers.*

Ob er den Gipskopf mit nach Deutschland genommen habe. Ich sehe den mir immer befremdlich großen Abguß in einer der vorderen Stuben am Weimarer

Frauenplan vor mir, gleich zweifach, tritt man ein, wirft ein Spiegel ihn zurück. Nein, entgegne ich, der Transport über die Alpenpässe sei damals zu unsicher und der auf dem Seewege zu teuer gewesen. Goethe habe, als er Rom verließ, seine Juno Ludovisi der Malerin Angelika Kauffmann geschenkt. Erst 1823, über dreißig Jahre später, sei er wieder in den Besitz eines Abgusses gelangt, ein Geschenk des Berliner Staatsrats Schultz. Vom *erhabene⟨n⟩ einzige⟨n⟩ Götterbild* schreibt Goethe in einem Dankbrief. *Nun seh ich es wieder täglich und immer mit neuem Eindruck.*

Fulio fährt mit seinem Rollstuhl in den nächsten Raum. Wir folgen ihm. Ob überhaupt belegt sei, daß der große Goethe in dieser Casa gelebt habe? Ich erzähle von dem *Libro delle Anime*, einem Straße um Straße und Wohnung um Wohnung erhaltenen Register der Kirchengemeinde Santa Maria del Popolo, das bis ins Jahr 1601 zurückreicht. In diesem Register sei Goethe – er kam unter dem Pseudonym *Kaufmann Jean Philippe Möller aus Leipzig* nach Rom – unter dem Datum *1787*, Seitenzahl *p. 97*, laufende Nummer *19* mit anderen Künstlern zusammen als Bewohner im *sudetto piano* als *Sig. Filippo Miller Tedesco pittore …* verzeichnet. Fulio sieht mich ungläubig an. Der Beweis, sagt er. Und ich hole die beiden 1997 erschienenen Bände »… endlich in dieser Hauptstadt der Welt angelangt! Goethe in Rom«, herausgegeben von Ursula Bongaerts und Konrad Scheurmann, schlage im ersten Band die Seite 209 auf, wo im Ergebnis der Forschungen von Christoph Luitpold Frommel das alte Bewohner-Register, das *Libro delle Anime*, veröffentlicht ist und der besagte Eintrag steht. Fulio verlangt eine Lupe. Ich hole sie. Er brauche sie nicht mehr, sagt er, als ich zurückkomme, Anna habe es ihm vorgelesen, er verlasse sich auf sie.

Aber welches sei nun der Raum, in welchem Goethe gelebt habe, insistiert er weiter, das heutige Haus sei doch ein anderes als das damalige. Dazu habe Frommel das *Catasto Gregoriano* von 1824 herangezogen, es erlaube die genaue Lokalisierung. Das Haus, das Goethe vorfand, sei in der zweiten Hälfte des 16. Jahrhunderts errichtet, ein großes Eckhaus. Es lag im Bezirk Campo Marzio, einem der vierzehn *rioni* (Stadtbezirke) von Rom. Allerdings habe es aus drei getrennten Häusern bestanden, im Kellergewölbe und im ersten Mezzanin könne man an den erhalten gebliebenen Tuffmauern die Parzellierungen noch sehen; zu Goethes Zeit trug es den Namen Casa Moscatelli. Bis 1833 hatte das Haus zwei Eingänge. Erst danach erfolgte der Umbau zur heutigen Gestalt. Vielfach wechselten die Besitzer. Der letzte war die Diözese von Civita Castellana, von ihr hat 1990 der AsKI, der Arbeitskreis der selbständigen Kultur-Institute Deutschlands, die Räume für die Einrichtung des Goethe-Museums gekauft.

Fulio ist zufrieden. Sind wir jetzt in Goethes Zimmer, will er wissen. Das Künstleratelier des Malers Tischbein umfaßte zwei Räume und ein Gästezimmer, in dem der Ankommende wohl zunächst wohnte. *Er begehrte von mir ein Klein Stüpgen, wo er in Schlaffen und gehindert in arbeiten könnte* ... notiert Tischbein. Die Stube war nicht heizbar. *In meinen weiten Mantel eingewickelt, und meinen Feuernapf bei mir,* heißt es in den Wintermonaten in einem Brief nach Weimar. Ende Februar 1787 verließ Goethe Rom, besuchte Neapel und Sizilien. Als er Anfang Juni allein zurückkehrte, zog er zunächst wieder in sein *Klein Stüpgen*, dann aber am 5. Juli – Tischbein weilte noch in Neapel – in dessen Räume. *Tischbein ist fort, sein Studium aufgeräumt, ausgestäubt und ausgewaschen, so daß ich nun gerne drin sein mag* ... Als Tischbeins Ankunft bevorsteht, sich aber mehrfach verzögert, mietet Goethe im März 1788 kurzerhand ein darüber gelegenes, ähnlich geschnittenes Appartement, in dem er die Wochen bis zu seiner Abreise mit dem Maler Kniep und dem Komponisten Kayser zusammenlebt. Während er aus seinem *Stüpgen* auf die Via della Fontanella sah, aus Tischbeins *Saal* dagegen auf die Via del Corso und den gegenüberliegenden Palazzo Rondanini, hatte er aus seinem letzten Quartier einen weiten Ausblick; *die oberen Räume waren den unteren gleich, die hintere Seite hatte jedoch den Vortheil einer allerliebsten Aussicht über den Hausgarten und die Gärten der Nachbarschaft, welche, da unser Haus ein Eckhaus war, sich nach allen Seiten ausdehnten.*

Fulio ist zufrieden. Nach all den Erklärungen und dem Rundgang begrüßt ihn die Leiterin der Casa di Goethe, er zeigt sich von der heitersten Seite, charmiert mit ihr. Abschließend sitzen wir noch in meinem Zimmer bei einem Glas Wein.

9. August
Anruf von Anna Chiarloni, der Literaturprofessorin, die mich 1987 zu einer Lesung in Turin eingeladen hat-

te, in deren schöner Wohnung ich mehrere Tage verbrachte. Wie ich hat sie zwei erwachsene Söhne, wie ich ist sie geschieden. Sie erinnert mich daran, daß ich 1987 in Turin nichts mehr sehen wollte, kein Museum, keine Kirche, auch die Umgebung nicht. (Ich schrieb die erste Seite von »Ich bin nicht Ottilie«, meinem Abschiedsbuch von der DDR.) Und, fragt sie, wollen wir die Besichtigung nachholen, kommst du? Ich erzähle von meinem Kindeskind und von dem Lapplandbuch-Projekt. Sie beneide mich, sagt sie: doppeltes Glück, ein Enkelkind und Arbeit mit beiden Söhnen zusammen.

Allein am Meer mit Metropolitana und Ferrovia. Eine ähnliche Erfahrung wie mit Tobias in Ladispoli. Spät zurück. Ich stelle den Wecker, damit ich die Putzfrau einlassen kann.

10. August
Augusthitze, die Stadt wird immer heißer. Gelegenheit, kühle Museen aufzusuchen. Wie lange nehme ich mir das schon vor. Museo Nazionale Romano, Galleria Spada, Galleria Borghese, das Barracco am Corso Vittorio Emanuele, das Museo della Civiltà Romana. Und will ich nicht unbedingt den berühmten Marmor-Scorretti aus Afghanistan aus dem 8. Jahrhundert v. Chr. sehen und im Museo Nazionale Etrusco di Villa Giulia den Sarkophag des Ehepaars? Von den Vatikanischen Museen ganz zu schweigen.

Mir fällt Goethe ein, der in der *Backofenhitze* des August 1787 Zuflucht in der Sixtinischen Kapelle fand.

Bereits im November 1786 war er mehrfach dort. Am 22. notiert er: *Ich konnte nur sehen und staunen ...*, am 28.: *Wäre nur ein Mittel sich solche Bilder in der Seele recht zu fixieren.* Dann erhalten seine Malerfreunde Johann Heinrich Lips (Goethe wird ihn als Direktor der Zeichenakademie nach Weimar berufen) und Friedrich Bury (den er nach seinem Ziehsohn Fritz seinen *zweiten Fritz* nennt) vom Grafen Fries, der von Herbst 1786 bis Sommer 1787 Italien bereist, den Auftrag, Aquarellkopien in der Sixtina anzufertigen. Zu einer Zeit, da es die Fotografie noch nicht gab, war das Kopieren üblich. Leisten konnten es sich allerdings nur betuchte Leute. Fries war Kunstsammler und besaß zudem ein großes Vermögen. *Der Kustode ward gut bezahlt*, überliefert der seine Freunde begleitende Goethe, *er ließ uns durch die Hintertür neben dem Altar hinein, und wir hauseten darin nach Belieben. Es fehlte nicht an einiger Nahrung, und ich erinnere mich, ermüdet von großer Tageshitze, auf dem päpstlichen Stuhle einem Mittagsschlaf nachgegeben zu haben.* In der Karwoche dann ist Goethe wieder in der Kapelle, *wo der Papst mit den Kardinälen der Messe beiwohnte.* Er berichtet: *Die Kapelle selbst kenne ich recht gut, ich habe vorigen Sommer drin zu Mittag gegessen und auf des Papstes Thron Mittagsruhe gehalten und kann die Gegenstände fast auswendig ...* An anderer Stelle heißt es: *ohne die Sixtinische Kapelle gesehen zu haben kann man sich keinen anschauenden Begriff machen, was Ein Mensch vermag.*

Ich denke an meinen einzigen Rom-Tag, genau zweihundert Jahre später, an die zwei Stunden im April 1987 in der Sixtinischen Kapelle. Niemals zu vergessen, nicht zu wiederholen.

Schon mehrmals bin ich am Morgen mit dem Vorsatz, ein Museum zu besuchen, entschlossen losgegangen. Aber entweder haben mich meine Füße in den Park der Villa Borghese geführt. Alle Wege dort sind mir vertraut, ich kenne die Schattenbänke, kann stundenlang dort sitzen und bin in Lappland. Auf dem Rückweg, sind die Kirchentüren von Santa Maria del Popolo geoffnet, versäume ich die beiden Caravaggios nie. Oder die Füße lenken mich zur Piazza della Rotonda. Immer wieder dieselben Orte. Meine Langsamkeit. Der Genuß, der in der Wiederholung liegt.

Das Innere des Pantheons. Stets ist es ein anderes Raumerlebnis. Das Licht, das aus der neun Meter großen runden Öffnung im Zenit der Kuppel fällt. Heute war es besonders schön, wie sich die Helligkeit auf geheimnisvolle Art in den Zonen des Halbdunkels des riesigen Runds verlor. Ich stand reglos. Es gab kein Zeitgefühl.

Auf meinen Rückwegen vom Pantheon sehe ich meist bei Bettina vorbei. Es ist schon zur Gewohnheit geworden, daß wir uns immer, wenn ich sie an der Piazza Montecitorio in ihrer Buchhandlung besuche, für eine Viertelstunde in ihr kleines Büro zurückziehen, freilich klingelt ständig das Telefon, und unaufhörlich stecken Mitarbeiter ihre Köpfe herein, um etwas zu fragen.

Danach schlendere ich durch die engen Gassen heimwärts. Lottoverkaufsstellen, Werkstätten von Handwerkern; Bilderrahmer, Tischler, Polsterer. Kleine Geschäfte, wo es Öl und Wein, Kurzwaren und Briefmarken gibt. Ein winziger Lebensmittelladen, den ein alter Mann offenbar ganz allein betreibt. Immer kaufe ich hier etwas auf seine Empfehlung. Heute ein Bund Basilikum und, gerade eingetroffen, frische Feigen. Die Farben, Gerüche, Geräusche in den engen Gassen, dichtgedrängt die Leiber der Häuser, der Menschen, Gesichter Vorübergehender, das des alten Mannes. (Ich nahm, entsinne ich mich heute, alles wahr, aber ich war nicht wirklich anwesend. Ich war nicht in Rom, ich war in Lappland. Ein Doppelleben? Nicht einmal das. Das Angeschaute fiel augenblicks in mir auf den Grund des Vergessens, von dem ich es erst jetzt, über ein Jahrzehnt später, wieder heraufhole.)

11. August
Intensiv geschrieben.

Als Belohnung zum Pantheon. Als ich ankomme, schließt man gerade die Türen. Schade. Ich sehe mich auf der Piazza della Rotonda um. Restaurants, Tische draußen, Kellner zünden Windlichter auf ihnen an. Ich suche mir einen Platz. Bestelle etwas zu essen und einen Wein. Die flackernden Lichter. Schwalben zischen über den dunkel werdenden Himmel. Die Konturen der riesigen Kuppel, von der ich nur das obere Drittel sehe, verschwimmen, auch die Vorhalle mit ihren Säulen taucht in das diffuse Licht der Dämmerung. Siebenhundert vor Christus. Die Antike. Bin ich wirklich hier, an diesem Ort?

Es ist, trotz der vielen Menschen, erstaunlich leise. Verhaltenes Stimmengewirr, aus dem sich nur ab und an das Weinen eines Säuglings oder die Vogelstimme eines Kleinkindes abhebt. Ich beobachte ein vielleicht elfjähriges Mädchen, das mit mißmutigem Gesichtchen bettelnd durch die Tischreihen geht. Immer wieder dreht es sich um, ich folge seinem Blick, auf dem Brunnenrand sitzt die Mutter, vermutlich eine Zigeunerin; mit herrischen Bewegungen ihrer Hand treibt sie die Kleine an. Und die Heerschar der Akteure, die von Gaststätte zu Gaststätte, von Tisch zu Tisch zieht. Die Blumenverkäufer mit ihrem erstarrten Lächeln, ihren vergeblichen devoten Verbeugungen. Straßenmusikanten, einzeln oder in Gruppen. Zwei Schifferklavierspieler, ein alter Mann mit einer Glasorgel, es folgt ein Geigentrio (den Gesichtszügen nach Russen, gewiß einst Spieler in einem Sinfonieorchester, wie man betroffen von einigen Musikern auf den Straßen Berlins weiß), schließlich ein dahinschmelzender Vico Torriani-Typ. Noch während sie spielen oder singen, wird schon mit einem Hut oder Pappbecher durch die Reihen gegangen, ein offenbar gut funktionierendes System. Die nächsten warten schon.

Schließlich die schüchtern wirkenden Vietnamesen, die sich um Unauffälligkeit bemühen. Sie haben weder einen Bauchladen noch Taschen bei sich. Sie gehen durch die Reihen, treten dicht an die Tische, an einzelne Gäste heran, öffnen ihre weiten Jacken und führen – vermutlich ist es verboten – in deren Schutz ihre Angebote vor: Rauchverzehrer und Feuerzeuge. Kleine Figuren, bei den weiblichen leuchten Schoß und Brüste auf, bei den männlichen schießt aus dem Glied ein Feuerschweif. An den Tischen mitunter Kreischen, ordinäres Lachen. Aber niemand kauft etwas. Wovon leben sie, wo schlafen sie?

Plötzlich grelles Licht. Die Scheinwerfer, die das Pantheon anstrahlen, sind angegangen. Auf dem Heimweg stelle ich mir vor, wie Goethe ohne diese Touristenillumination Rom gesehen haben mag, immer wieder ist bei ihm vom Schein des Mondes die Rede, in den er die alten Gebäude getaucht sieht.

12. August

Die Hitze in der Stadt. Feuchtschwüle Luft. 36 Grad, 38 Grad schon seit Tagen.

Meine zur Gewohnheit gewordenen Gänge bereits am Nachmittag in den Park der Villa Borghese, die Wege in den Alleen unter den riesigen, das gleißende Sonnenlicht abhaltenden oder zumindest filternden Steineichen und Zypressen muß ich aufgeben, es ist zu heiß. Selbst am Abend ist es auf den Schattenbänken im Park in der feuchtschwülen Luft kaum auszuhalten.

In den Häuserschluchten glüht es vor Hitze. Und überall Touristenströme. Mitte August werde die Besucherzahl sich verringern, tröstet mich die temperamentvolle Renata Crea, Mitarbeiterin in der Casa di Goethe, dann sei – selbst wenn es heiß bleibe – die Stadt angenehmer, versichert sie mir. Auch die Römer würden die Stadt verlassen, auf ihre Landsitze oder in Urlaub fahren. Auch sie fahre mit ihrer kleinen Tochter ans Meer.

Die Casa mit ihrer Klimaanlage. Ich verlasse das Haus den ganzen Tag nicht. Lese erstmals am Bildschirm meines Laptops alles bisher in Rom Geschriebene durch. Ich würde es gern ausdrucken, das kann ich aber nur im Sekretariat. Eine unerklärliche Scheu hält mich davon ab. Ich lese ein zweites Mal, es sind noch sehr unfertige Texte. Wie wird sich ihr Verhältnis zu den Bildern gestalten.

Mit einemmal ein Entschluß. Ich überspiele die Texte auf eine Diskette. Stecke sie in einen Umschlag, adressiere sie nach Roknäs in Nordschweden. Eine zweite Diskette nach Berlin? Nein, das hat Zeit, ich denke an den Umzug und die Einrichtung des Büros. Halte den Umschlag in der Hand, zögere. Dann aber, ehe ich es mir anders überlege, laufe ich in der Mittagshitze zum Postkasten und werfe die Sendung ein.

13. August
6 Uhr 17 geht heute die Sonne auf, 20 Uhr 15 ist Sonnenuntergang.

Ein freier Tag. Elf Uhr bin ich mit Andreas an den Vatikanischen Museen verabredet. Im Gespräch wird uns die Zeit in der Warteschlange nicht lang.

Ausschließlich Raffaels wegen sind wir gekommen. Zuerst die Wandmalereien in der Stanza della Segnatura und in den Loggien des Vatikans. Im Herbst 1508, als Fünfundzwanzigjähriger, hat Raffael mit dieser Arbeit begonnen. Als Zweiunddreißigjähriger trug er die Last der Verantwortung als Bauleiter der Peterskirche (von Papst Leo X. dazu ernannt) und zugleich die des Konservators der antiken Denkmäler, mit deren

Ausgrabung und archäologischen Aufnahme man gerade begann. Mit nur siebenunddreißig Jahren starb er.

Sein großes Gemälde »La Trasfigurazione«, die »Verklärung Christi«, an dem er bis zu seinem Tod gearbeitet hat. Langes Schweigen. Das Bild ist restauriert. Das ungeheure Leuchten der Farben. Die angenehme Stimme des Fachmanns, der sich über Jahre mit Raffael beschäftigt hat. Austausch. Fragen. Goethe, der vom *herrliche⟨n⟩ Bild der Transfiguration* spricht, die vielfach getadelte Zweiteilung des Bildes als *Einheit* sieht, sie vehement verteidigt. *Wundersam bleibt es indes immer*, schreibt er, *daß man an der großen Einheit einer solchen Konzeption jemals hat mäkeln dürfen*, und nennt Raffaelo di Santo einen *gottbegabten Mann*.

Dieses Blau bei Raffael, ich habe es von seiner Sixtinischen Madonna viel gedämpfter und zurückhaltender in Erinnerung. Erzähle, wie ich im Mai 1965, wenige Tage vor der Geburt meines ersten Sohnes, zwei Stunden in der Dresdner Galerie vor diesem Bild saß, bis heute kann ich es in allen Einzelheiten vor mein inneres Auge rufen. In der Galerie Alter Meister in Dresden zu arbeiten sei sein größter Wunsch, sagt mein Begleiter, als wir die Vatikanischen Museen verlassen. (Sein Wunsch wird sich erfüllen, wenige Jahre später wird er Leiter der Galerie Alter Meister in der Dresdner Gemäldegalerie.)

14. August

Am Nachmittag überraschend Joachims Anruf. Meine vor zwei Tagen in den Briefkasten in der Via del Babuino geworfene Diskette ist bereits in Roknäs angekommen. Er habe die Texte ausgedruckt und seiner Frau am Feuer vorgelesen. Es sagt nicht, ob sie ihm gefallen haben, und ich zweifle, ob es richtig war, diese rohen, noch unfertigen Texte schon aus der Hand zu geben. Aber er hat viele Ideen; ich spüre, unser Projekt nimmt langsam Gestalt an. Du baust die Straßen und Wege, sagt er, ich die Kreuzungen und Bilder am Wegrand, der Dritte im Bunde, mein Bruder, sorgt für die funktionierenden Signale und für die logische Beschilderung.

15. August
Ein Feiertag: Ferragosto, Mariä Himmelfahrt. Ich wache gegen 6 Uhr auf. Ohne zu frühstücken laufe ich los. Ein Morgengang durch Rom. Kaum Menschen. Wenig Verkehr. Ist es die Frühe? Oder hat Rom sich in der Tat geleert? Das Angenehme, nicht ständig auf den Strom der Fußgänger achten zu müssen. Die Augen können wandern. Die Fassaden der Häuser, an denen ich so oft vorbeiging. Ihre Vielgestaltigkeit. Das Braun, Gelb, Ocker, Rot, die Skala der warmen Farben, das dunkle Holz der Fensterläden. Alles in ein unvergleichlich schönes Morgenlicht getaucht. Ein leichter Luftzug, fast ein kleiner Wind, sanft weht er; er scheint es zu sein, der die Gerüche des üppigen Grüns in den Stadtgärten über die Mauern wirft. Die klaren, bewegten Wasser der Brunnen, deren Plätschern heute zu hören ist. Dankbarkeit in mir.

Gegen elf bin ich zurück. Frühstücke. Rufe dann in Berlin an. Der Sohn sagt, die Schufterei habe bald ein Ende. Nächstes Wochenende, so hoffe er, könne er die Einweihung seines Büros feiern. Und Urlaub, frage ich. Vielleicht im September drei Tage an die Ostsee, entgegnet er.

Für den Abend bin ich mit Andreas verabredet, ich habe ihn zum Essen eingeladen. Gegen siebzehn Uhr treffen wir uns, wir haben viel Zeit, vor zwanzig oder einundzwanzig Uhr ißt man in Rom nicht. Wir schlendern den Corso hinab, bis zum Ende der Fußgängerzone, biegen dann in die Via di Ripetta ein, das Haus, an dem eine Tafel an Torquato Tasso erinnert. Am 26. April 1595 sollte er auf dem Kapitol zum Poeta Laureatus gekrönt werden, einen Tag zuvor, am 25. April 1595, starb er. Im Kloster Sant'Onofrio in Trastevere ist er bestattet. Erst Jahrhunderte später, 1857, errichtet man ihm ein Grabmal. Als Stendhal es besucht, erklärt er den Platz zum schönsten Ort des Sterbens.

Durch verwinkelte Gassen gelangen wir zur Piazza Navona, auf der ich noch nicht war. Ein langgestrecktes Rechteck, an der Nordseite abgerundet. In der Mitte der Vierströmebrunnen, die Fontana dei Quattro Fiumi, ein Hauptwerk Berninis. Eine theatralische Komposition, die Personifizierung der großen Ströme von vier Kontinenten: Donau, Rio de la Plata, Ganges und der sein Haupt verhüllende Nil. Letzteres, weil man über seinen Ursprung damals noch nichts wußte, wie man auch den fünften Kontinent noch nicht kannte.

Von der Piazza Navona aus biegt Andreas in eine

kleine Gasse ein, eine Überraschung, sagt er. San Luigi dei Francesi, eine Kirche, im Häusergewirr verborgen. Das Portal, wir treten ein. Andreas steuert durch das Kirchenschiff zu einer der Kapellen, zur fünften links. Er wirft ein Geldstück in den Schlitz des Kastens, das Licht geht an. Ein zweites Geldstück. Noch eines. Sprachlosigkeit. Drei Frühwerke von Caravaggio, im Alter von noch nicht dreißig Jahren zwischen 1599 und 1602 geschaffen. Ich hatte Andreas von den Caravaggios in Santa Maria del Popolo erzählt, zu denen ich immer wieder gehe. Hier nun: »Das Martyrium des heiligen Matthäus«, »Der heilige Matthäus mit den Engeln« und an der rechten Seite der Contarelli-Kapelle »Die Berufung des heiligen Matthäus«. Dieses Gemälde, sagt Andreas, befindet sich noch an derselben Stelle, wo es in Gegenwart des Malers aufgehängt wurde. Eine Zollstube, erkennbar an Geldsäckchen, Tintenfaß und aufgeschlagenem Kontobuch. Ein Zöllner sitzt am Tisch, mit ihm, wohl seine Gehilfen, Münzen zählende Knaben, ein stehender Mann, bekleidet mit einem pelzbesetzten Mantel, entrichtet gerade seinen Zoll. In die Geldstube tritt Christus mit einem seiner Jünger ein, seine Hand weist auf den Zöllner Levi (unter diesem Namen wird Matthäus im Markus- und im Lukas-Evangelium eingeführt). Wie beim Paulus-Gemälde liegt auch hier die Quelle des Lichts außerhalb des Bildes. Aber das Licht ist ein handelndes, zielgerichtetes, es offenbart die geistige Dimension des Gemäldes. Vom Antlitz Jesu und der Zeigegeste seiner Hand fällt es in vollem Strahl auf den Zöllner Levi. Dieser fühlt die *Berufung*, ist im Begriff, sich zu erheben und Jesus zu folgen. Die verschatteten Gestalten am Tischende dagegen gehen weiter ihren Geschäften nach, die Knaben, die im hellen Licht sind, wenden sich Jesus zu. Die dramatische Helldunkel-Modellierung konzentriert die Erzählung auf den einen Moment. Eine staunenswerte Virtuosität.

Als wir San Luigi dei Francesi verlassen, Austausch darüber, ob es wichtig sei, daß man vom Leben des Malers etwas wisse, oder ob allein die Bilder zählen.

An der Ponte Mazzini überqueren wir den Tiber, laufen den Lungotevere della Farnesina entlang und sind im Stadtteil Trastevere. Das Tor zum Kloster Sant' Onofrio ist geschlossen. Auf Straßen und Gassen sind kaum Touristen. Daher fehlen auch die fliegenden Händler mit ihren auf die Erde gebreiteten Waren, ihren Che Guevara-Postern. Die Einheimischen beherrschen das Bild. Sie feiern den Ferragosto. Nicht zuletzt mit einem üppigen Essen. Ein kleines Lokal, die Mama kocht, der Wirt, ihr Mann, bedient die Gäste. Wir sind die einzigen Fremden. Um uns römische Familien. Aber nicht Vater, Mutter und Kind, sondern Großvater, Großmutter, Onkel und Tanten, Nichten und Neffen dazu; Tafeln zu zehn, zu sechzehn Personen. Die übliche Lautstärke. *Assunzione Ferragosto*, ruft ein älterer Mann und prostet uns zu.

Ich bin gelöst und übermütig. (Das Telefonat gestern, das heute.)

Der Heimweg. An der Piazza in Piscinula das Ristorante Comparone mit dem rumänischen Kellner, auch hier sind alle Tische besetzt, fröhliche Stimmen, Gelächter, Hundegebell. Es geht auf Mitternacht zu und ist noch immer heiß. Als wir zur Isola Tiberina kommen – hier teilt sich der Tiber in zwei Arme –, weht uns ein kleiner Luftzug entgegen. Wir bleiben auf der Brücke stehen. 62 nach Christus ist der Ponte Fabricio erbaut und im Kern noch original erhalten. Vergeblicher Versuch, sich das Zeitmaß zu vergegenwärtigen. Und, wie schon mehrfach in der Begegnung mit der Antike, auch in dieser Sommernacht auf der Tiberinsel das Gefühl, die Vergangenheit blickt verachtend und mitleidig auf uns Heutige.

Die Lichter auf der Brücke spiegeln sich im Fluß. Der niedrige Wasserstand, an den Rändern ist der Tiber häßlich braun und ausgetrocknet; kaum vorstellbar, daß Goethe darin gebadet hat.

19. August
Die Signalexemplare von »Christiane Goethe. Tagebuch« und dem Essayband »Atemzüge« sind gekommen. Beide Bücher sind schön geworden.

Ich erinnere mich an den Streß mit Christianes Tagebuch. Ich wollte es, wenn überhaupt, kommentarlos ans Ende meines Buches stellen. Aber Siegfried Unseld bestand auf einer gesonderten Publikation, reich illustriert und ausführlich kommentiert. Ich war einfach zu erschöpft, um einen Neuansatz zu finden, lustlos quälte ich mich. Der Text war danach. Mehrfaches Überarbeiten. Ohne die Hilfe meiner ehemaligen Lektorin vom Aufbau-Verlag und die von Tobias, der alles in den Computer gab, hätte ich es nie geschafft. Endlich die Abgabe des Manuskriptes auf Diskette. In der kurzen Zeitspanne zwischen der Rückkehr aus Lappland und dem Aufbruch nach Rom dann kamen die Fahnen. Mit Kurier wurden sie gebracht. Der Schock bei der Durchsicht. Der Verlag hatte Veränderungen vorgenommen, die dem Inhalt völlig zuwiderliefen, unter anderem waren alle kursiven Stellen weggefallen. Meine Nerven lagen blank. Ich rief den Herstellungsleiter an, ein heftiges Hin und Her, schließlich sein Einlenken, seine Versicherung, alle Veränderungen würden rückgängig gemacht; wir gingen jede Seite einzeln durch; ein Vierstundentelefonat.

20. August
Die wunderbar leere Stadt. Auch in der Casa di Goethe wenige Besucher. Zuweilen sitze ich am Morgen im hintersten Raum des Museums in der Stille und arbeite. Wenn Besucher ihn betreten, spiele ich eine abwesende, in Notizen versunkene Aufsichtsperson, rühre mich nicht. Meist funktioniert es, die Stimmen dämpfen sich sogar. Mehrmals aber werde ich Zeugin empörter Ausbrüche über die Sonderausstellung zu Goethes Frauen anläßlich seines 250. Geburtstags. Der spanische Bildhauer Andreu Alfaro hat aus filigranen Metallstäben und Metallröhren abstrakt figurative Plastiken geschaffen. Ohne auf die Beschilderung zu achten, habe ich sie sofort erkannt: die erdverbundene Christiane, die hochgeistige Charlotte, die himmelstürmende Bettine, die sensible, in sich gekehrte Cornelia. Die Spannung zwischen plastischer, raumgreifender Form und linearer Kontur. Ein zeichnerischer Gestus liegt den reduzierten Skulpturen zugrunde; mit wenigen Li-

nien hat Alfaro das Wesen erfaßt. Ich liebe diese Porträts. Zuweilen begrüße ich sie am Morgen, wenn ich die Alarmanlage entsichere.

Ich bin erstaunt über die Heftigkeit der Schmähreden. Ihr Tenor: moderner Unsinn sei es, nicht unser Goethe. Diese dumpfe mißverstehende Inbesitznahme, dieses anmaßende *unser* Goethe; es begegnet mir immer wieder. Auf meinem Stuhl mit dem Rücken zu den Empörten bin ich zuweilen versucht, mich einzumischen, aber ich versage es mir. Den Stimmen nach sind es meist ältere Herrschaften, vermutlich jene beflissenen Bildungsbürger, die ich aus Lesungen kenne. Aber sind sie mir nicht lieber als die Vertreter der jüngeren Generation, die Goethe vom Lehrplan der Schulen streichen und sich in der Pose der Goethe-Ignoranten gefallen.

Allabendlich gehe ich zum Monte Pincio, wo Fulio und Anna schon warten. Stets haben sie ihr Auto in der Nähe, und oft wollen sie mir etwas zeigen; aber ich bin überfüllt mit Rom-Eindrücken. Zuweilen nehme ich einen anderen Weg, ich brauche das Alleinsein am Abend, um im Kopf zu bewegen, was ich anderentags schreiben will.

Samstag, 21. August

Die Leiterin der Casa di Goethe lädt mich zu einem Ausflug ein. 40 Grad sind für Rom angesagt. Wir fahren durch endlos gleichförmige Neubauviertel. Die Tristesse, von 35% Jugendarbeitslosigkeit spricht sie, in Neapel ist sie noch höher.

Wir erreichen Tivoli. Hier war August von Goethe kurz vor seinem Tod. Die Villa d'Este, wunderbare Räume, Fensternischen, schwere bemalte Holzfensterläden, zauberhafte Mosaiken, kleine Vögel, Blumen, Männerporträts. Im Garten Wasserspiele, die Allee der hundert Cascadellen. Sind es die, die August so bewundernd beschreibt? Das Wasser fließt spärlich, es wird gespart.

Es ist sehr schwül. Wir suchen eine Bank im Schatten. Wir sitzen kaum fünf Minuten, da sagt Ursula Bongaerts, wir sollten lieber gehen. Schweigend weist sie mit dem Kopf nach links. Keine sechs Meter von uns entfernt steht ein junger Mann mit heruntergelassener Hose und traktiert seinen Schwanz. Wir stehen auf, sehen uns nicht um, gehen rasch zum Auto. Der Mann rennt hinter uns her, als wir losfahren, stellt er sich, als mache er Autostopp, winkend an den Straßenrand. In der nächsten Straßenkehre erscheint er nochmals. Der Entblößer am Mausoleo di Augusto. Auch er rannte mir nach. Der Schock am ersten Rom-Abend. Der Bettler auf den Stufen der Kirche in der Via del Corso, der sich, als ich gegen Mitternacht nach Hause ging – der Corso war noch belebt –, in aller Öffentlichkeit befriedigte.

Während der Weiterfahrt erzähle ich davon. Rede auch von den Belästigungen, wenn ich im Park der Villa Borghese am hellerlichten Tag spaziere oder auf einer Bank sitze, dem Angesprochenwerden von Männern, den zweideutigen Reden und zuweilen eindeutigen Gesten. Das sei Rom, sagt sie, sie erlebe es genauso. Und ich erzähle, was ihre römische Mitarbeiterin, der ich in den ersten Tagen in der fremden Stadt verstört davon berichtet hatte, mir entgegnet habe: Ich solle mich doch freuen, dann sei ich trotz meines Alters für die Männer noch attraktiv. In Deutschland sei es schrecklich, kein Mann gebe ihr auf der Straße ein Zeichen, es sei doch auch ein Spiel; sie fühle sich dort als Frau immer alt und häßlich. Sie riet mir, wenn sich ein Mann zu mir auf die Bank setze, zu sagen: *Aspetto mio marito*, ich erwarte meinen Ehemann.

Sofort aufstehen und weggehen scheint mir die bessere Variante, sagt Ursula Bongaerts. Wir lachen. Und mir fällt Kuba ein, wo man niemals einen Mann ansehen darf, weil er das sofort als Aufforderung nimmt. Und es üblich ist, daß Frauen ihren Wert danach bemessen, wie oft beim Vorübergehen Männer anerkennend durch die Zähne pfeifen oder Bemerkungen machen. Aber man wird nicht angesprochen oder belästigt wie in Rom.

Wir erreichen die Villa Hadrian. Ruinen, die Wege durch sie begehbar. Schilder, was einst hier war: Bibliothek, Sportsaal, Raum der Feuerwehrleute. *Eine ungeheure Kaiser-Zustands-Zertrümmerung* nannte August von Goethe die Villa Hadrian. Er schrieb in sein Tagebuch: *Die Natur hat sich allem bemächtigt ... Arenen sind mit Weinreben und Oliven bewachsen, in Naumachien weiden Ziegen u. Esel, im griechischen Theater wächst Herzkohl und Brocoli; kaiserliche Zimmer, Bäder sind von Epheu, wildem Wein und anderen Schlingpflanzen umrankt, aus den herrlichsten Gemächern ragen Feigen- und Orangenbäume her-*

vor. Ich würge mich zu Fuß drei Stunden durch diese Gewinde von Brombeersträuchern, Aloeen und Mirthen Gesträuch. Es war eine Tour wie von Weimar bis Mellingen und zurük. Und er schließt: *Zum Glük hatte ich etwas Wein, Brod u. Wurst im Wagen welches bei der Rükkehr in denselben verzehrt wurde.*

Auch wir machen eine Pause. Die Überraschung: ein Picknick-Korb. Im Schatten eines Olivenhaines auf einem weißen Tuch lauter Verführungen. Ich muß vorsichtig sein, ich habe mir den Magen verdorben (vom Essen, von der Hitze?), seit Tagen ernähre ich mich von schwarzem Tee und Zwieback.

Die Sonne geht unter, ein blaßblauer Halbmond steht am Himmel. Rückfahrt. Ursula Bongaerts lädt mich noch in ihre schöne kühle Wohnung ein. Zum Abschied schenkt sie mir ein kleines Buch.

22. August

Den Tag mit Lektüre zu Hause verbracht. Noch immer Tee und Zwieback. Mich an »Das dreißigste Jahr« von Ingeborg Bachmann erinnert. Es muß 1962 oder 63 gewesen sein. Alfredo, ein italienischer Freund (ihn hatte ich in Weimar beim Internationalen Hochschulferienkurs kennengelernt), schmuggelte mir den im Westen erschienenen Erzählungsband in seinem VW-Käfer durch den Zoll. Viel später – unvergeßlich – die Stimme der Bachmann vom Tonband im Marbacher Literaturarchiv: »Es kommen härtere Tage«, »Erklär mir Liebe«, »Rosen Schatten Rosen«. 1987 dann in der DDR eine dreibändige Ausgabe ihrer Werke. Ich verschlang alles. Über ihr Leben wußte ich wenig.

Nichts über die Bachmann in Rom.

Auf dem Stadtplan finde ich alle ihre römischen Wohnungen. Sechs oder sieben sind es. Fast alle liegen im alten Zentrum Roms.

Ischia, die Insel im Süden, ist Bachmanns erste Berührung mit Italien. August 1953, eine Einladung des Komponisten Hans Werner Henze. Schon wenig später aber zieht es sie in die Ewige Stadt. Sie ist achtundzwanzig und mietet eine erste Wohnung in Rom. Sie muß sie aus finanziellen Gründen aufgeben. Versucht es erneut. Auch ihr zweites Quartier, an der Piazza Quercia 1, kann sie nicht halten. Für die dritte Wohnung, die sie Anfang 1957 in der Via Vecchiarelli 38 mietet, reicht das Geld nur bis zum Herbst. Ab 1966 lebt sie bis zu ihrem Tod fast ausschließlich in Rom. Anfang des Jahres mietet sie in der Via Bocca di Leone 60 eine Wohnung. *La mia casa* nennt sie sie emphatisch in einem Brief an Uwe Johnson. *Und ich habe mich in diese Stadt so verbissen, nicht weil ich sie, was mir nur halb stimmt, sehr liebe, sondern weil sie mir dreimal genommen worden ist auf die unwürdigste Weise, und weil man von einem Ort nicht loskommt, in dem man soviel investiert hat.* In der Wohnung Via Bocca di Leone lebt sie fünf Jahre, bis Ende 1971. Dann zieht sie in die Via Giulia 60 in den Palazzo Sacchetti. Ihre letzte Behausung. Ihr Brandunfall dort in der Nacht vom 25. zum 26. September 1973. Ihr Tod am 17. Oktober 1973.

Meine Neugier, was für ein Mensch verbirgt sich hinter diesem Werk? Ich betrachte Fotos; eine eigenartig schöne Frau, zart und zerbrechlich, aber zuweilen die Gesichtszüge grob, fast männlich. Mitunter wirkt sie mondän. Der stark geschminkte Mund auf einem Foto von 1952, zusammen mit Paul Celan bei einer Tagung der Gruppe 47. Mit breiter Pelzstola, Perlenkette und Abendkleid in Zürich in der Kronenhalle, am Tisch mit Friedrich Dürrenmatt. Bei einer Wahlveranstaltung der SPD im September 1965 in Bayreuth mit Willy Brandt, Karl Schiller, Günter Grass und anderen.

Private Bilder. 1962 beim Schachspiel, von ihrem Bruder Heinz fotografiert. Im selben Jahr in Rom, ein Spiegelbild, in der Via Giuseppe de Notaris aufgenommen. 1965 zusammen mit Hans Werner Henze in Berlin bei den Proben zu seiner Oper »Der junge Lord«. Ein Foto von 1967, in Rom gemacht, Ingeborg Bachmann im Kostüm, das sie im Traum des Franz-Josef Murau in Thomas Bernhards Roman »Auslöschung« trägt. Ein Bild vom August 1968 am Tor des Ursulinen-Gymnasiums in Klagenfurt, ihrer Geburtsstadt. Eines in ihrer Küche in Rom in der Via Bocca di Leone, sie steht am Herd, liest Zeitung; in den Jahren zwischen 1966 und 1971 muß es aufgenommen worden sein. Und ein Foto, das mich besonders berührt. Es zeigt sie im großzügigen Portico des alten Palazzo Sacchetti in der Via Giulia 60, wo sie ihre letzte Wohnung hatte. Als kleine Gestalt im schwarzen Poncho ist sie rechts unten im Bild in Rückenansicht zu sehen, den Blick hat sie auf eine antike Statue im Treppenhaus gerichtet. Der Palazzo Sacchetti, der Ort, an dem der Tod in Gestalt des Feuers die steinernen Stufen emporklomm.

Ich lese über sie. Ein *Mythos* sei die Dichterin schon zu Lebzeiten gewesen, so Heinrich Böll. Und: *War Ingeborg Bachmann nicht gefangen in dem Bild, das andere sich und andere aus ihr gemacht haben?*

War sie die lebensuntüchtige, fragile Mädchenfrau, die ständig Signale ihrer Hilflosigkeit an die Männer aussandte, sie damit zu Beschützern avancieren ließ, oder setzte sie ihre Weiblichkeit in einem von Männern dominierten Literaturmarkt gezielt ein, verbarg ihr Können, ihre hohe Intellektualität? Ist, was Ingeborg Bachmann über Maria Callas schrieb, auch auf sie übertragbar? *Sie war immer die Kunst, ach die Kunst, und sie war immer ein Mensch, immer die Ärmste, die Heimgesuchte, die Traviata* ... War die Weiblichkeit, die sie sich als Rolle auf den Leib schrieb, letztlich das Nessushemd, das sie erstickte, verbrannte? Wurde sie vom Abgrund zwischen Schreiben und Leben verschlungen?

Sie, die große Liebende, die Liebesdurstige. Hat Marie Luise Kaschnitz in ihrem Ingeborg Bachmann gewidmeten Gedicht »Via Bocca di Leone« ihr Geheimnis enthüllt mit den Zeilen:

Die Männerschuhe störten dich im Schrank
Aber du konntest nicht atmen ohne Liebe.

Ihre unglücklichen Lieben. Die zu Paul Celan. Zu Max Frisch. In Paris lernt sie Max Frisch 1958 kennen. Schon bald zieht sie nach Zürich, wo Frisch lebt. Und wieder kommt die Ewige Stadt ins Spiel. In Rom eine gemeinsame Wohnung. Eine für beide schwierige Beziehung. Die Trennung Ende 1962.

Die Arbeit am Roman-Zyklus »Todesarten«. 1967

wechselte Ingeborg Bachmann vom Piper Verlag zu Suhrkamp. Ihr neuer Verleger Siegfried Unseld drängt, aber immer wieder verschiebt sie die Abgabetermine. Über Jahre. 1971 dann erscheint »Malina«. Für mich war es damals, als ich es las, ein Buch über die Liebe, eines über das Verhängnis zwischen Mann und Frau; ein Buch, das die tödlichen Verhältnisse im Inneren eines Ich und im geschichtlichen Gelände zusammenführte. Als *Buch über die Hölle* bezeichnet die Ich-Figur im Roman es selbst und reflektiert den langen Prozeß der Entstehung: … *der große Siegfried ruft mich, … ungeduldig hör ich seine Stimme: was suchst du, was für ein Buch suchst du?* Und die Antwort im Traum-Kapitel lautet: *Ein Buch über die Hölle. Ein Buch über die Hölle.* Die Ich-Figur schreit diese Antwort *auf der Spitze des Poles, von der es keine Wiederkehr gibt.*

Ihre zunehmende literarische und persönliche Vereinsamung. Wird Rom, die Ewige Stadt, ihr zum Exilort? Ihr bitterer Satz von *der ungeheuerlichen Kränkung, die das Leben ist.* Sie *schreibe*, formuliert sie, gegen *etwas. Gegen einen andauernden Terror. Man stirbt ja auch nicht wirklich an Krankheiten. Man stirbt an dem, was mit einem angerichtet wird.*

Das Unglück in der Nacht vom 25. zum 26. September 1973. Sie muß im Bett mit einer brennenden Zigarette eingeschlafen sein. Die schweren Verbrennungen, die sie sich im Schlaf zuzieht. Dennoch ist sie am Morgen noch bei Bewußtsein. Gegen fünf Uhr ruft sie ihre Wirtschafterin Maria Teofili an, bittet diese, zu kommen und eine Salbe mitzubringen, sie habe sich verbrannt. Halb sechs öffnet sie ihr noch die Tür. Auf dem Boden liegt ein verbrannter wollener Bettschal, und im Bad sind verkohlte Reste des Nachthemdes. Maria Teofili alarmiert sofort den Rettungswagen. Da sie in der Eile den Ausweis der Schriftstellerin nicht findet, greift sie nach der italienischen Ausgabe von »Malina«. Der Rettungswagen bringt die Verletzte in die Klinik Sant'Eugenio. Dreiundzwanzig Tage später, kaum mehr zu Bewußtsein gekommen, am 17. Oktober 1973 um sechs Uhr morgens stirbt Ingeborg Bachmann. An den Verbrennungen?

Die Akte über die Strafanzeige wegen Mordverdacht, die Freunde, unter anderem Hans Werner Henze, bei der Prokuratur in Rom einreichen, wird am 15. Juni 1974 mit der Bemerkung geschlossen: *deceduta a seguito di gravi ustioni riportate accidentalmente*. Das heißt, es liegt kein *Fremdverschulden* vor, es war kein Mord, sondern ein Unfall. Durch Alkohol- und Medikamentenkonsum wird eine herabgesetzte Schmerzempfindung konstatiert, die erklärt, daß die schweren Verbrennungen im Schlaf geschehen konnten.

Fremdverschulden, ein juristischer Begriff. Merkwürdig, führt er nicht in die Nähe des Bachmannschen Anliegens: die tödlichen Verhältnisse simultan im geschichtlichen Raum und zugleich im Inneren eines weiblichen Individuums anzusiedeln? Im Traum-Kapitel von »Malina« wird es explizit ausgesprochen: *für mich bin ich ganz sicher, daß in den Träumen alles drin steht, was an Furchtbarkeit in dieser Zeit geschieht, und daß wir alle ermordet werden.*

In Klagenfurt, im Dreiländereck von Slowenien, Italien und Österreich geboren, erlebt Ingeborg Bachmann als Zwölfjährige den Einmarsch der Hitlertruppen. Dieser Moment habe ihre *Kindheit zertrümmert*, sie *hellsichtig* gemacht *für das, was Krieg bedeutet: diese Angst mitten im Frieden*, habe sie *nie wieder verloren.* Im Nachkriegsdeutschland wird sie Zeugin von Restauration, Wiederaufrüstung und Bedrohung durch den Kalten Krieg, sie erlebt die Schuldverdrängung und Leugnung der unter der Naziherrschaft an den Juden begangenen Verbrechen sowohl in Österreich als auch in der frühen Bundesrepublik. Im Sommer 1973, wenige Monate vor ihrem Tod, reist sie durch Polen und besucht das Konzentrationslager Auschwitz. *Ich bin eine Polin*, schreibt sie da.

Die Last der Geschichte, die das Individuum nicht zu tragen vermag. Der Verlust der *Liebe* als Metapher für den Zustand der Welt. Die Unmöglichkeit, ein Buch zu schreiben, von dem die Ich-Erzählerin in »Malina« spricht und das den Titel »Exsultate Jubilate« tragen soll. *Eines Tages wird es das geben müssen,* ein *herrliches Buch auf Erden,* ein Buch, das die Welt zum Guten verändert.

23. August
Bei Bettina an der Piazza Montecitorio. Wir sitzen in ihrem kleinen Büro mit den durchlässigen Wänden. Bettina ist seit so vielen Jahren in Rom, sie muß Ingeborg Bachmann gekannt haben. Natürlich, sagt sie, sie war oft in der Buchhandlung. Sie habe sehr schlecht gesehen, aber keine Brille aufgesetzt, zuweilen habe

sie die Treppe kaum gefunden. Nein, erwidert sie, Gespräche habe es nicht gegeben, Ingeborg Bachmann sei sehr abgegrenzt gewesen.

24. August
Neuen Zwieback und Tee gekauft. Noch immer die Magenverstimmung. Bachmann-Lektüre. Das Leben ist versunken. Nur der Text zählt. Er ist der Gedächtnisraum; die Bergung der Opfer in der Sprache.

25. August
Zum Abendessen mit Ursula Bongaerts und Bettina Bolli auf der Piazza Sant'Ignazio verabredet. Nach einer Woche mit Tee und Zwieback Vorfreude auf die erste vernünftige Mahlzeit.

Ich bin zu früh. Sant'Ignazio, die nach Il Gesù zweitgrößte Jesuitenkirche Roms. Ich stehe im Zentrum des Kirchenschiffs auf einer runden Marmorscheibe, es soll der beste Standpunkt sein, um das Geschehen auf dem barocken Deckenfresko in der Scheinkuppel zu betrachten: der Einzug des heiligen Ignatius von Loyola in den Himmel.

Wieder draußen. Noch immer Zeit. Der Blick auf den Platz, Palazzetti im Rokoko-Stil, von den Bewohnern Roms wegen ihrer geschwungenen Form *canterani*, Kommoden, genannt, umstehen ihn wie die Sätze eines Musikstücks. In der von der Hitze flirrenden Luft scheinen sie sich zu bewegen. Eine optische Täuschung, nein, in der Tat, sie schwingen.

Der Tisch im Freien, weiß gedeckt. Die beiden Frauen. Sie sind hier gut bekannt. Der Handschlag des Wirtes. Seine Weinempfehlung. Zwei Ober umschwirren uns. Die italienische Speisenfolge, mehrere Gänge. Am köstlichsten der Fisch; Doraden, die der Wirt vor unseren Augen entgrätet und in Stücken auf unsere Teller legt. Noch gegen Mitternacht ist es lau. Mein Magen ist freundlich, ich genieße das Essen, den Wein, das Gespräch. Denke an Friedrich Nietzsche, der sich in Rom *zehn Jahre jünger* fühlte *als es erlaubt wäre. Ich esse hier*, schreibt er in einem Brief, *mit der allerheitersten Verfassung der Seele und Eingeweide.* Dem kann ich zustimmen. Und der uns umgebende architektonische Raum. Mit der Veränderung des abendlichen Lichts offenbart das Ensemble der Palazzetti immer neue, überraschende Schönheiten; das musikalisch heitere Schwingen hält den ganzen Abend unvermindert an und verwandelt mir die Piazza Sant'Ignazio in einen zauberischen Ort.

Das Geschenk Rom. Ich habe das Gefühl, an den Schnüren der Geschenkverpackung zu ziehen und sie langsam zu lösen.

26. August
Die Vorbereitungen für Goethes 250. Geburtstag laufen auf Hochtouren. Der Pappmaché-Goethe steht weithin sichtbar auf dem Balkon, neben ihm Faustina. Ein großes Fest soll es werden, in allen Räumen des Museums. Auch der nicht zur Casa di Goethe gehörende Innenhof ist einbezogen. Dort soll am Morgen des 28. August auf Goethe angestoßen werden. Als ich erfahre, daß Goethe höchstpersönlich anwesend sein wird – ein junger Schauspieler im historischen Kostüm

wird ihn mimen –, weiß ich, diesem Fest werde ich fernbleiben. Diese in Mode gekommene Phantasielosigkeit. Goethe ist mir in so vielen Gestalten nah, daß es mir schwer erträglich ist, ihm, dem Toten, in dessen Haus ich lebe, in der Gestalt eines Schauspielers zu begegnen. Ich versuche vorsichtig, es Frau Bongaerts nahezubringen. Sie versteht es, ich bin für den 28. August aus der Pflicht entlassen.

27. August
Seit vierzehn Tagen kein Tropfen Regen, die Rasenflächen in der Stadt sind verdorrt, auch die grünen Flächen im Park der Villa Borghese sind gelbbraun und schmutzig.

Ein Brief von Joachim; die Arbeitsnächte in der Maschinenhalle in Roknäs seien rar. Das Kind. Die Frau. Schwiegereltern und Schwager sind zu Besuch.

Fotos vom Kindeskind liegen bei. Noahs neugieriges Gesichtchen. Mit der Helligkeit beim Schlafen habe er kein Problem. Mit den Mücken schon eher. Die Fenster seien gut. Viereinhalb Monate ist er jetzt. Wie lange habe ich ihn nicht gesehen.

28. August
In der Nacht ein Knall, ich wache auf. Ohrenbetäubender Lärm. Die Alarmanlage in der Casa di Goethe heult. Ebensolcher Lärm auf der Straße. Ich reiße die Balkontür auf, von der Piazza del Popolo strömen Menschenmassen in die Via del Corso, fast alles junge Männer, Singen, Fahnenschwenken. Feuerwerkskörper steigen

hoch. Das Ende eines Fußballspiels, die Fans vom römischen Klub Lazio. Mit Rasseln und Gesang ziehen sie den Corso entlang, kein betrunkenes Grölen, wie ich es in Berlin und in Hamburg auf Bahnhöfen mehrfach erlebt habe; alles wirkt hier in Rom friedlich, aber eben in typisch südlicher Lautstärke. Die alles übertönende Alarmanlage, ich renne in den Flur, halte mir die Ohren zu, stelle sie aus. Rufe aufgeregt den für die Casa di Goethe zuständigen Sicherheitsdienst an, die Sistemi di Sicurezza. Mein schlechtes Italienisch. Aber das englische *football* genügt. Keine Beunruhigung, heißt es, es seien die Feuerwerkskörper, ich solle abwarten, bis der Zug vorbei sei, und dann die Anlage wieder aktivieren. Anderthalb Stunden muß ich warten. Dann schalte ich sie wieder ein. Alle drei Zonen bleiben rot. Was soll ich tun? Ich rufe erneut an. Mürrisch tönt es aus dem Hörer; ich habe den Diensthabenden in der Zentrale offenbar im Schlaf gestört: mehrmals versuchen, sagt er. Gegen drei Uhr am Morgen erscheint endlich bei allen drei Zonen das grüne Licht. Ich atme auf, lege mich schlafen. Als ich um halb acht am Morgen in den Flur komme, sind alle drei Zonen wieder rot. Panik. Ich laufe durch die Museumsräume, alles ist in Ordnung. Der Jubilar ist ungeschützt in seinen 250. Geburtstag gegangen, ich entschuldige mich bei ihm. (Die Computersteuerung sei ausgefallen, wird es Tage später heißen).

Das große Fest zu seinem 250. Geburtstag in der Casa di Goethe. Bereits gegen 9 Uhr, eine Stunde vor Öffnung, als ich das Haus verlasse, steht die Treppe voller Menschen, ebenfalls der Innenhof. Und als ich am

Abend gegen neun Uhr zurückkehre, ist immer noch Leben in allen Räumen des Museums, in der Bibliothek, in den Büros. Die Mitarbeiter erzählen, ein großer Ansturm, meist Italiener, viele Kinder darunter, ein heiteres, neugieriges Annehmen. Viele sind zum ersten Mal da. Der Papp-Goethe auf dem Balkon hat seine Wirkung getan. Erst um Mitternacht verlassen die letzten Besucher die Casa di Goethe. Das Team um Frau Bongaerts ist glücklich, die viele Arbeit hat sich gelohnt. Die römische Presse überschlägt sich. Auch für die deutschen Leser wird es in der »Welt« einen großen Artikel geben.

29. August
Gestern den Tag im Park der Villa Borghese verbracht, im Nordwesten, noch jenseits der Piazza Firdusi, dort, wo auf der weiten Rasenfläche die uralten knorrigen Platanen stehen und die Leute ihre Hunde frei laufen lassen. Im Schatten unter einer der Platanen gelegen.

Goethes »Italienische Reise«. Obgleich Rom sein Sehnsuchtsziel ist, läßt er sich Zeit. Bis zur Ankunft vergehen siebenundfünfzig Tage. Nur dreiundzwanzig davon verbringt er in der Postkutsche. Er reist mit der gewöhnlichen Post. Und ohne viel Gepäck. Mit *Mantelsack* und *Dachsranzen* verläßt er Karlsbad, kauft sich in Regensburg noch ein *Coffergen*, um darin seine Manuskripte zu verstauen. Er will sich frei bewegen können. Daher auch sein Inkognito, die selbstgewählte soziale Zurückstufung zum *Kaufmann Möller aus Leipzig*. Er ist um Unauffälligkeit bemüht. Paßt sich selbst in der Kleidung an. *Ich sah mir ab, wie sich ein gewisser Mittelstand hier trägt*, berichtet er aus Verona, *und lies mich völlig so kleiden.*

So mag er auch in Rom angekommen sein. Auch hier seine kluge Entscheidung: eine Wohngemeinschaft mit etwa gleichaltrigen Künstlern. Der muttersprachliche Umgang bedeutet eine große Entlastung bei der Fülle der neuen Eindrücke, die auf ihn einstürmen. Und für sein leibliches Wohl ist gesorgt, die Kost der aus dem nördlichen Latium stammenden Kutschersfrau sagt ihm zu.

Wie nun sieht sein Tag in Rom aus? Am Morgen arbeitet er in seinem *Stüpgen* an seinen Dramen. *Abends, beim Schlafengehen bereitete ich mich aufs morgende Pensum, welches denn sogleich beim Erwachen angegriffen wurde*, kommentiert er. Am späten Vormittag und am Nachmittag Besichtigung der Ewigen Stadt. *Anderer Orten muß man das Bedeutende aufsuchen, hier werden wir davon überdrängt und überfüllt*, stöhnt er, und, daß *das alte Rom aus dem neuen herauszuklauben* sei. *Man trifft Spuren einer Herrlichkeit und einer Zerstörung. Was die Barbaren stehen ließen, haben die Baumeister des neuen Roms verwüstet.* Dennoch: *Alles auf den Füßen Stehende ist herrlich, alles Zertrümmerte ist ehrwürdig, die Unform der Ruinen deutet auf uralte Regelmäßigkeit, welche sich in neuen großen Formen der Kirchen und Paläste wieder* hervortue, schwärmt er; *mir ists nur jetzt um die sinnlichen Eindrücke zu tun ...* Manchmal hat er Papier und Stift bei sich. *Man müßte mit tausend Griffeln schreiben, was soll hier eine Feder, und dann ist man Abends müde und erschöpft vom Schauen und Staunen.* Er werde *wortkarg ... wo ein Tag so viel sagt, daß man von dem Tage nichts zu sagen wagen darf.* Zuweilen zeichnet er auf seinen Spaziergängen, auch die Malerfreunde halten Gesehenes fest. Am Abend dann werden in der Casa Moscatelli die Ergebnisse begutachtet, gegenseitig gibt man sich Korrektur.

Von *ausgewählter und ausgesprochener Abgeschiedenheit*, von einer *wohlbekannten Einsiedelei*, in der er lebe, ist die Rede. Goethe begrenzt seinen Umgang. Da ist zunächst Tischbein, dessen Zeichnungen zu seinem »Götz« ihm gefallen haben und dem er über Prinz August von Gotha ein Rom-Stipendium verschafft hat. Da sind die weiteren Hausgenossen, die Maler Lips, Bury und Johann Georg Schütz. Dann Heinrich Meyer, der Kunstwissenschaftler, der Dichter Karl Philipp Moritz, später kommt der Komponist Kayser hinzu. Mit der Malerin Angelika Kauffmann verbringt er seine Sonntage. Er sucht die Nähe des um Jahrzehnte älteren Hofrat Reiffenstein, der vermitteln, Türen öffnen kann und die jungen Leute nach Frascati in sein am Nordhang der Albaner Berge gelegenes Haus einlädt.

Tischbein beginnt mit seinem großen Gemälde »Goethe in der Campagna«, Alexander Trippel schafft im Auftrag des Grafen von Waldeck seine Büste. Goethe tut nichts dawider. Auch in die römische »Gesellschaft der Arkadier« läßt er sich aufnehmen. Natürlich weiß jeder in diesen Kreisen, wer er ist. Dennoch besteht er darauf, daß sein Name nicht ausgesprochen wird. Von einem *grillenhaften Halbinkognito* spricht Goethe selbst. Reiffenstein, dem *Möller* nicht über die Lippen will, nennt ihn daher scherzhaft *Baron gegen Ron-*

danini über (Goethes Postadresse lautet *bey Sig. Tischbein, dem Palazzo Rondanini gegenüber*).

Warum dieses *grillenhafte Halbinkognito* selbst im engen Freundeskreis? Seit dem Erfolg des Romans »Die Leiden des jungen Werthers« kennt man seinen Namen in ganz Europa. Allein vier Übertragungen in die italienische Sprache erscheinen zwischen 1782 und 1804. *Hier sekkieren sie mich mit den Übersetzungen meines Werthers,* heißt es am 1. Februar 1788, *und zeigen mir sie und fragen, welches die beste sei ...* Von einem *Unheil*, das ihn *verfolge*, spricht er. (Die poetische Version dieser Klage liefert Goethe Jahre später in der Urfassung seiner Zweiten Römischen Elegie: *Ob denn auch Werther gelebt? Ob denn auch alles fein wahr sei? / Welche Stadt sich mit Recht Lottens der Einzigen rühmt? / Ach wie hab ich so oft die törigten Blätter verwünschet, / Die mein jugendlich Leid unter die Menschen gebracht. / Wäre Werther mein Bruder gewesen, ich hätt ihn erschlagen, / Kaum verfolgte mich so rächend sein trauriger Geist ...*)

Schutz also vor zudringlicher Neugier. Sein Inkognito bringe ihm *Vorteile*, schreibt er aus Rom, er *entgehe der unendlichen Unbequemlichkeit, von* sich *und* seinen *Arbeiten Rechenschaft geben zu müssen.* Er will nicht in überwundene Lebensphasen zurückgezogen werden, weder in die seiner frühen Wetzlaer und Frankfurter Zeit noch in die seines ersten Weimarer Jahrzehntes, wo er, in Ämter und Regierungsgeschäfte eingebunden, sich wie ein *Vogel der sich in Zwirn verwikkelt hat* empfindet, *ich fühle, dass ich Flügel habe und sie sind nicht zu brauchen.*

Das Hintersichlassen all dessen. Rom als Freiheit, als Aufspannen der Flügel, als Zurückfinden zu sich selbst und seiner künstlerischen Kreativität. Sein Wunsch nach Anonymität ist der nach geistiger Ökonomie, nach Konzentration auf das Wesentliche, nach dem Ausschöpfen des Augenblicks; das Abgeschirmtsein bringt ihm die *Klarheit und Ruhe*, in der er in Rom lebt.

Bereits kurz nach der Ankunft heißt es, er zähle seinen *zweiten Geburtstag ..., eine wahre Wiedergeburt, von dem Tage, da ich Rom betrat*. Im Laufe seines Aufenthaltes berichtet er immer erneut nach Weimar: *von innen heraus* sei er *umgearbeitet ..., bis aufs innerste Knochenmark* habe er sich *verändert ...*, auf seine *vorigen Begriffe* sehe er *wie auf Kinderschuhe zurück, wirklich umgeboren und erneuert und ausgefüllt* sei er. Gleichzeitig wird er nicht müde zu betonen, daß diese Wandlung ein Prozeß sei, der Zeit brauche und noch nicht abgeschlossen sei. Ist ursprünglich von September 1787 als Termin seiner Rückkehr nach Thüringen die Rede, so verlängert er seinen Aufenthalt bis zum April 1788. Seine Begründung: *Meine Kunstkenntnisse, meine kleinen Talente müssen hier ganz durchgearbeitet, ganz reif werden, sonst bring' ich wieder euch einen halben Freund zurück und das Sehnen, Bemühen, Krabbeln und Schleichen geht von neuem an.* Seine Bitte nach Weimar: *drum gönnt mir meine Zeit, die ich so wunderbar und sonderbar zubringe, gönnt mir sie durch den Beifall eurer Liebe.* Eine fast flehentliche Bitte.

... wunderbar und sonderbar ... Spielt er damit auf

die Großzügigkeit seines Fürsten an? Ohne jegliche finanzielle Not kann er in Rom leben. Sein Ministergehalt wird ihm weiter gezahlt. Die Herzogliche Kammer gewährt ihm zudem einen Reisezuschuß, der sich auf fast 1700 Taler beläuft. Weiterhin steht ihm der Erlös aus dem Werkvertrag mit dem Leipziger Verleger Göschen zur Verfügung. Oder bezieht sich dieses ... *wunderbar und sonderbar* ... auch auf über ihn in Weimar kursierende, offenbar bösartige Urteile, die er den Briefen seines Dieners Philipp Seidel entnehmen kann? Am 8. Dezember 1787 verteidigt Goethe sich: *Die gute Meinung, die man zu meinem Gehirne in W. hat, hoffe* er *zu widerlegen ... und das Publikum zu überzeugen, daß ich noch bey Sinnen bin.* Schon ein Jahr zuvor, am 25. Dezember, hieß es: *Und wie sonst für ›krank‹ und ›borniert‹ gehalten zu werden geziemt mir weniger als jemals.* Der Favorit des Herzogs hat viele Neider. Schiller, der gerade – nicht nur mittellos, sondern hochverschuldet – in Weimar angekommen ist, scheint sich zu deren Sprecher zu machen: *Während er in Italien mahlt, müssen die Vogts und Schmidts für ihn wie die Lasttiere schwitzen. Er verzehrt in Italien für nichtsthun eine Besoldung von 18 000 thal. und sie müssen für die Hälfte des Geldes doppelt Lassten tragen.* (1800 Taler muß es heißen, im Eifer verzehnfacht Schiller das Gehalt des späteren Freundes.)

Das *nichtsthun*. Rom als Ort, sich durch die *Vollendung* seiner Werke *wieder als Lebendig* zu *legitimiren.* Als erstes kommt »Iphigenie« zum Abschluß. Dann arbeitet er an »Egmont«. Am 1. August berichtet er Carl

August: *Den ganzen Tag fleißig und still wegen der Hitze.* Zehn Tage später: *Egmont ist fertig und wird zu Ende dieses Monats abgehen können.* (Am 22. September hat er die ersten Bände seiner Werkausgabe in der Hand; *diese vier zarten Bändchen, die Resultate eines halben Lebens* ...) Am 3. November notiert er: *Nun liegen noch so zwei Steine vor mir: Faust und Tasso.*

Neben der literarischen Arbeit ist die Ausbildung seines *eigenen kleinen Zeichentalentchen* in Rom sein vornehmlichstes Ziel. *Meine erste Angelegenheit ist und bleibt: daß ich es im Zeichnen zu einem gewissen Grade bringe* ... In Neapel nimmt er Unterricht bei Philipp Hackert, in Rom besucht er einen *Kurs* bei dem Maler Verschaffelt: *Besonders hab' ich in der Perspektiv manches gelernt.* Er ist besessen von der Idee, es als Maler zu etwas zu bringen. Während seiner Rom-Zeit liegen Dichtung und Bildende Kunst in gleicher Höhe auf der Waagschale. Noch im Januar 1788 heißt es: *Das Studium des menschlichen Körpers hat mich nun ganz.* Erst unmittelbar am Ende seines Aufenthaltes neigt sich die Schale. *Zur bildenden Kunst bin ich zu alt*, notiert er am 1. Februar. Am 22. dann die Erkenntnis: *daß ich eigentlich zum Dichter geboren bin, und daß ich die nächsten zehen Jahre ... dieses Talent exkolieren und noch etwas Gutes machen sollte ... Von meinem längeren Aufenthalt in Rom werde ich den Vortheil haben, daß ich auf das Ausüben der bildenden Kunst Verzicht tue.*

Mittagshitze. Die Sonne steht im Zenit. Ich verspüre Hunger, verlasse mein Lager unter der alten Platane. Schlendere zur Gaststätte in der nahe gelegenen »Galleria Nazionale d'Arte Moderna«. Auf der Terrasse treffe ich überraschend Andreas, wir finden einen Platz, sitzen lange unter einem großen Schirm im Schatten; essen, reden, stoßen auf den Jubilar an. Einen einzigen seiner Geburtstage, den achtunddreißigsten, hat Goethe in Rom erlebt. Andreas blättert, liest: *Den 28. August 1787... heute zum Feste kam mir Herders Büchlein* (Johann Gottfried Herders 1787 erschienenes Werk »Gott. Einige Gespräche«) *voll würdiger Gottesgedanken. Es war mir tröstlich und erquicklich sie in diesem Babel, der Mutter so vieles Betrugs und Irrtums, so rein und schön zu lesen* ... Wir amüsieren uns, dies ist eines der wenigen abwertenden Urteile über die Ewige Stadt, vielleicht dem strengen Herder geschuldet, dem *Arcivescovo di Turingia*, dem Erzbischof von Thüringen, wie man ihn in der heiligen Stadt nannte, dem alles im leichtlebigen Rom *Gift und Ekel* war.

Dann reden wir über den Sammler Goethe, der hier annähernd zweihundert Gemmen erwirbt, Kupferstiche und Zeichenblätter der Malerfreunde kauft, Tischbein verschafft ihm *eine Reihe Kopien, nach den besten Meistern* ..., nicht weniges bekommt er auch geschenkt, so von Hofrat Reiffenstein eine Mappe mit Radierungen von Claude Lorrain.

Danach wieder zurück unter meine Platane. Fortsetzung der Lektüre. Von einem Spaziergang mit Tischbein berichtet Goethe: *Auf den Ruinen des Neroni-*

schen Palastes gingen wir durch frisch aufgehäufelte Artischockenländer, und konnten uns nicht enthalten die Taschen vollzustecken, von Granit, Porphyr und Marmortäfelchen ... Im *aufgeschüttete⟨n⟩ Erdreich, wo auf Trinita di Monte ... der Grund zum neuen Obelisk* gegraben wird, findet Goethes *Perückenmacher ... im Schutte ein flach Stück gebrannten Ton mit einigen Figuren ... Ich eigne es mir zugleich zu.* Der heute auf der Piazza Montecitorio stehende Obelisk lag zu Goethes Zeit *zerbrochen zwischen Schutt und Kot in einem Hofe.* Aus *echtesten Ägyptischen Granit* ist er *gehauen* und *überall mit zierlichen naiven Figuren ... übersäet ... Bequem nah* hat Goethe *vor Augen ... was sonst gegen die Wolkenregion hinaufgerichtet war.* Er ist fasziniert: *Ich lasse jetzt eine Sphinx der Spitze, und die Gesichter von Sphinxen, Menschen und Vögeln abformen und in Gyps gießen.*

Diese unschätzbaren Sachen muß man besitzen ... Habsüchtig werde man *darnach* schreibt er; *man verlangt solche Gebilde neben sich aufzustellen, und gute Gypsabgüsse, als die eigentlichen Faksimiles geben hiezu die beste Gelegenheit. Den ersten Platz* behauptet – wie wir schon wissen – die Juno Ludovisi. Aber auch einen *kolossalen Kopf eines Jupiter* hat er sich angeschafft. *Er steht meinem Bette gegenüber wohl beleuchtet, damit ich sogleich meine Morgen-Andacht an ihn richten kann.* Ebenso bedeutsam ist ihm ein Abguß der Medusa Rondanini, *den Zwiespalt zwischen Tod und Leben, zwischen Schmerz und Wollust ausdrückend.*

Ich muß eingeschlafen sein (das Nachholen des durch den ausgelösten Alarm versäumten Nachtschlafs). Ein wütendes Kläffen weckt mich. Ein kleiner brauner Spitz. Vor ihm, er hat es wohl gerade fallen lassen, aufgeschlagen mein Buch. Ich stehe auf, er packt es erneut, schüttelt es heftig. Das Pfeifen seines Herrn scheint ihn nicht zu kümmern. Als ich auf ihn zugehe, läßt er es los und rennt davon. Ich hebe es auf, die Spuren der kleinen Zähne auf den Buchseiten.

Ich kehre zu meiner bequemen Lage zurück. Die völlig verbrannte Rasenfläche ist schon im Schatten. Ich lege die Hände in den Nacken. Über mir im Geäst die gezackten, dunkelgrünen Blätter im Wipfel von den letzten Strahlen der Sonne angeleuchtet. Die Hitze des Tages hat nachgelassen und die Hundebesitzer mit ihren Tieren herausgelockt. Kleine und große Hunde, es werden immer mehr, eine Parade geradezu. Einen Windhund und einen Dalmatiner kann ich in der Ferne ausmachen, ganz nah einen häßlichen Bullterrier, einen Malteser mit einem roten Schleifchen im Fell und einen Weimaraner. Ein schöner Golden Retriever spaziert vorbei und ein weißer Kanaan. Und dann, auch ganz nah, meine nordischen Lieblinge, zwei Huskys, eine Hündin mit ihrem Nachwuchs. Überall Begrüßungen der Vierbeiner, Jagen, Spiel, Rivalitäten, Gebell. Obgleich ich den kleinen braunen Spitz nicht mehr sehen kann, vermeine ich, sein Kläffen aus dem Hundechor herauszuhören.

30. August
Es gab viel zu lachen heute. In der Nacht Gewitter. Am Morgen starke Regengüsse. Alle drei Frauen, die zu Fuß beziehungsweise mit dem Fahrrad zur Arbeit kommen, erreichen die Casa völlig durchnäßt; Wasser tropft aus ihren Kleidern. Ich öffne meinen Schrank, Frau Bongaerts paßt die dünne schwarze Hose, Frau Hock nimmt das Oberteil dazu. Frau Crea preßt sich in einen meiner hellen Pullover. In diesem Aufzug wird die sich für 11 Uhr angesagte Korrespondentin der »Welt« empfangen. Als sie geht, ruft man mich kurz, weil sie mich begrüßen möchte; sie sagt mir, daß sie gerade »Ich bin nicht Ottilie« lese.

1. September
Am Morgen mit der Metro zur Station Garbatella. Über das Gelände des Großmarkts; ich wate durch Obst- und Gemüsereste, hinter mir schieben Bulldozer die Abfälle zusammen. Das Museum »Maschinen und Götter«. Ein verfremdender Ort. In einem ehemaligen Kraftwerk zwischen Turbinen und Generatoren antike Statuen. Berührend eine weibliche Figur, die »Musa Polimnia«. Sie sitzt, das Kinn auf die Hand gestützt, blickt in eine imaginäre Landschaft; sie ist dieser Landschaft ganz zugehörig, ist vollkommen bei sich. Die nordischen Berge tauchen vor mir auf, die schlaflose Landschaft, die Gedichtzeilen Rilkes, die in einem Brief vom 8. Juni 1926 an Marina Zwetajewa stehen und ihr gewidmet sind:

... Wir in das Kreisen bezogen
füllten zum Ganzen uns an wie die Scheibe
des Monds.
Auch in abnehmender Frist, auch in den Wochen
der Wendung
niemand verhülfe uns je wieder zum Vollsein,
als der
einsame eigene Gang über der schlaflosen
Landschaft.

Auf dem Rückweg noch einmal der Anblick des Einzugs des heiligen Ignatius von Loyola in den Himmel in der Jesuitenkirche an der Piazza Sant'Ignazio. Eine Gruppe Amerikaner geht im Mittelgang des Schiffs an mir vorbei. Dicke, ordinär wirkende ältere Frauen mit Shorts und Adidas-Schuhen, Männer mit vorstehenden Bäuchen und geschmacklosen Nickis, auf denen Werbung prangt. Lautes Reden, sie streben nach vorn, legen ihre Rucksäcke und Taschen auf den ersten zwei Bänken ab, und – erstaunt sehe ich – sie formieren sich zu einem Chor. Die Shorts, die Werbeslogans auf den Nickis – ein obszöner Anblick. Dann ist Stille. Das Einsatzzeichen des Dirigenten. Ich schließe die Augen. Bereits mit den ersten Tönen verwandeln sich vor meinem inneren Auge die Sänger in Engel; unglaublich rein und schön ist ihr Gesang; mir kommen sofort die Tränen. Sie proben fast zwei Stunden. Ich bleibe die ganze Zeit.

Am Abend besuche ich ihr Konzert. Die Frauen tragen lange dunkle Gewänder, die Männer schwarze Anzüge. Die Kirche ist fast bis auf den letzten Platz gefüllt. Die Schnüre der Geschenkverpackung sind gelöst.

2. September
Die Sätze laufen, eine Wohnung aus Gedanken.

Gewitter die Nacht. Am Morgen Regengüsse.

Ich schreibe im Zimmer mit dem Blick auf das Grün des Innenhofes, sitze an dem winzigen Ausziehtisch, als Fußbank die Plasteschüssel.

5. September
Habe elf Tage ohne Pause geschrieben. Wieder ein Tief. Sie haben ganz müde Augen, Sie müssen Urlaub machen, meint Baschal. Recht hat er. Kurzentschlossen suche ich in der Via Sistina ein Reisebüro auf, entscheide mich für das Meer, für den Ort Sperlonga im Süden, Richtung Neapel, zwischen Terracina und Gaeta gelegen. Als ich Ursula Bongaerts von meinem Entschluß berichte, sagt sie, ich bringe Sie am Samstag hin und bleibe auch einen Tag.

Der Berg von Leserpost; ich kann unmöglich alle Briefe beantworten. Mein schlechtes Gewissen. Denke an Erwin Strittmatter, der jeden Brief beantwortet. Aber er hat seine Eva.

6. September
Anruf der Darmstädter Akademie. Man möchte von mir einen Vortrag über Geschichte auf der Jahresta-

gung im Oktober. Das sind kaum sechs Wochen, die ich zur Ausarbeitung hätte. Ich fühle mich dazu nicht imstande, lehne ab. Der Herr, dessen Namen ich nicht verstanden habe, legt, wie mir scheint, verwundert, fast beleidigt, auf.

Gestern ein Anruf von Peter Härtling. Man wolle mich in die Jury des Feuchtwanger-Preises in der Akademie berufen. Da konnte ich mein Nein überzeugender vortragen. Erzählte ihm dann, wie nah mir sein Hölderlin-Buch damals beim Erscheinen gewesen sei.

16. September

Seit vier Tagen in Sperlonga. In einem Hotel direkt am Strand. Vom Bett aus kann ich aufs Meer sehen. Das Geräusch der herannahenden, sich überschlagenden Wellen; tief und traumlos schlafe ich. Schwimme mehrmals am Tag. Mache barfüßig lange Wanderungen am Strand. Kilometerweit auf beiden Seiten des Ortes saubere weiße Sandstrände.

Alle Tage Nichtstun. Ich notiere keine einzige Idee, die mir zum Lappland-Buch kommt. Leichtfertig sage ich mir, sie muß ein zweites Mal kommen, dann halte ich sie fest. Kommt sie nicht, taugt sie nichts.

Ich genieße das Alleinsein. Auch beim Essen. Eine Frau allein im Restaurant ist in Italien nicht sehr üblich, aber es wird einem – im Gegensatz zur ehemaligen Sowjetunion, zu Moskau etwa – niemals das Platznehmen verwehrt, und man wird mit gleicher Freundlichkeit wie Paare oder Familien bedient. Besonders schön das Ristorante Torre di Truglia oben auf dem Berg mit dem Blick auf die Festung. In der Ferne der

Monte Circeo, das sagenumwobene Eiland der Zauberin Kirke. Den griechischen Helden Odysseus soll es auf seiner Heimfahrt hierher verschlagen haben. Seine Gefährten wurden in Schweine verwandelt, er aber widerstand den Zauberkünsten Kirkes und erhielt von ihr Rat, wie er nach Hause zurückkehren könne.

Ich genieße die Begegnungen des Zufalls. Die mit dem jungen italienischen Paar im Hotel, der Mann über und über tätowiert, ihr zärtlicher Umgang mit ihrem Söhnchen, das gerade laufen lernt. Das Angesprochenwerden von der aparten Jugoslawin, die sich offenkundig mit ihrem deutschen Mann langweilt; mehrfach lädt sie mich zu Ausflügen ein. Einmal fahre ich mit ihnen nach San Felice und zum Monte Circeo, aber der Mann fügt beim Rückwärtseinparken seinem weißen Mercedes eine Beule zu, er gibt seiner Frau die Schuld, ich werde Zeuge eines unangenehmen Ehestreites.

Das Schwedisch, das meine Ohren trifft. Die Musikalität, die rhythmischen Hebungen und Senkungen, die Sprache wird mir sofort zum Sehnsuchtsraum. Zwei italienbegeisterte Südschweden. Hier, sagen sie, hätten sie in wenigen Tagen mehr Kunstwerke gesehen als in ihrem ganzen Leben in ihrer Heimat. Lappland? Erstaunen. Sie amüsieren sich über mein Schwärmen. Ob sie dort gewesen seien? Verächtliche Geste, wegwerfende Handbewegung, nein, wer ginge da freiwillig hin, da sei die Welt doch zu Ende.

Und die Gespräche mit dem Wirt der Gaststätte Torre di Truglia, die den Namen der ihr zu Füßen liegenden Festung trägt. Stets unterhält Antonio Toscano seine Gäste, scherzt. Weist mit Armbewegungen weit aufs Meer hinaus, dorthin sei er heute im Morgengrauen mit seinem Boot gefahren, um die Fische zu fangen, die jetzt in der Pfanne brutzeln. Gaumenkitzelnd weiß er im voraus und dann beim Servieren seine Köstlichkeiten in Szene zu setzen.

Antonio ist in Sperlonga geboren. Einmal erzählt er vom Ende des Zweiten Weltkrieges, wie er als Fünfjähriger mit seinen Eltern und anderen Bewohnern beim Herannahen der Alliierten in die Berge geflüchtet sei. Nur die Großmutter habe sich geweigert mitzukommen. Arglos, mit offenen Armen sei sie den Soldaten entgegengegangen; vermutlich habe man ihre Frauenkleider für eine Tarnung gehalten, man habe ohne Vorwarnung geschossen. Sie sei eines der wenigen zivilen Opfer des Kriegsendes in Sperlonga.

Auf dem kleinen Friedhof suche ich ihr Grab. Alexandra Toscano steht auf dem Stein. Auch ihr Haus, in dem der Enkel aufgewachsen ist, finde ich.

Sperlonga, von lateinisch spelunca = Grotte, war ursprünglich ein Fischerdorf, es wurde im Mittelalter auf einem steilen, sechzig Meter hohen Felsen über dem Meer erbaut. Abend für Abend steige ich hinauf. Treppen, Hunderte Stufen, pittoreske Winkel, schief stehende, übereinander gebaute, verschachtelte Häuser und Wohntürme. Abenteuerlich enge Gassen, zuweilen haben sie nur die Schulterbreite eines starken Mannes, ich muß die Arme anwinkeln, wenn ich mit den Händen rechts und links die Hausmauern berühre. Geruch nach Abwasser, faulendes Mauerwerk; Wäsche flattert, Küchendünste, Musik, Kindergeschrei. Familien, die ihre Mahlzeiten auf an Häusern wie Schwalbennester klebenden Balkonen einnehmen oder auf an den Dachfirst des nächsten Hauses grenzenden winzigen Terrassen.

Oben angelangt, laufe ich den Corso San Leone entlang zur Piazza della Repubblica. Alte Männer mit Schiebermützen und trotz der Wärme mit Westovern spielen Boule. Frauen mit dunklen Kopftüchern sitzen schwatzend auf den Bänken. Vom Belvedere aus der Blick auf das postkartenblaue Meer. Und, bereits am ersten Abend, eine große Überraschung, noch nie gesehen: riesige Granatäpfelbäume unterhalb des Belvedere mit schweren, leuchtend roten Früchten. Jedesmal bei ihrem Anblick mein kleiner Lustschrei; niemand hört ihn, und wenn, niemand würde ihn verstehen, diese berauschenden Schönheiten sind für die Bewohner hier ganz gewöhnliche Straßenbäume.

17. September

Heute endlich der Entschluß, die Zona Archeologica, die Grotta di Tiberio und das Museo zu besuchen. Habe ich mich nicht auch deshalb für Sperlonga entschieden, weil es hier die aufsehenerregendsten archäologischen Funde des 20. Jahrhunderts geben soll.

In der Buchhandlung an der Piazza Montecitorio der Vortrag von Professor Bernard Andreae. In fast vierzigjähriger Arbeit sind zwei Marmorkopien antiker Figurengruppen wiedererstanden.

Gleich nach Schwimmen im Meer und Frühstück mache ich mich auf den Weg. An Torre Truglia und Hafen vorbei, immer den Strand, den Spiaggia di Levante, entlang. Der Weg am Meeressaum, ein leicht verschleierter Septembermorgen, gedämpftes Licht, das weiche Linien erzeugt. Die Füße auf dem warmen Sand, die Schuhe baumeln, an den Schnürsenkeln zusammengebunden, über der Schulter. Eine Wanderung Jahrtausende zurück und zudem noch virtuell das Meer überquerend von Italien nach Griechenland.

Der römische Kaiser Tiberius – Regent von 4 bis 37 n. Chr. – ließ sich bei Sperlonga eine kaiserliche Villa und, in einer am Meer gelegenen Grotte, ein Naturtheater errichten. In Griechenland, wo er eine Zeit gelebt hatte, war er mit der hellenistischen Kunst in Berührung gekommen. Er gab Nachbildungen aus Marmor nach Bronzearbeiten aus der Zeit des Pergamonaltars um 160 v. Chr. in Auftrag. Er wählte dafür ein Bildhaueratelier in Rhodos, in dem die Meister Hagesandros, Athanadoros und Polydoros arbeiteten. Es entstand ein grandioses Gesamtkunstwerk, in sechs kolossalen Figurengruppen erzählte es von den Abenteuern des Odysseus vor Troja und seinen Abenteuern auf der Fahrt nach Ithaka.

Kaum fünfhundert Jahre später vernichtete religiöser Fanatismus die Skulpturen. Den christlichen Mönchen, die sich 511 n. Chr. in dem Gebiet ansiedelten, galt die hellenistische Kunst als heidnisch, und in blindem Eifer zerschlugen sie die marmornen Nachbildungen der antiken Figuren in Tausende Stücke.

Der Septembermorgen mit dem gedämpften Licht. Nachdem ich zwei – oder waren es drei – Kilometer gelaufen bin, weist ein Schild mit der Aufschrift Zona Archeologica landeinwärts. Ich schlüpfe in die Schuhe.

Ein weites Areal mit niedrigen Mauern vor mir. Völlig unspektakulär. Die Reste der Kaiservilla. Wo ich eine Eintrittskarte kaufen müßte, kein Mensch, aber die Gittertür ist angelehnt. Ich gehe hinein. Eine Gruppe von vier Leuten, eine alte Frau mit einem blaugepunkteten Kleid und drei Männer, zwei ältere, ein junger. Rucksäcke stehen umher. Eine Art Meßtischblätter liegen auf dem Boden. Offenkundig wird hier gearbeitet.

Ich nähere mich. Die Frau lächelt, ich bin also nicht unwillkommen. Setze mich auf einen Mauervorsprung, höre zu, beobachte, was passiert. Dem Wechsel von Italienisch und amerikanischem Englisch kann ich entnehmen, die Frau ist eine italienische Archäologin, die drei Männer sind Fachleute aus den USA. Es geht um die Frage, wo der Eingang zum Garten gewesen sein könnte und wo Anfang und Ende des Schwimmbekkens lagen. Einer der älteren Männer nimmt mit einer kleinen Schaufel immer wieder Bodenproben, füllt sie in Plastetüten. Der jüngere hat eine Kamera aus seinem Rucksack geholt und scheint jeden Quadratzentimeter zu fotografieren.

Die Italienerin spricht. Wie alt mag sie sein? Ich kann den Blick nicht von ihr wenden. Ihre dünnen Beine, die wie Stöcke wirken. Ihr zerfurchtes Gesicht. Faltige Arme. Altersflecken. Ihr völlig aus der Mode gekommenes gepunktetes Kleid mit den Puffärmeln, das aus ihrer Jungmädchenzeit zu stammen scheint. Zudem viel zu kurz ist. Die drei Männer hängen an ihren Lippen. Ihr konzentriertes Zuhören, nur knappe Fragen. Und wieder setzt sie ein. Die Lebhaftigkeit ihrer Gesten, ihre Begeisterung, ihre offenkundige fachliche Kompetenz, die Leidenschaftlichkeit, mit der sie spricht. Das alles macht sie schön, läßt sie jung erscheinen.

Von meinem Platz auf der sonnenwarmen Mauer verfolge ich die Szene. Immer faszinieren mich Menschen, die sich ihrer Sache ganz hingeben.

Die Sonne steht schon hoch, als ich endlich zum Museo gehe. Zwei Touristengruppen verlassen gerade das Gebäude; die Führer mahnen zur Eile, die Motoren der Reisebusse laufen, die Fahrer hupen.

Im Inneren nur wenige Besucher. Riesige Figuren. Diese Monumentalität habe ich nicht erwartet. Ich bin verstört. Zunächst auch von der Vollständigkeit. Habe ich Fragmente erwartet? Vollkommenheit – Vollständigkeit. Ich denke an die Frau ohne Kopf im Park der Villa Borghese.

Hier aber, ich weiß es aus dem in Rom gehörten Vortrag, besteht die Leistung in der Vervollkommnung. Jahrzehnte von Forschungsarbeit waren dazu notwendig. Aus Tausenden von Einzelteilen – bei der Polyphem-Gruppe allein sollen es siebentausend Fragmente gewesen sein – wurden von Archäologen, Kunsthandwerkern, Bildhauern und Technikern unter Leitung von Professor Bernard Andreae die Figuren rekonstruiert. Dazu wurden technisch völlig neue Wege beschritten. Die Archäologen arbeiteten mit dem Silikonkautschuk der Firma Wacker Chemie in Bochum. Um fehlende Teile zu ergänzen, wurden sie mit diesem Material vorgeformt, dann aus glasfaserverstärktem Kunststoff oder aus Kunstmarmor gegossen. Manche Anpassungen an die Originale arbeitete man erst in Gips, um noch Veränderungen vornehmen zu können. Eine unendlich mühevolle Arbeit.

Meine Augen wandern die Flächen ab. Die originalen 2000 Jahre alten Marmorstücke, die nachgeformten. Alles scheint zu einer Einheit verschmolzen, ich kann keinen Unterschied erkennen. (Vielleicht wäre ein Fernglas nützlich.)

Die Skylla-Gruppe. Fast vier Meter hoch, fast drei breit und zweieinhalb Meter tief. Das Abenteuer des Odysseus und seiner Gefährten bei der Fahrt durch die Meerenge von Messina wird erzählt. Der griechischen Sage nach lebt auf der einen Seite des Felsens Charybdis, ein gestaltloses Meeresungeheuer, das dreimal am Tag das Meerwasser einsaugt, um es brüllend wieder auszustoßen. Schiffe, die in seinen Sog kommen, sind verloren. Vom Felsen gegenüber aus wütet Skylla, halb Tier, halb Mensch. Ihr Oberkörper ist der einer schönen jungen Frau, ihr Unterleib aber besteht aus sechs reißenden Hunden. Der Sage nach vergiftete die eifersüchtige Kirke – wie Skylla war sie in Glaukos verliebt – das Wasser, in dem Skylla badete, und ihr Unterleib verwandelte sich in diese Schreckgestalten. Um das ihr Angetane zu rächen, verschlingt sie alles, was in ihre Nähe kommt.

Der dramatische Augenblick, den die antiken Meister für ihre Darstellung wählten. Drohend ist das riesige junge Weib neben dem Heck des Bootes zu sehen. Über ihrem Kopf hält sie in der linken Hand triumphierend das aus der Halterung gerissene Backbordsteuer. Mehrere der Gefährten des Odysseus hat sie bereits über Bord geworfen, man sieht, wie die aus ihrem Unterleib wie Kraken herauswachsenden Hunde sie zerfleischen. Mit ihrer rechten Hand packt Skylla gerade den letzten Gefährten von Odysseus am Haarschopf, um ihn wie die anderen ins Meer zu schleudern und zu vernichten. Odysseus steht als einziger noch aufrecht auf dem Schiff. Er hat seine Freunde verloren, sein Boot ist steuerlos. Er sieht die tödliche Gefahr, sein Blick ist zu Skylla am Bug des Bootes gewandt. Aber das Heck des Schiffes, dort, wo der Mastbaum ist und die Ruderer saßen, ist schon in rasender Fahrt an dem Ungeheuer vorbeigeglitten. Odysseus wird die Passage zwischen Skylla und Charybdis lebend überstehen.

1996 wurde diese Gruppe erstmals in einer großen Odysseus-Ausstellung in Rom gezeigt. Die zweite, die Polyphem-Gruppe, ist erst in diesem Jahr fertig geworden.

Sie erzählt von der Gefangenschaft des Odysseus in der Höhle des einäugigen Kyklopen. Mehrere seiner Gefährten hat Polyphem bereits verschlungen. Der Grieche kann sich gegen die körperliche Übermacht des Riesen nur mit seinem Intellekt zur Wehr setzen. Um freizukommen, muß er ihn überlisten. Er beschließt, ihn mit Wein trunken zu machen, ihn dann mit einem in der Höhle herumliegenden Ölbaumstamm, den er anzuspitzen und im Feuer zu glühen befiehlt, zu blenden.

Das Kunstwerk zeigt den Augenblick, da der Einäugige in seiner Trunkenheit eingeschlafen ist. Entspannt liegt die riesige Gestalt da, das Weingefäß ist ihm aus der Hand geglitten, der Arm hängt schlaff herab, der Kopf ist zurückgesunken. Zwei von Odysseus' Gefährten tragen unter Aufbietung aller Kräfte den angespitzten Pfahl heran. Ein dritter, den Weinschlauch noch in der Hand, sieht besorgt nach Polyphem, ob sein Schlaf auch keine Täuschung sei. Odysseus selbst ist dabei, die Tat auszuführen, das heißt, die Spitze des von den Gefährten gehaltenen, im Feuer geglühten Ölbaumstammes in das Auge des Kyklopen zu lenken.

Rückkehr aus der antiken in die gegenwärtige Welt. Ich esse in der Torre di Truglia zu Abend. Eine junge Frau bedient heute. Antonio ist in der Küche. Als es leerer wird, setzt er sich zu mir. Fragt nach dem Tag. Wird lebhaft. Erzählt. Bis 1957 habe nur eine Stichstraße von Fondi aus nach hier geführt, der Verkehr sei von Terracina nach Fondi und durch die Berge von Itri nach Formia gegangen, verkehrsmäßig habe der Ort im toten Winkel gelegen, obgleich einst die Via Flacca, die alte römische Straße, hier entlanggegangen sei. Allerdings nur als ein durch Saumtiere und Sänftenträger begehbarer Weg. Mit dem Beschluß 1957, die Küstenstraße von Terracina nach Gaeta über Sperlonga zu führen, sei man wieder dem Lauf der römischen Via Flacca gefolgt und habe das Fischerdorf an die Hauptverkehrsstraße Rom – Neapel angebunden.

Und da sei dieser mit dem Bau der neuen Straße beauftragte Enrico Ballante aufgetaucht. Von der Verwaltung der Altertümer in Rom habe er die Erlaubnis zu Versuchsgrabungen bekommen. Ein Straßenbaumeister, einfach so, frage ich. Ja, dieser Enrico Ballante sei zwar ein archäologischer Autodidakt gewesen, aber eine Vermessungstechnik stand ihm zu Gebote, von der die Archäologen nur träumen konnten. Daher wohl die Genehmigung. Und wußte man um die Schätze hier? Selbstverständlich. Schon als Kind habe er von seinem Großvater von einem halb aus der Verschüttung aufragenden Oberkörper der Skylla gehört; ein Mann namens Pacifico di Tucci habe 1880 davon berichtet, 1898 seien ein Kopf und eine Hand einer großen Figur gefunden worden. Und 1956 habe die Verwaltung der Altertümer in Rom Bauaufnahmen der Tiberius-Villa und der Grotte in Auftrag gegeben.

Dann, so Antonio, kam die Sensation. Innerhalb von vierzehn Tagen, in der Zeit vom 11. bis 25. September 1957, fand dieser Straßenbaumeister mehr Skulpturen als je ein anderer Archäologe im 20. Jahrhundert. Halb Rom sei herbeigeeilt. Aber die größte Überraschung sei gewesen: Auf einem der 2000 Jahre alten Steinfragmente habe man die Signatur der drei aus Rhodos stammenden Meister Hagesandros, Athanadoros und Polydoros gefunden. Und diese Bildhauer seien, nach dem Zeugnis von Plinius, diejenigen, die die Laokoon-Gruppe in Marmor gehauen haben. Die Laokoon-Notiz habe den Namen Sperlonga in die Weltöffentlichkeit getragen.

Dann hätten die mit Marmorteilen beladenen Wagen zur Abfahrt nach Rom bereitgestanden. Antonio lacht, schlägt sich an die Brust. Aber die Fischer aus Sperlonga und die Bauern aus der Umgebung hätten Gräben ausgehoben und Wälle gebaut, um den Abtransport zu verhindern. Auch er habe seinen Teil dazu beigetragen, als junger Kerl sei er unter denen mit Schaufel und Spaten gewesen. Sie hätten erreicht, daß die antiken Grabungsstücke vor Ort, in Sperlonga, bleiben. 1963 sei dann das Museum eröffnet worden.

19. September
In der Nacht ein heftiges Gewitter. Der Horizont von Blitzen durchzuckt, Himmel und Meer für Sekunden in ein grelles Licht getaucht; ein Dunkelgrün, fast Schwarz, das man von El Grecos Gemälden kennt.

Am Morgen Sonne. Mein letzter Tag. Nochmals die Zeitreise zurück in die hellenistische Welt. Über drei Stunden halte ich mich im Museum auf.

Am Abend steigen Leuchtraketen in die Luft, Böllerschüsse sind zu hören, ein großes Feuerwerk. Es überrascht mich auf dem Rückweg von meinem letzten Gang durch Sperlonga. Als ich am Hotel anlange, finde ich den Strand mit einem Seil abgetrennt. Die Jugoslawin steht mit dem jungen Ehepaar unmittelbar an der Absperrung, ich hätte etwas versäumt, rufen sie mir zu, und der über und über tätowierte junge Mann, sein schlafendes Söhnchen auf dem Arm, weist auf die vielen Eisenstangen, die im Sand stecken, darauf sei ein phantastischer Wasserfall aus Feuer niedergegangen, sagt er.

20. September
Im Zug zurück nach Rom. Gegen 21 Uhr in der Casa di Goethe. Jemand hat in meinem Zimmer ferngesehen. Meine Arbeitsmaterialien und Bücher auf dem Schreibtisch sind verrückt. Ein unangenehmes Gefühl.

Das Kindeskind spricht sein erstes Wort. Du versäumst viel, sagt der Sohn am Telefon.

21. September
Das Programm zu Unselds Geburtstagsfeier in Venedig ist gekommen. Jorge Semprún und Jürgen Becker werden dasein, Amos Oz, Louis Begley, Peter Bichsel, Tankred Dorst, Durs Grünbein, Jürgen Habermas, Adolf Muschg und Cees Nooteboom. Von Hand hat Siegfried Unseld unter seinen Einladungsbrief geschrieben: *Christiane und Goethe bleibt weiterhin auf Platz 1. Ein wirklich schöner Erfolg.*

22. September
Innere Unruhe. Kulturstaatsminister Naumann wird für morgen erwartet. Aus meinem Zimmer werden Lautsprecher, Radio, Fernsehapparat geholt, dreimal hintereinander erscheint Domenico. Bei der dritten Störung trage ich ihm die Kabel nach, verschließe dann die Tür von innen.

Michael Naumann wird in der Casa di Goethe eine Ausstellung der Stipendiaten eröffnen. Bisher haben drei hier gearbeitet, Mimmo Catania, Martin Zeller und ich. Meine Bücher sind in einer gläsernen Vitrine. Und angekettet liegt »Christiane und Goethe« auf einem Stuhl. An den Wänden die Arbeiten der beiden anderen Stipendiaten. Der in Berlin lebende Italiener Mimmo Catania, ein bildender Künstler. Sein irritierendes Spiel mit der 1807 entstandenen Lebendmaske Goethes, die man als Totenmaske empfindet. Er holt sie in das gegenwärtige Rom. Oder ist es das vergangene? Sein Tausch der Zeiten, wenn er ein Foto der Rückenansicht eines auf den Corso blickenden Künstlers – der er selbst ist – auf die Fenstertür mit den geschlossenen Läden projiziert und damit auf Tischbeins Aquarell »Goethe am Fenster seiner römischen Wohnung« anspielt. Ganz anders der Fotograf Martin Zeller. Seine Farbaufnahmen von urbanen römischen Durchgangsorten, von Brücken, Tunneln und Korridoren, alle in der Nacht gemacht. Stundenlange Belichtung. Die fotografierten Orte haben sich durch das künstliche Licht aufgelöst; sind als neue Räume mit faszinierenden Farbkontrasten wiedererstanden.

Mimmo Catania und Martin Zeller sind heute angekommen, wir haben viel gelacht beim Austausch unserer Stipendiaten-Erfahrungen. Am Abend wird der deutsche Botschafter Fritjof von Nordenskjöld Staatsminister Naumann zu Ehren ein Konzert in den Räumen der Botschaft geben.

22. September. Mitternacht

Das Konzert. Wir drei Stipendiaten saßen in der letzten Reihe. In der DDR mußte man die Funktionäre hofieren, jetzt – ich beobachte es – sind es die Geldgeber, die Sponsoren, die umspielt werden. Wie auf einem Schachbrett bewegen sich die Figuren. Die Leiterin der Casa di Goethe vertritt ihre Sache zielsicher und mit großem Charme.

Der Botschafter hat außer seinem Namen nichts Nordisches. Er spricht lange mit einem schwerleibigen, ganz in Schwarz gekleideten kahlköpfigen Mann. Sein auffällig blasses, leicht gedunsenes Gesicht. Es kommt mir bekannt vor. Wer ist er?

Wer? Und plötzlich holt das Gedächtnis ein Bild aus der Tiefe. Dieser Mann, dreißig Jahre jünger, bei einer Probe zu der Oper »Der junge Lord«, zusammen mit Ingeborg Bachmann. Es ist der Komponist Hans Werner Henze. Vor meinen Augen erscheint die Insel Ischia im Süden Italiens, wo Henze 1953 lebte. Ich sehe ihn mit der Bachmann auf dem Flachdach des Sarazenenhauses, das er von einer Bauernfamilie gemietet hat. Es ist der 9. August. Der Tag der Ankunft von Ingeborg Bachmann auf Ischia. An diesem Abend findet, so hat Henze sich erinnert, eine *Schiffsprozession auf dem Golf von Forio* statt, *alles war voller gelben, goldenen und roten Fackelscheins. Und drüben in Forio brach eines von den napolitanischen Feuerwerken los.* Auf dem Dach des Hauses sitzend, in den Bäumen der Gesang der Zikaden, verfolgen die beiden das Geschehen; an diesem ersten Abend sei, so Henze, der Satz von Ingeborg Bachmann gefallen: *Einmal muß das Fest ja doch kommen!*

Der Beginn der Freundschaft. *Ein wunderbares schönes reines Leben, wo Eros und Intellekt ... zusammengehen,* hat Hans Werner Henze die Zeit mit Ingeborg Bachmann genannt.

Sie bleibt auf Ischia. Mietet ganz in Henzes Nähe ein kleines Haus, die Casa Elvira Castaldi in San Francesco bei Forio mit dem Blick zum schönen Monte Epomeo. Als der Freund ein Jahr später nach Neapel umzieht, besucht sie ihn in seinem Haus auf dem Vomero Alto unterhalb des Klosters Camaldoli. Den Winter

1954/55, einen der kältesten Winter des 20. Jahrhunderts, verbringt sie in Neapel. Nach Henzes nochmaligem Umzug lebt sie von Februar bis August 1956 in seiner Wohnung in der Villa Rotonda an der Piazzetta Nunziatella in Neapel.

Der frühen *Zeit* in Italien verdanke sie *überhaupt alles*, heißt es in einem Brief vom Juli 1953. *In den ersten Jahren* habe sie in Italien das *Vertrauen* in ihre *fünf Sinne* gelernt, sei getragen gewesen *vom Enthusiasmus für dieses neue Leben, für Schauen und Offenheit*.

Rückblickend spricht Hans Werner Henze in einem Interview von 1986 davon, daß Ingeborg Bachmann und er sich damals *in Neapel* entschlossen hätten, *zusammenzuleben, sozusagen eine Familie zu gründen*. Wäre diese Lebensgemeinschaft nicht nur für Henze gesellschaftlich ein Schutz gewesen, sondern auch, wenngleich gewiß fragil, ein geschützter Raum für sie? Die Vision einer auf Freundschaft basierenden Lebens- und Arbeitspartnerschaft.

Hätte ihr Weg durch die Höllenkreise des ersten, zweiten und dritten Mannes einen anderen Verlauf genommen als die unausweichliche *Krankheit zum Tode*? Wären ihre nie verwundenen, tiefen Verletzungen nach der Trennung von Max Frisch, ihr physischer und psychischer Zusammenbruch und – vermutlich – in deren Folge die jahrelangen Schreibkrisen aufzufangen gewesen?

Ihre gegenseitige künstlerische Befruchtung. Ingeborg Bachmanns Gleichgültigkeit gegenüber der Oper schlägt durch die Begegnung mit dem Komponisten *in ein besessenes Interesse für diese Kunstform* um. Sie schreibt Libretti für ihn, unter anderem für die von Visconti angeregte Oper nach Kleists »Prinz von Homburg«. Und für den »Jungen Lord«. Hans Werner Henze vertont Gedichte von ihr, bereits 1957 kommen die »Nachtstücke und Arien« beim Donaueschinger Musikfestival zur Uraufführung. Er schreibt die Musik zu ihrem Hörspiel »Die Zikaden«. Später komponiert er »Die Lieder von einer Insel«. Ein gegenseitiges Geben und Nehmen der beiden fast Gleichaltrigen; ein produktives Miteinander ohne ein In-Besitz-Nehmen.

Ich sehe die beiden in der Mailänder Scala bei der Generalprobe von Luchino Viscontis »Traviata«- Inszenierung mit Maria Callas in der Titelrolle. Es ist der Januar 1956. Sehe sie im Oktober 1958 in London in Covent Garden bei der Uraufführung von Henzes Ballett »Undine«. Sie hat sich, so Henze, *in ein Meermädchen verwandelt ..., Gewand und Haartracht waren mit Schmuck und Meertang durchflochten und durchflutet.* Sehe sie in Berlin zur Premiere der Oper »König Hirsch«. Und, 1965, ebenfalls in Berlin, bei den Proben zum »Jungen Lord«.

Als *rettende Tätigkeit* bezeichnet Henze ihre gemeinsame Arbeit an diesem Werk. *Es war unser beider Versuch, über Erlittenes zu lachen.*

Mein Blick in das blasse Gesicht. Dreiundsiebzig Jahre muß Hans Werner Henze jetzt sein. Inzwischen lebt er seit über fünfunddreißig Jahren mit seinem Gefährten Fausto Moroni zusammen, den er 1964 in der Villa Borgognona in Rom kennengelernt hat. Er wohnt nicht mehr in Neapel, sondern seit langem südöstlich von Rom in den Albaner Bergen, inmitten der *castelli romani*. Noch heute abend, denke ich, wird er in die Stille seines Anwesens »La Leprara« mit den weitläufigen Gärten, den Olivenhainen und Weinbergen zurückkehren; in der Nähe liegt der Ort Nemi und der Lago di Nemi, ein See in einem erloschenen Krater, an dessen Ufer in antiken Zeiten das Sanktuarium der Göttin Diana war.

Seit Ingeborg Bachmanns schrecklichem Feuertod in Rom ist ein Vierteljahrhundert vergangen. *Manchmal sehe ich dich / Noch unversehrt,* schreibt Marie Luise Kaschnitz in ihrem der Dichterin gewidmeten Gedicht »Via Bocca di Leone«. Ich versuche, mir Ingeborg Bachmann – auch sie wäre jetzt dreiundsiebzig – vorzustellen, versuche, sie neben Hans Werner Henze zu sehen; vergeblich, weder das eine noch das andere gelingt mir.

Die Kunst nicht ausschließlich als *Zwang, Strafe, Obsession*, wie Ingeborg Bachmann es in ihren letzten Lebensjahren verzweifelnd schreibt, sondern als *rettende Tätigkeit*, wie es Hans Werner Henze für sie beide formuliert.

Hat es für sie jemals eine Alternative gegeben? Eine Chance für jenes *herrliche Buch auf Erden*, das den Titel »Exsultate Jubilate« tragen sollte? Wenige Monate vor ihrem Tod, im Juni 1973, wurde sie in einem Interview nach ihrem Verhältnis zur Welt befragt. Rigoros verwarf sie die bestehende Gesellschaft; sie *glaube nicht an diesen Materialismus, diese Konsumgesellschaft* ... Sie faßte ihre Utopie in den Satz: *Ich glaube wirklich an etwas, und das nenne ich ›ein Tag wird kommen‹*. Korrespondiert das nicht mit jenem *Einmal muß das Fest ja doch kommen*, der Zeile, die Hans Werner Henze am ersten Tag mit Ingeborg Bachmann auf Ischia gehört haben will und die später in ihrem Lyrikzyklus »Lieder von einer Insel« wiederkehrte und das Gedicht aufleuchten ließ. Schließt sich hier ein Kreis?

23. September
Erwacht mit der Zeile: *Eine Tür fällt zu im Wind, und eine Straße läuft vom Himmel übers Meer zur Erde zurück.*

Heute die Ausstellungseröffnung. Die schwarze Limousine des Kulturstaatsministers ist längst gesichtet worden, aber von ihm keine Spur. Zu Fuß erscheint Michael Naumann. In dem berühmten Hut-Laden in der Via del Babuino hat er sich einen Borsalino gekauft. Mit einer Dreiviertelstunde Verspätung eröffnet er die Ausstellung. Achtzehn Auflagen in so kurzer Zeit, sagt er in bezug auf »Christiane und Goethe«, davon könne ein Verleger nur träumen. Danach ein Empfang; die völlig überfüllten Räume der Casa di Goethe. Gedränge. Fragen, Meinungen. Die Goethe-Kenner, die genau wissen, wie es gewesen ist, vorgeblich sich in Goethes Sexualität auszukennen meinen. Meine zuweilen nicht sehr diplomatischen Reaktionen darauf.

Dann noch im kleinen Kreis ein Abendessen. Herr Witte, der Vorsitzende des AsKI, des Trägervereins der Casa di Goethe, lädt die Geldgeber, den Daimler-Chrysler-Konzern, die Jury, den Germanisten Prof. Mario Freschi, den Komponisten Prof. Luca Lombardi und uns drei Stipendiaten ein. Michael Naumann ist mit seiner Gefährtin bereits ins Hotel gefahren.

Neben mir sitzt eine hübsche junge Frau, sie vertritt Daimler-Chrysler und erzählt begeistert von ihrer Kulturarbeit und den Vorteilen des Zusammenschlusses mit dem amerikanischen Partner. Mir gegenüber Luca Lombardi. Um ein Gespräch anzuknüpfen, erzähle ich vom gestrigen Abend, von der Begegnung mit Hans Werner Henze. An der momentanen Veränderung seines Gesichtsausdrucks sehe ich, es war ein Fehler. Ein alter Mann mit Glatze, nichts weiter, sagt er fast wegwerfend. Schweigt. Ich könnte mich auf die Zunge beißen; ich weiß doch von meinen Freunden der komponierenden Zunft von den Animositäten der einzelnen Schulen zueinander; vermutlich gehört Lombardi zu den seriellen Komponisten, die alle anderen als romantische Neutöner abstempeln. Diese Intoleranz. Vielleicht muß sie sein. Oder ist hier ein persönliches Zerwürfnis im Hintergrund? Oder Neid?

Lombardis Miene hellt sich überraschend schnell wieder auf, und ehe ich nach der Schrecksekunde in meinen Überlegungen, wie das Gespräch erneut in Gang zu bringen sei, zu einem Schluß komme, beginnt er von seinen Erfahrungen in der DDR zu erzählen. Er war Meisterschüler von Paul Dessau, war oft in seinem Haus in Zeuthen bei Berlin zu Gast. Ein Freund von mir lebe auf dem Nachbargrundstück, sage ich, und er kennt ihn natürlich, den Komponisten Paul-Heinz Dittrich. Er fragt nach Dessaus Frau Ruth Berghaus, ob sie immer noch die begeisterte Schwimmerin sei. Wir lachen, denn auch ich habe sie – der Garten liegt am vielbefahrenen Wasserarm der Dahme – ins Wasser springen sehen, bei Temperaturen, bei denen niemand sonst mehr badet. Wir tauschen uns über weitere gemeinsame Bekannte aus, über die Sängerin Roswitha Trexler, über Georg Katzer und Frank Schneider. Als wir uns verabschieden, versichert er mir, wenn er in Berlin sei, werde er mich besuchen.

Spät ins Bett. Noch drei Tage bis Venedig.

24. September
In ganz Rom besteht heute Fahrverbot für Autos. Ich schlendere die Via Bocca di Leone entlang, biege in die Via Tomacelli ein, von der Piazza del Porto di Ripetta aus laufe ich ein Stück den Lungotevere Marzio entlang. Keine Abgaswolken, schon nach den wenigen Stunden eine deutlich andere Luft und eine vergleichsweise himmlische Ruhe. Die veränderte Geräuschkulisse, nicht das übliche Hupkonzert; erstmals erlebe ich in Rom den heiteren Lärm spielender Kinder, höre das Absatzklappern der Frauen, die Stimmen der Vorübergehenden, die Rufe der Straßenhändler.

Ich verliere mich in kleinen Gassen. Suche ein Geschenk für Siegfried Unseld. Und ein besonderes Papier, in das ich den aus den Bergen Lapplands für ihn mitgebrachten Stein wickeln kann. Finde beides, gehe zufrieden zurück.

Auf dem Heimweg Schmerzen im Bein, irgend etwas habe ich mir verzogen. Die Schmerzen werden heftiger, lokalisieren sich im Knie. Am Abend ist das Bein völlig angeschwollen, ich kann nicht mehr laufen, keinen Schritt ohne heftige Schmerzen gehen.

In der Casa ist niemand mehr.

Kühle das Bein und lege es hoch, sagt Bettina am Telefon. Morgen früh sehen wir weiter.

25. September
Die Schmerzen sind heftiger, die Schwellung ist nicht zurückgegangen.

Keine zwei Tage mehr bis Venedig.

Ich rufe Bettina erneut an. Sie habe sich noch gestern bei einem befreundeten Arzt nach einem Spezialisten erkundigt, sagt sie. Dieser habe heute Dienst in der Notaufnahme eines Krankenhauses, das in ihrer Nähe sei. Sie hole mich ab. Ich weiß, wie unabkömmlich sie in ihrer Buchhandlung ist, bin ihr dankbar.

Endlos langes Warten in der Klinik. Dann ein junger deutscher Arzt, er erzählt von den großen Vorteilen, im Ausland zu arbeiten. Wieder Warten. Nach der Röntgenaufnahme beruhigt er mich. Nichts Schlimmes, ein kleiner Riß. Verkühlt in der Nacht durch den Luftzug der Klimaanlage, vermutet er. Zwei Spritzen, starke Medikamente für die nächsten Tage. Schnell werde es nicht gehen, aber ich könne nach Venedig reisen, mit Zähne zusammenbeißen und etwas Humpeln könne ich gut vorwärts kommen.

26. September
Mehrmals in der Nacht umgezogen. Klitschnaß erwacht. Vermutlich die Tabletten.

Im Sekretariat erfahre ich: Die Eisenbahner streiken. Frau Crea versucht es mit einem Flug nach Venedig. Alles ausgebucht. Ich, die den kürzesten Weg hat (Semprún kommt aus Paris, Amos Oz aus Jerusalem, Begley aus New York), komme nicht nur humpelnd in Venedig an, sondern verspätet oder gar nicht.

Am Abend die Auskunft, daß einige von den internationalen Zügen fahren. Also versuchen, heißt es im Sekretariat, und so früh wie möglich am Roma Termini sein. Und die Ellbogen gebrauchen!

27. September
Chaos am Bahnhof. Aber ich habe es geschafft, in den Zug zu kommen, habe sogar einen Sitzplatz.

Firenze, Bologna, Ferrara, Rovigo, Padova. Ankunft in Venezia Mestre, dann Venezia Stazione Santa Lucia. Am Bahnhof steige ich in ein Vaporetto um. Es ist hoffnungslos überfüllt, aber ich stehe außen am Gitter.

Der Blick vom Canal Grande auf die Pracht vergangener Zeiten, die alten Palazzi, eine zerschlissene Theaterkulisse. Ich erinnere mich, wie ich 1987 während der drei Italienwochen von Módena aus für eineinhalb Tage in Venedig war. Meine Verstörung, die Stadt schien mir ein bei lebendigem Leibe verfaulender Leichnam. Das schmutzige Wasser, sein Modergeruch. Ich konnte dem Charme des Verfalls nichts abgewinnen. Hatte ich ein Klischee-Venedig der Gondeln und Gondolieri, der goldglänzenden, marmorverkleideten Fassaden im

Kopf? Oder war es die Verunsicherung damals, das Erlebnis des einzigen Abends, als ich mein abgelegenes Quartier nur mühsam wiederfand? Ich hatte mir an den Auslagen in den Schaufenstern der kleinen Geschäfte und Handwerksbetriebe eingeprägt, wo ich nach links oder rechts gehen mußte. Als ich aber zurückkehrte, war diese Orientierungsmöglichkeit hinfällig; überall waren schwere Metallrollos herabgelassen, starrten mich in ihrer schmutziggrauen Gleichförmigkeit an. Vielleicht aber war es auch die unangenehme Erfahrung, mehrfach von fremden Männern angesprochen, von einem sogar bis zu meiner Absteige verfolgt worden zu sein.

Die Schiffsglocke ertönt. Die Station San Marco wird ausgerufen. Ich muß mich links halten, über eine kleine Brücke gehen, es sind nur wenige Minuten zum Hotel. Von weitem sehe ich, wie der Portier einem livrierten Hoteldiener winkt, er eilt mir entgegen, nimmt meinen Rucksack ab, trägt ihn mit hoheitsvoller Miene, als sei er ein wertvoller Lederkoffer. Ein anderer Livrierter dann begleitet mich von der Rezeption zum Fahrstuhl, dann über dicke Teppiche zu meinem Zimmer. Er schließt auf, geht voraus, öffnet die Vorhänge vor dem Fenster, geht zurück zur Tür, verbeugt sich filmreif und läßt mich allein.

Der Raum ist riesig, fast ein Tanzsaal. Ich öffne einen der hohen Fensterflügel – mir stockt der Atem –, der Canal Grande liegt vor mir. Ich denke an das zwielichtige Hotel 1987 in einer der engen Gassen, mein winziges Zimmer, der Blick in einen dunklen Schacht, der darin aufsteigende Küchendunst.

Direkt mir gegenüber die Kirche Santa Maria della Salute mit ihrer mächtigen barocken Kuppel. Ihr Weiß ist von einem herbstkräftigen Septemberlicht in das Lila der Malvenfarbe getaucht. Etwas weiter links die Türme von San Giorgio Maggiore. Auch sie in diesem malvenfarbenen Licht.

Ich öffne den zweiten Fensterflügel. Ein Balkönchen lädt zum Sitzen ein. Vor mir die in der Sonne glitzernde Wasserfläche, belebt mit Booten voller Touristen; Lachen, Geschrei. Tuckernde Dieselmotoren, kleine und große Kähne, beladen mit Hölzern, Steinen, manche hochaufgetürmt mit Kisten, ein Kreuz und Quer, geschäftiges Hin und Her. Dazwischen die schwarzen Gondeln mit den traditionell am Bug hochgereckten Schnäbeln, hinten die auf einer rutschfesten Plattform, meist einem fußgroßen Teppich stehenden Gondolieri, die mit der in einer Halterung befindlichen langen Stange ihre Gondeln fortbewegen.

Die gelben Strohhüte der Gondolieri, die daran flatternden roten Bänder. Mit einemmal ist auch das heitere Venedig von 1987 wieder vor mir. Die Füße erinnern sich an den von den vielen Überschwemmungen gewellten Boden in der gewaltigen Kathedrale San Marco, die Augen an den Blick von einem Campanile – welcher war es? – auf den langgestreckten Lido, auf dem Goethe den Schafsschädel fand. Die Erinnerung bringt die Fahrten zu den Glasbläsern der Insel Murano und den Weißnäherinnen auf der Insel Burano zurück; vor allen Häusern auf Burano flatterten auf Wäscheleinen verführerisch Tischdecken, Servietten, Strandanzüge aus feinem oder grobem weißem Leinen, alle handgearbeitet, zum Teil mit weißen Stickereien. (Mein ganzes Geld gab ich damals dafür aus.)

Dic vorübergleitenden Gondeln. In den meisten, sehe ich, sitzen Paare; die Männer haben ihren Arm um die Schultern ihrer Liebsten gelegt. Und immer in der gleichen Höhe setzt schmetternd das *O sole mio* ... der Gondolieri ein. Zu Goethes Zeiten sangen sie noch Verse von *Tasso* und *Ariost auf ihre eigene Melodie.* Goethe notiert: *Auf heute Abend hatte ich mir den famosen Gesang der Schiffer bestellt* und erinnert sich in Venedig an seinen vor vier Jahren verstorbenen *guten Vater, der nichts besseres wußte, als von diesen Dingen zu erzählen.* Bis zum Dunkelwerden könnte ich reglos hier sitzen, dem Treiben zusehen, die Veränderung von Lauten, Formen und Farben wahrnehmen.

Ich blicke auf die Uhr. Ich muß mich beeilen. Mein Kleid liegt schon, vom Zimmermädchen frisch gebügelt, auf dem Bett. Ich dusche, ziehe mich um. Prüfe mein Laufen vor dem großen Spiegel. Es geht, trotz Schmerzen, ganz gut. Dann aber sehe ich in mein Gesicht, es ist verkrampft, verbissen, fast häßlich. Ich muß lachen. Ich übe das Entspannen der Gesichtszüge; lieber etwas mehr humpeln, denke ich.

Der Treffpunkt ist in der Calle Vallaresso bei San Marco in »Harrys Bar«. Im Hotelfoyer Günter Berg. Einst habe Ernest Hemingway dort verkehrt, erzählt er mir auf dem Weg. Siegfried Unseld strahlend, im weißen Hemd, Schweißperlen auf der Stirn. Er macht mich mit Amos Oz und dessen Frau Nili bekannt. Die natürliche Art der beiden, sofort Sympathie, wir sprechen über die Reise, über Alltagsdinge. Dann Louis Begley und seine Frau Anka Muhlstein, Jürgen Becker und Rango Bohne. Ich nehme wahr, alle Schriftsteller sind mit ihren Frauen gekommen. Nur Peter Bichsel und ich sind ohne Partner da.

Später warten wir am Steg. Ein Boot legt an und bringt uns zum Ort der Feier. Louis Begley erzählt mir, die Lagunenstadt sei nach New York seine zweite Heimat, immer wieder lebe er für Monate hier, er deutet auf die zu beiden Seiten des Canal Grande vorbeiziehenden Paläste, spricht von deren Geschichte.

Am linken Ufer, unweit der Rialto-Brücke, legt unser Boot an: der Palazzo Pisani. Eine breite würdevolle Treppe, die man nicht gehen, sondern hinaufschreiten muß. Schwierig für mich! Oben ein prunkvoller barocker Saal, alte Wandgemälde, Kronleuchter, die tausend flackernden Kerzen gleichen. In der Mitte eine festlich geschmückte Tafel. Ein Lautenspieler. In kleinen Gruppen stehen wir in Gesprächen.

Dann bittet der Verleger zu Tisch. Ich werde bis an die Haarwurzel rot, ich sitze Siegfried Unseld zur Linken. Uns gegenüber Unselds Frau Ulla Berkéwicz zwischen Jürgen Habermas und Amos Oz. Die befrackten, lautlos agierenden Kellner. Leises Klirren von Gläsern. Gemurmel von Stimmen. Siegfried Unselds feste Gewohnheit, sich um Mitternacht zurückzuziehen (ich habe es mehrfach in seinem Haus in der Klettenbergstraße in Frankfurt am Main und auch bei offiziellen Empfängen erlebt), ist für diese Nacht außer Kraft gesetzt. Das Erheben der Gläser auf sein Wohl um Mitternacht. Amos Oz, auf seiner Serviette hat er sich Notizen gemacht, hält die Rede. Burgel Zeeh überreicht ihm ein druckfrisches Buch: Grußworte befreundeter Verleger aus vielen europäischen Ländern. Weitere Ansprachen. Unselds Freude über alles, sein Dank.

Dann wieder das Lautenspiel. Und ein alter Schauspieler aus Hamburg deklamiert im Kostüm der Pulcinella aus der Commedia dell'Arte Verse auf italienisch. Ein heiteres, gelöstes Fest. Ulla Berkéwicz hat sich dies alles aufs schönste ausgedacht, Burgel Zeeh hat es wie immer perfekt organisiert.

Rückfahrt. Erstmals erlebe ich den Canal Grande bei Nacht. Alles erscheint mir wie ein Traum.

28. September
Am Morgen ein Konzert zu Ehren von Siegfried Unseld. Danach zu Fuß an die Anlegestelle, an der wir in kleinen Gruppen wartend stehen. Ich höre, wie jemand von Unselds Sturz von der Treppe und seinem Armbruch an seinem fünfundsechzigsten Geburtstag hier in Venedig erzählt. Erinnere mich, unsere Begegnung auf der Messe in den dramatischen Herbsttagen 1989, da trug er den Arm noch verbunden, hatte Schmerzen.

Zehn Jahre sind vergangen. Die DDR stürzte in den Abgrund, wir fanden uns in einem neuen Staat, die Veränderung fast aller Alltagskoordinaten. Für meine Söhne und mich verging dieses Jahrzehnt wie im Fluge. Freiheit: Beglückung und Verstörung. Dieser andere Staat war auch kein *Gewand*, das sich *an den Leib des Volkes schmiegt*, wie Georg Büchner ihn sich erträumte. Aber: das heitere Überschreiten der Landesgrenzen dem hohen Norden zu. Das Ringen der Söhne um ihr berufliches Fortkommen. Und für mich, nun seit fast zwölf Jahren, die Heimstatt eines Verlages, keineswegs eine Selbstverständlichkeit in dieser wirbelnden Zeit. Ein Verlag, der, in Ost und West geteilt, nun die Orte wieder vereint: Insel Verlag Frankfurt am Main und Leipzig steht in seinem Signet. Die schöne Sicherheit, die freundschaftliche Nähe, die mein Verleger mir bietet.

Ist wirklich ein Jahrzehnt vergangen? Ich denke ein Dezennium weiter, da wird mein jetzt fünf Monate altes Kindeskind ein Schuljunge von zehn Jahren sein, meine Söhne werden vierzig und vierundvierzig, und ich werde fast siebzig sein. Es ist mir nicht vorstellbar. Ich blicke auf Siegfried Unseld, sehe ihn im Herbst 1989 vor mir, suche Spuren des gelebten Lebens, der Jahre an ihm wahrzunehmen, Anzeichen von Altern oder Erschöpfung. Ich kann nichts entdecken, er scheint mir unverändert vital.

Worin besteht sein Geheimnis? In der enormen Arbeitsdisziplin, in der Anteilnahme? Er steht unweit von mir, spricht mit dem sichtlich erregten Habermas; in der heutigen »Frankfurter Allgemeinen Zeitung« ist ein heftiger Angriff von Peter Sloterdijk auf Habermas erschienen. Sie beraten offensichtlich eine Gegenstrategie. Auch Sloterdijk ist Unselds Autor. Ein Balanceakt, wie schafft er es, so unterschiedliche Autoren wie die beiden oder einst Uwe Johnson, Thomas Bernhard, Wolfgang Koeppen und jetzt Martin Walser an sich zu binden? Mehr noch, mit ihnen befreundet zu sein? Sein großes Bedauern gestern über die Absage Peter Handkes, dessen Begründung: Er wolle durch seine in die Kritik geratene Haltung zu Serbien das Fest nicht stören.

Unselds schwere gedrungene Gestalt. Ich erinnere mich an meine letzte Begegnung mit ihm. Vor wenigen Monaten war es, gegen Ende meiner Lesereise, am 25. April. Wir trafen uns in der Frankfurter Innenstadt. Er in hellem, offenem Mantel. Ich dagegen lächerlich eingepackt. Wir schlenderten die Freßgasse entlang, aßen bei seinem Italiener, in der rosa Nische, die stets ihm vorbehalten ist. Ulla sei in Hanau bei ihren Eltern, erzählte er, ihr Buch sei fertig, sie sei in einer angespannten Situation (wie ich das verstand), zudem stehe die Premiere ihres Stückes »Golem in Bayreuth« in der Regie von Einar Schleef in München bevor. Unser Streit wegen des *a* in Christiana war längst beigelegt. Wir sprachen über Rikya Nishijama, unseren gemeinsamen Übersetzer ins Japanische. Mein Verleger erzählte mir von seinem Aufenthalt bei Peter Handke in Chaville bei Paris, von Handkes rührender Fürsorge, als er eine Fischvergiftung hatte. Und von seinem Vorhaben, Louis Begley in Venedig zu besuchen, von dort aus flöge er nach Berlin zu Volker Brauns 60. Geburtstag. (Ich entsinne mich an Volkers Feier am 8. Mai im Prenzlauer Berg. Siegfried Unseld kam nicht. Wegen der kriegerischen Operationen der NATO im Luftbereich über Serbien waren alle Flugverbindungen von und nach Italien gestört, alle Maschinen hatten unannehmbare Verspätungen. Volkers berührende Rede über seine Mutter, wie sie nach dem Krieg ihn und seine drei Brüder allein großgezogen hatte. Und ich erinnere mich daran, daß ein Foto auf den Stufen des

Restaurants »Gugelhof« gemacht werden sollte. Wolfgang Thierse stand neben Volker Braun. Vorübergehende junge Leute erkannten den Regierungsrepräsentanten, blieben stehen, riefen laut und wiederholt, schließlich im Chor: Kriegstreiber.)

Bei jenem Essen in Frankfurt, entsinne ich mich, fragte ich Siegfried Unseld, was er im Rückblick für seine größte Stärke hält. *Nicht aufgeben. Niemals aufgeben, immer weitermachen,* antwortete er.

Sein Geheimnis, scheint mir, ist – um es mit einem altmodischen Wort zu sagen – seine unbedingte Treue seinen Autoren gegenüber. Man könnte es auch Ergebenheit nennen. Er dient ihnen. Hat – selbst Autor – einen tiefen Respekt vor dem Schöpferischen und den damit verbundenen Eigenwilligkeiten und Eigenarten jedes Schreibenden.

Er löst sich von Habermas. Geht umher. Sein Geburtstag ist ihm Anlaß, seine Autoren, die sich mitunter nur aus Büchern oder Verlagsvorschauen kennen, persönlich zu verbinden, Freundschaften zu stiften; es ist die Vision einer großen Familie, die er zu haben scheint. Er vergißt keinen. Seine Fürsorglichkeit für mich, den Neuling.

Das ankommende Boot. Es bringt uns zur Insel Torcello. Die Kirche Santa Fosca aus dem 11. Jahrhundert mit dem schönen umlaufenden Portikus aus hellen Marmorsäulen. Und das bedeutendste Bauwerk von Torcello, die Kathedrale Santa Maria Assunta. Zusammen mit Peter Bichsel bewundere ich die Mosaiken an Stirnseite und Wänden von Santa Maria Assunata, wir stehen vor dem »Jüngsten Gericht«. Als wir die Kathedrale verlassen, sind wir vom Sie zum Du übergegangen. Die Teufelsbrücke Ponte del Diavolo, eine der letzten brüstungslosen Brücken der Lagune.

Die Gruppe der Geburtstagsgäste schlendert – dirigiert von Burgel Zeeh – in Richtung Locanda Cipriani. Giuseppe Cipriani, der venezianische Gastronomiekönig; auf ihn geht die Cipriani-Küche zurück, die in Italien eine ähnliche Bedeutung wie die Nouvelle Cuisine in Frankreich hat. Inzwischen muß es der Enkel Ciprianis sein, der das Restaurant auf Torcello führt.

Es ist ein warmer Septembertag, die Sonne scheint, üppiges Grün, ein blühender Garten. Wir nehmen an runden Tischen Platz. Eine schöne Frau eilt mit lebhaften temperamentvollen Gesten auf Siegfried Unseld zu, umarmt ihn, gratuliert. Es ist Inge Feltrinelli, die italienische Verlegerin.

Als ich den Namen höre, lasse ich keinen Blick mehr von ihr. Ihre aufregende Biographie. Als junge Fotoreporterin hat sie 1953 ein Foto von Hemingway auf Kuba gemacht und ist damit berühmt geworden. Mit ihrer Rolleiflex fotografiert die Zweiundzwanzigjährige mit Selbstauslöser sich zwischen Ernest Hemingway und dem Fischer Gregorio Fuentes stehend, mit einem riesigen Fisch, einem Marlin. Da heißt sie noch Inge Schönthal. 1958 lernt sie Giangiacomo Feltrinelli kennen. In Hamburg auf einem Fest, das Heinrich Maria Ledig-Rowohlt zu Ehren des jungen italienischen Verlegers gibt, der gerade großes Aufsehen mit der Publikation von Pasternaks »Doktor Schiwago« erlangt hat. Das erste Gespräch der beiden, er sei auf dem Weg nach Schweden, erzählt er der Fotografin, um in Stockholm den schwedischen Verleger von Boris Pasternak zu treffen. Danach wolle er mit dem Zelt allein zum Nordkap. Er habe sich gerade von seiner zweiten Frau getrennt, sei in einer Krise. Der Beginn ihrer Liebe. Inge Schönthal wird Inge Feltrinelli. 1962 wird ihr Sohn Carlo geboren. 1964 reisen die beiden nach Kuba, sie wollen Fidel Castros Autobiographie veröffentlichen.

Plötzlich sehe ich mich als junge Frau in Kuba. Dezember 1964. Meine Hochzeitsreise. Ich bin im vierten Monat schwanger. Erstmals im Leben westwärts, immer westwärts, mit dem FDGB-Urlauberschiff »Völkerfreundschaft« über den Atlantischen Ozean. *Und alles umher war Meer / Und das Meer war ohne Gestade.* Elf Tage. Dann Vögel, die Land verkünden, Inseln, die Bahamas. Und das weiße Schiff läuft in die Straße von Florida ein. Die Küste der USA, die Silhouette von Miami Beach. Flugzeuge erscheinen, es sind amerikanische Militärjets. Im Tiefflug überfliegen sie die »Völkerfreundschaft«. Über eine Stunde dauert das makabre Schauspiel. Alle Passagiere sind an Deck. Wir seien das erste größere Urlauberschiff, das Kuba nach der Blockade wieder anlaufe, wird uns gesagt. (Die Kuba-Krise, ausgelöst durch die Stationierung sowjetischer Atomraketen auf der kleinen Insel, liegt zwei Jahre zurück. Als Frachtgut getarnt, waren am 15. September 1962 die ersten Raketenteile eingetroffen. Am 22. Oktober, nachdem amerikanische Spionageflugzeuge die Raketenbasen entdeckt hatten, verhängte Kennedy die vollständige Blockade. Der Abgrund eines Atomkrieges. Verhandlungen – unter Ausschluß Kubas – zwischen den Großmächten USA und UdSSR, am 28. Oktober 1962 ordnet Chruschtschow den Abzug der atomaren Raketen an.)

Im Morgengrauen dann, entsinne ich mich, warteten wir vor Havanna auf Reede. In der Ferne war in Richtung Hafeneinfahrt eine sich in Umrissen aus dem morgendlichen Nebel abhebende riesige Christusstatue zu erkennen. Der Hafen dann. Die überaus strengen Kontrollen der kubanischen Behörden. Wer nicht geimpft ist, darf nicht vom Schiff. Zwei ältere Männer trifft es. Herzklopfen. Ich bin nicht geimpft, weil ich schwanger bin. Aber ich habe in der Jenaer Universitätsklinik einen internationalen Impfausweis erhalten, in dem die Nichtimpfung mit Begründung und Stempel eingetragen ist. Gegenüber den kleinen, im Paß liegenden Blättchen der anderen macht mein Ausweis offenbar Eindruck. Ein Blick hinein, ich werde durchgewinkt. Erleichterung.

Das südliche Land, noch nie gesehene, riesige Palmen, Straßenbäume übervoll mit gelben und roten Blüten, kurze Regengüsse und nach zehn Minuten wieder postkartenblauer Himmel. Das Land der Revolution. Vollbusige Frauen, die mit Maschinenpistolen die öffentlichen Gebäude bewachen, ihre Kinder spielen neben ihnen. Es gibt nur *compañeros* und *compañeras*, die bürgerliche Anrede Herr oder Frau ist außer Kraft gesetzt. Überall strecken sich uns Hände entgegen. Neugier, Fragen, Gespräche. Wir schlendern die Uferpromenade, den Malecon, entlang. Wir essen süße Kartoffeln und schwarze Bohnen mit Fleisch. Trinken Mojito, hellen Rum mit Rohrzucker, Limettensaft und frischer Minze in Hemingways Stammbar »Bodeguita del Medio« in der Altstadt von Havanna. Und ebenfalls den von Hemingway geliebten Daiquiri in der Bar »La Floridita«. Wir ruhen uns in den kühlen Innenhöfen der Altstadt mit ihren tropischen Gewächsen aus, sehen in Santa Clara durch die Vorhänge von Holzperlen in die Wohnzimmer, wo auf jedem flimmernden Bildschirm stets Fidel Castro, der máximo líder, zu sehen ist. Gemeinsam mit der Besatzung der »Völkerfreundschaft« marschieren alle Passagiere (überwiegend Rentner, die die Fahrt als Auszeichnung erhalten haben) zum Pionierpalast in Havanna, ein Krankenwagen wird als Solidaritätsgeschenk übergeben. Stolz führt man uns in eine Brauerei, in der nun statt Coca-Cola Bier gebraut wird. Und im Zuckerrohrfeld wird uns die schwere Machete in die Hand gelegt. In Varadero schwimmen wir unter dem Beifall der Kubaner im Meer (der Dezember ist für sie kein Bademonat), lachend warnen sie uns vor Haifischen. In Havanna entzücken uns die in die Nacht strahlenden Leuchtreklamen auf den Hochhäusern; auf dem einstigen Hilton-Hotel, nun »Habana libre«, ist zu lesen, welche der Provinzen frei von Analphabetismus sei. Wir fahren zum Haus von Ernest Hemingway, eine Delegation sowjetischer Generäle und hoher Offiziere, alle ordensgeschmückt, besichtigt es. Uns bleibt der nebenstehende Turm, den sich Hemingway eigens für sein Schreiben gebaut und in dem er nie geschrieben hat. Im kahlen Rund der Wände im Erdgeschoß seine Schuhe, unzählige Paar abgerissener Schuhe; sind es die, mit denen er durch den Dschungel Afrikas gewandert, die er im Spanischen Bürgerkrieg und als Berichterstatter im Zweiten Weltkrieg getragen hat? Daneben sein Angelgerät, seine Jagdgewehre. 1960 hat Hemingway sein Haus, seine Wahlheimat Kuba verlassen. Ein Jahr später macht er seinem Leben ein Ende, schießt sich eine Kugel in den Kopf. Die Sicht aus seinem Turmzimmer übers Meer: traumhaft.

Schien mir nicht alles traumhaft, was ich da als junge Frau 1964 in Kuba sah? Die Offenheit, Heiterkeit dieser Revolution. Da war nichts Knöchernes, Altes, kein Ziegenbart, keine Fistelstimme. Einmal verirrten wir uns in dem riesigen Militärgelände in der Hafengegend. Flugzeughangars, Munitionsdepots, keinerlei Panik über unsere Anwesenheit, im Gegenteil, freundliches Begrüßen, Geleitschutz dann bis zum Tor, und mehr als einmal nach dem Blick auf die Kamera meines Gefährten eine auffordernde Handbewegung, ein Foto zu machen; das stolze Posieren der *barbudos* in ihren olivgrünen Uniformen, ihr Lachen in die Kamera hinein, und ich in meinem weißen Hochzeitskleid inmitten der bärtigen Rebellen.

Die Feltrinellis 1964 auf der Karibik-Insel. Ist es das Erlebnis Kuba, das in Giangiacomo Feltrinelli den Glauben an einen Umsturz auch in Westeuropa entflammen läßt, an eine Revolution, die er jetzt und sofort will und der er sich, der Millionärssohn, aufgewachsen im Palazzo in der Via Andegari in Mailand, nun mit Haut und Haar verschreibt.

Will er der italienische Che Guevara werden? Im Dezember 1964, entsinne ich mich, ist Ernesto Guevara nicht in Kuba. Der nach den Brüdern Castro wichtigste Mann in der Staatsführung, seit November 1959 Präsident der Nationalbank, seit 1961 Industrieminister, tritt in diesen Tagen in New York vor der UNO-Vollversammlung auf. Reist dann nach Afrika. Übt dort im Februar 1965 öffentlich heftige Kritik an der Sowjetunion. Zurückgekehrt nach Kuba, gibt er, nach einem langen Gespräch mit Fidel Castro, alle seine Ämter und seine kubanische Staatsangehörigkeit auf. Taucht unter. Die ganze Welt spekuliert über sein Verschwinden. Er wendet sich wieder dem bewaffneten Kampf zu; mit 113 schwarzen Kubanern geht er nach Afrika, wo er im April 1965 im Kongo an der Guerilla gegen Präsident Tschombé teilnimmt. Erst am 3. Oktober verliest Fidel Castro auf dem Parteikongreß in Havanna Ches Abschiedsbrief. Sein Scheitern im Kongo bereits im November. In Tansania dann die Niederschrift des »Afrikanischen Traums«. Nach einer Zeit inkognito in Prag kehrt er im Juli 1966 heimlich nach Kuba zurück, bereitet mit Castros Hilfe den Kampf in Bolivien vor. Am 7. November trifft er – unter dem Decknamen Ramón – im Basislager in Ñancahuazú im Südosten Boliviens ein. Auch da ein fast vorprogrammiertes Scheitern. Kaum ein Jahr später wird er bei einem Gefecht in der Juro-Schlucht gefangengenommen und am 9. Oktober 1967 auf Befehl des bolivianischen Präsidenten erschossen.

Auf die Nachricht vom Tod Che Guevaras hin läßt Giangiacomo Feltrinelli 100 000 Poster mit der Aufschrift *Che lebt* drucken. Sie stehen gegen die am 10. Oktober von der Nachrichtenagentur UPI verbreiteten Bilder des Toten. Vor allem gegen jenes nach Rembrandts Gemälde »Anatomiestunde des Doktor Tulp« inszenierte Foto, auf dem der im Waschhaus von Vallegrande aufgebahrte Leichnam Ernesto Guevaras mit Personen von Militär und bolivianischer Staatsgewalt zu sehen ist. Noch ehe die große Gedenkkundgebung der Hunderttausend für Che mit Fidel Castro in Havanna am 18. Oktober 1967 stattfindet, kommt es am 15. Oktober 1967 in Mailand zu einer großen Demonstration. Das Poster *Che lebt* ist allgegenwärtig. Das Foto hat der kubanische Fotograf Alberto Diaz, Bildreporter der Zeitung »Revolution«, am 5. März 1960 bei der Trauerfeier für die Opfer des Attentats auf das Schiff La Combre gemacht. (20 Sekunden, sagt Alberto Diaz später, habe er Che vor der Kamera gehabt.) Che weiß nicht, daß er fotografiert wird. In seinem Blick ist etwas Verborgenes, Geheimnisvolles. Wohin geht dieser Blick, in sein Inneres, in die Ferne, in einen Traum, ins Nirgends? Das Bild ist von einer leichten Unschärfe; diese Unschärfe bekommt mit dem Tod eine metaphorische Bedeutung. Ein Foto, das man als Geschenk des Zufalls für die Ewigkeit sehen kann. Giangiacomo Feltrinelli hat den Fotografen 1964 in seinem Studio in Havanna besucht und das Negativ mit nach Mailand genommen.

Der blühende Garten der Locanda Cipriani auf Torcello.

Das Schicksal des Giangiacomo Feltrinelli. Sein Kontakt zur radikalen Studentenbewegung, zu Renato Curcio, dem Gründer der italienischen Brigate Rosse, einem Pendant zur deutschen Roten Armee Fraktion. Er selbst schafft nach dem Vorbild der kubanischen Guerilla die GPA, die Gruppi d'Azione Partigiana, eine bewaffnete Formation im Untergrund. Er zieht sich aus allen Verlagsgeschäften zurück, übergibt die Verlagsleitung an seine Frau Inge als Vizepräsidentin und an zwei Freunde.

1969 explodiert in einer Mailänder Bank eine Bombe, sechzehn Leute sterben, über hundert werden verletzt. Die Ermittlungen der Polizei konzentrieren sich auf linke Gruppen, auch Feltrinelli wird verdächtigt. Er taucht unter. Daß das Attentat von Neofaschisten verübt wurde, wird erst viele Jahre später nachgewiesen. 1968, zehn Jahre nach dem Beginn ihrer Liebe, trennt sich Giangiacomo von Inge, heiratet seine vierte Frau, Sibilla. Er lebt weiterhin im Untergrund. Am 15. März 1972 kommt er bei einem Anschlag auf das Stromnetz von Mailand ums Leben. Ein Unfall, ein Selbstmord, ein Attentat der Rechten? Die bis heute ungeklärten Umstände geben Spekulationen Raum. Bewiesen ist, daß Feltrinelli den Sprengstoff selbst zündete. Ein Unfall, wie sein Sohn meint. Carlo ist zehn Jahre, als sein Vater umkommt. Jetzt ist er sechsunddreißig und leitet zusammen mit seiner Mutter den noch immer im Mailänder Palazzo der Familie befindlichen Verlag »Giangiacomo Feltrinelli Editore«.

Inge Feltrinelli, sehe ich, geht von Tisch zu Tisch. Sie, ich bin völlig überrascht, umarmt auch mich, Christianes wegen, sagt sie, und breitet die Arme schon für Jorge Semprún aus. Ihre temperamentvolle Gestik, ihr perlendes Lachen. (Ein Jahrzehnt später wird sie mir erzählen, daß sie – im Einverständnis mit Ulla Berkéwicz – es war, die sich dieses wunderbare Fest in dem paradiesischen Garten in Torcello ausgedacht und arrangiert hat, sie ist mit der Familie Cipriani befreundet.)

Später warten wir im kleinen Hafen. Nili Oz erzählt über ihr Leben im Kibbuz und vom Sohn, der in Berlin studiert. Das Boot legt an, der Himmel hat sich bewölkt, Wind ist aufgekommen. Bis auf Amos Oz und Ulla Berkéwicz, die sich außen auf eine Bank setzen, ziehen alle die überdachte geräumige Kajüte vor. Ich stehe in deren Eingang und lasse mir den Fahrtwind ins Gesicht wehen. Komm rein, ruft mein Verleger, du erkältest dich. Ich beruhige ihn, verneine und bleibe draußen. Ein zweiter mahnender, fast befehlender Ruf: Komm in die Kajüte, mit dem Zusatz: Wir brauchen dich noch. Alles lacht. Als ich nicht reagiere, zieht mich Ulla Berkéwicz neben sich auf die im Windschatten liegende Bank. Der Verleger ist zufrieden.

Als wir für Momente allein sind, erzählt Ulla mir vom Tod ihres russisch-jüdischen Arztfreundes in Amsterdam, der so vielen Tschernobyl-Opfern geholfen hat und nun selbst mit einundvierzig Jahren an der Strahlenverseuchung zugrunde ging. Sie ist bei ihm gewesen, als er starb. Er habe ihr die Angst vor dem Tod genommen. Es sei für sie ein Geschenk gewesen. Wir schweigen. Und ich denke an ihre, mir so nahe erste Erzählung »Josef stirbt«.

Ohne Übergang fragt sie mich: Wie feierst du deinen Erfolg? Ich entgegne, indem ich ein neues Buch schreibe. Ja gut, sagt sie, das ist unsere normale Existenzform, das verstehe ich. Aber es muß noch ein Extra geben. Etwas, womit du dich belohnst. Ich hebe die Schultern. Was würdest du gern tun, insistiert sie. Mir fällt nichts ein. Aber plötzlich sage ich, mein Kindeskind sehen, das würde ich gern. Dann besorgst du dir morgen ein Flugticket nach Deutschland, erwidert sie. So einfach ist das. Wirst du es tun? Du mußt es tun.

1. Oktober
Zurück in Rom.

Gespräch mit dem Sohn. Im Reisebüro Kauf eines Flugtickets. Am 14. Oktober werde ich nach Deutschland fliegen.

Wir können endlich intensiv über das Lappland-Buch sprechen, war Joachims letzter Satz am Telefon. Seit Sperlonga habe ich nicht mehr geschrieben, die am Meer entstandenen Textideen und die in der Lagunenstadt hinzugekommenen schwirren in meinem Kopf, wollen aufs Papier. Das Telefonat, die Aussicht auf Verständigung. Heftige Schreiblust.

Aber ich erwarte heute – lange geplant – meine Freundin aus Berlin. Mit neunundfünfzig Jahren ist sie in den Vorruhestand gegangen, lange Zeit war sie Leiterin eines Puppentheaters, nach der Wende Museumsdirektorin im Harz. Gestern war ihr letzter Arbeitstag. Die Zäsur. Rom hat sie sich für den Neubeginn gewünscht. Zehn Tage wird sie hier sein. Sie kennt mich und meinen Rückzug ins Alleinsein; meinen *Zeitgeiz*, wie sie es nennt. Aber ich möchte auch für sie dasein. Wie kann ich ihre Anwesenheit und mein Schreiben verbinden?

10. Oktober
Die Freundin fliegt nach Berlin zurück. Fünf von den zehn Tagen haben wir gemeinsam verbracht.

An einem der ersten Tage sind wir durch das Forum Romanum gewandert. Die Freundin, kaum achtundvierzig Stunden in Rom, führt mich, die nun über ein Vierteljahr in der Stadt lebt, mit einem Lageplan in der Hand durch das weite Gelände. Sie, die sich schon immer für Architektur begeistert hat, ist gut vorbereitet. Titusbogen, Vespasiantempel, Quelle der Juturna, Rundtempel der Vesta, Triumphbogen des Septimius Severus.

Mir gelingt es nicht, mich zurückzuversetzen. Ich beobachte italienische Schülergruppen (schon Sieben- und Achtjährige sind dabei), wie sie ihren vorgeschriebenen Pflichtmarsch durch das steinerne Lehrbuch der Geschichte absolvieren. Sehe die ausländischen Touristen, überwiegend ältere Leute; ihre Blicke sind nicht auf die Reste der antiken Bauwerke, sondern auf ihren Führer gerichtet. Dann laufen sie, miteinander redend, den hochgehaltenen Schirmen hinterher, um sich erneut um den Erklärenden zu scharen.

Meine begeisterte Freundin. Das Ur-Rom, die Antike, die Spätantike. Ich denke an Theodor Fontane, der 1874 aus der Ewigen Stadt schreibt: *Das Trümmer-Rom interessiert mich hundertmal mehr als das, was steht und prunkt.* Fontane kam zu einer Zeit, da die Ausgrabungen auf dem Forum Romanum in vollem Gange waren. Erst 1804 hatten sie begonnen, bis 1813 wurden sie fortgeführt, 1870 dann war der Höhepunkt. Bereits im Mittelalter aber war die einstige Pracht schon völlig zerstört, das Trümmerfeld diente ausschließlich als Steinbruch. Noch im 19. Jahrhundert war es eine Viehweide, *campo vaccino* genannt, Goethe erlebte sie noch als solche. Mir wäre auch das Gras einer Weide jetzt recht, ich würde mich unter einen der Bäume legen und in den Himmel schauen.

Am nächsten Tag fahren wir bei schönstem Oktoberwetter mit dem Vorortzug nach Roma Ostia Antica hinaus. Wieder die enthusiastische Freundin. Diesmal – ich bin ausgeruht – gelingt es ihr, mich anzustecken. Die zauberhaften Details auf den Mosaikfußböden. Wir nehmen uns viel Zeit. Sitzen lange auf einer der gewaltigen Treppen, blicken hinab. Versuchen, den ursprünglichen Zustand zu simulieren, lassen die Mauerreste wachsen und die Räume dazwischen sich beleben.

Dann das Erlebnis der Kirche San Clemente. Dieser geheimnisvolle Bau, aus Ober- und Unterkirche und dem noch darunter liegenden Mithräum bestehend. Die Mosaiken aus dem 12. Jahrhundert in der Apsis der Oberkirche, ein Arkantus rankt vom Kreuzstamm, breitet sich nach allen Seiten und erfüllt den Raum, der zum Weltenraum wird, zwölf Tauben als Sinnbilder der Apostel, das Himmelszelt, unten die Stadt Jerusalem auf der rechten und Bethlehem auf der linken Seite und auf leuchtend blauem Grund der Fries mit den zwölf Schafen, in der Mitte das Agnus Dei. In der Unterkirche mit den zwischen 847 und 855 geschaffenen Fresken: Christus in der Vorhölle und die Hochzeit zu Kanaan.

Und schließlich, nochmals tiefer, das Mithräum, das Heiligtum eines in der Antike weit verbreiteten Kultes. Ein kleiner Raum mit einem Wandgemälde. Eine umlaufende Bank. Auf dem Kultbild Hund, Schlange, Skorpion, Stier. Wir versuchen, die erzählte Geschichte zu enträtseln, es gelingt uns nicht, wir müssen Geschriebenes zu Hilfe nehmen. Mithras war der höchste Priester des Kultes, er wurde aus einem Felsen geboren, in jener Nacht des 24. Dezember, auf die das Christentum später die Geburt ihres Erlösers datieren wird. Mithras ist zu sehen, wie er den Urstier tötet. Hund und Schlange lecken das Blut auf, der Skorpion beißt in die Hoden des Stiers, aus dem Samen entsteht die Welt. Ein antiker Schöpfungsmythos also. Wir sitzen in dem unterirdischen kleinen Andachtsraum. Die Zeit scheint angehalten.

Über die Sakristei der Oberkirche gelangen wir zum Ausgang von San Clemente, stehen im grellen Licht auf der Via di San Giovanni in Laterano. Wollen wir wirklich noch zum Kaiserpalast von Nero, frage ich die Freundin. Sie nickt heftig. Dann laß uns eine Pause machen, sage ich. Wir laufen zur Via Labicana. Suchen ein kleines Straßencafé, bestellen einen Caffè al vetro, einen Latte macchiato und zwei Tramezzini, stärken uns am Rande der mehrspurigen, von wildem Verkehr überfluteten Straße inmitten von Abgasen und Lärm.

Dann der Kaiserpalast. Er ist nicht weit entfernt, wir können ihn zu Fuß erreichen, müssen die Via Labicana überqueren – ein Kunststück bei diesem Verkehr –, dann die Viale Fortunato Mizzi, wir sind schon im Grün des Parco Oppio, nach wenigen Minuten stehen wir vor dem Eingang zur Domus Aurea, dem von Kaiser Nero nach dem Brand in Rom im Jahr 64 n. Chr. errichteten Palast. Nur ein kleiner Teil der unterirdisch liegenden Residenz ist ausgegraben und restauriert. Wir besehen das Nymphäum, bewundern den architektonisch raffiniert gestalteten achteckigen Kuppelsaal. Ein unglaublicher Luxus. Und das alles in vier Jahren geschaffen. Der dadurch für unabsehbare Zeit ruinierte Staatshaushalt. Am berührendsten die Reste der Wandmalereien, Tier- und Fabelwesen, halb floral, in warmen Rot- und Brauntönen. In der Renaissancezeit, als die Ausgrabungen begannen, war es Raffaello Sanzio, der als einer der ersten in die Tiefe kroch und die Wandmalereien in den freigelegten Erdhöhlen entdeckte, fasziniert von ihnen, übernahm er sie in seine eigene Bildsprache, vor allem in seinen für die Loggien des Vatikan geschaffenen Fresken.

Als wir die Domus Aurea verlassen, finden wir uns am Museumsausgang von fliegenden Händlern umringt. Sie bieten nicht nur Getränke, Eis, Sonnen- und Regenschirme an, sondern vor allem Kriegsspielzeug. Es sind meist junge Schwarzhäutige; geschickt nutzen sie den Überraschungseffekt, lassen das Spielzeug unmittelbar vor die Füße der Touristen auf die Erde fallen, die Mechanik wird ausgelöst. Panzer und Raketenautos rattern, Soldaten mit Khakiuniformen, auf dem Helm das NATO-Zeichen, robben über den Boden, andere gehen mit gefletschten Zähnen in Stellung und schießen. Die häßlichen, brutalen Gesichter der Spielzeugkrieger, die im Kontrast zu den ausnahmslos schönen dunkelhäutigen ihrer Anbieter stehen. Wir beobachten, ihr Geschäft geht gut, vor allem ältere Frauen kaufen diese Scheußlichkeiten, offenbar für die Enkel zu Hause.

Wir leisten uns ein Eis, schlendern durch die weiten Grünanlagen des Parco Oppio. Die Freundin bewundert die hohen Pinien mit ihren ausladenden Schirmen. Anschließend besuchen wir in der nahe gelegenen Kirche San Pietro in Vincoli Michelangelos Moses, die Skulptur mit den zwei Hörnern. Wir sind augen- und fußmüde. Die Pension in der Via Cesare Balbo, in der die Freundin wohnt, ist von San Pietro in Vincoli aus in einer knappen Viertelstunde zu erreichen. Ich begleite sie dorthin, und wir verabschieden uns.

Die anderen Abende, auch die, an denen die Freundin tagsüber allein unterwegs ist, essen wir meist zusammen, lassen den Tag auf dem Balkon der Casa di Goethe ausklingen. Neben uns flattert die rote Fahne. Der 7. Oktober, »Tag der Republik«. Heute hätte die DDR, wäre sie nicht in den Abgrund gestürzt und auf Nimmerwiedersehen verschwunden, ihren 50. Jahrestag begangen. Wir weinen ihr keine Träne nach. Aber wir sprechen auch nicht mit Bitterkeit von ihr; im Gegenteil, fast mit einem Anflug von Zärtlichkeit. Es war unser Leben; das ihre vom zehnten bis zum fünfzigsten Jahr, das meine vom neunten bis neunundvierzigsten Jahr.

Ist auf gute Weise Abschied zu nehmen nicht Voraussetzung einer Ankunft? Sind wir angekommen in dem neuen Staat? Die Chance eines zweiten Lebens, wer hat die schon, du hättest deinen Schreibort im hohen Norden nicht gefunden, ich wäre nicht in den Süden gekommen, sagt die Freundin. Aber zur äußeren Freiheit, daß die einst nur nach Osten passierbaren Tore nun nach allen vier Himmelsrichtungen offenstehen, muß die innere kommen: das Zu-sich-Finden, Bei-sich-Sein.

An den Tagen, da die Freundin allein unterwegs ist, sitze ich in der Casa di Goethe im kleinen Zimmer zum Hof hinaus, das Papier auf dem improvisierten Tischchen, die Füße auf der Plasteschüssel. Obgleich der Raum schräg gegenüber der Eingangstür zum Museum liegt, das Klingeln der Besucher, ihr Hereinkommen und die Stimmen von Massimiliano und Domenico an der Kasse zu hören sind, ist er doch für mich ein Schreibort geworden. Am frühen Nachmittag dann übertrage ich in meinem Zimmer das Handgeschriebene in den Computer.

Anruf vom Verlag. Seit dreizehn Wochen sei »Christiane und Goethe« ununterbrochen auf Platz eins der Spiegel-Liste. Jetzt folge Reich-Ranicki mir unmittelbar auf den Fersen. Mir werden Verkaufszahlen genannt, und ich denke an Michael Naumanns Wort, davon könne ein Verleger nur träumen. Venedig und Siegfried Unseld sind vor mir. Mein Gefühl, zwei Zentimeter über dem Boden zu schweben. Ein Erfolg? Ein Verkaufserfolg. Nach zwanzig Jahren Schreiben erlebe ich das erstmals. Warum nicht bei »Vögel, die verkünden Land«, dem mit Abstand besten meiner Bücher? Was muß alles für einen Erfolg zusammenkommen? Ein Jubiläum, der Zufall, ein großer Name? Viele kennen Goethe, aber nicht Lenz, trotz Büchners berühmter Anfangszeile *Lenz kam übers Gebirg* ... Der arme Jakob Michael Reinhold Lenz, der immer im Schatten bleiben wird.

Extralebensluft nennt Eduard Mörike das Geld. Dieser Erfolg schafft mir *Extralebensluft*, gibt mir nach zwanzig Schreibjahren eine Sicherheit; nur mit dieser kann ich mich an das Lappland-Buch-Experiment wagen.

Seltsamer Zwiespalt: In dem Moment, in dem ich einen Stift zur Hand nehme, ist die Ruhe und Weite der nordischen Landschaft in mir. Rom scheint wie ausgelöscht. Als schalte man einen Monitor aus, auf dem tausend Programme gleichzeitig laufen. Alles Gesehene und Erlebte verliert Farbe und Gestalt. Wird es für immer verloren sein, oder ist es in mir gespeichert und irgendwann wieder aufrufbar? Ist Schreiben versäumtes Leben? In der Sprachhöhle die Sehnsucht danach und umgekehrt. Warte ich nicht an den Abenden ungeduldig auf die Freundin, begierig auf ihre Berichte, fast ein wenig neidisch auf das, was sie erlebt. Ihre ansteckende Begeisterung, Wißbegier, Dankbarkeit. Bin ich nicht in den Tagen mit ihr und durch sie der Ewigen Stadt etwas nähergekommen?

Laß dich doch fallen, genieße Rom, sagt sie. Dein Buch über Lappland läuft dir nicht weg. Hast du nicht immer von einem halben Jahr Nichtstun, nur Sehen, Aufnehmen gesprochen?

An unserem letzten gemeinsamen Tag die Caravaggios in San Luigi dei Francesi, in Santa Maria del Popolo.

Der Monte Pincio. Ein Umweg im Park der Villa Borghese; die kopflose Frau mit den schönen Gewandfalten. Schließlich zur Casa di Raffaello. Goethe habe sie für ein *heilig Monument* gehalten, erzähle ich, wo Raffael *an der Seite seiner Geliebten den Genuß des Lebens aller Kunst und allem Ruhm vorzog.* Aber Raffael hat dieses Haus weder besessen noch je bewohnt. Wie auch der Schädel, der in Rom wie eine Reliquie verehrt wurde, nicht der Raffaels war. Goethe: *Der Schädel ist von der schönsten Bildung und ich halte ihn ächt ... Ein trefflicher Knochenbau, in welchem eine schöne Seele bequem spazieren konnte.* Sein Fürst wünscht einen Abguß. Goethe erwirkt über Rat Reiffenstein die Erlaubnis, ist aber in Sorge: *Da der Schädel im Grabe gelegen und gemodert hat, ist er mürbe und ich fürchte diese herrliche Religue leidet*, schreibt er an Carl August. *Dem Former wird alle Sorgfalt empfohlen und Sie werden große Freude haben den Abguß zu besitzen ...* Die Gewißheit, daß es Raffaels Schädel ist, nimmt er mit ins Grab. Erst 1833 wird die tatsächliche Ruhestätte im Pantheon gefunden, Raffaels Schädel und Skelett werden geborgen und neu gebettet.

Hier in der Nähe muß das Goethe-Denkmal sein, sagt die Freundin mit Blick auf die Karte. Ja, ein Geschenk des deutschen Kaisers Wilhelm II., es ist abscheulich, erwidere ich, wir lassen es aus. Dann zur Piazzale dei Cavalli Marini, wir biegen in den gleichnamigen Viale ein, bewegen uns langsam – ich verzögere den Schritt immer wieder – die Viale Museo Borghese hinauf. Am Eingang des »Museo e Galleria Borghese« ein Schild: Kartenvorbestellung obligatorisch. Alle zwei Stunden wird eine begrenzte Anzahl von Ticketinhabern eingelassen. Die Enttäuschung der Freundin.

Ich ziehe zwei Karten aus der Tasche. Vor Tagen habe ich mich danach angestellt. Die Langsamkeit auf der Viale hatte mit dem Zweistundentakt des Einlasses zu tun. Die weiten Fluchten der Räume. Wir stehen vor Tizians »Himmlischer und irdischer Liebe«. Vor Gian Lorenzo Berninis barocken Plastiken, dem »David mit der Schleuder«, dem »Raub der Proserpina«. Und vor »Apoll und Daphne«. Diese Skulptur habe ich schon oft durch eines der rückwärtigen, zur Gartenseite gelegenen Fenster betrachtet, denn nicht selten war das Endziel meiner Parkwanderungen der schöne Garten am Museo. Die Spanische Treppe. Zum Abschluß kehren wir in das berühmte Antico Caffè Greco in der Via dei Condotti ein.

11. Oktober
Drei Tage bleiben mir noch, dann reise auch ich nach Deutschland. Intensiv geschrieben.

14. Oktober
Roma Fiumicino Aeroporto. Mein Flug nach Düsseldorf ist auf der Tafel angezeigt.

Vorfreude auf das Kindeskind. Ich ziehe den kleinen Fuchs mit seinem buschigen roten Schwanz auf meinen Finger. Erinnerung, wie ich, als meine Söhne klein waren, alle unangenehmen Dinge, Verbote, Ermahnungen einer Handpuppe überließ, einem Dackel mit unendlich traurigen Knopfaugen. Als Großmutter kann ich mir leisten, mich auf heitere Dinge, Geschichtenerzählen und Späße zu konzentrieren. Im Gepäck habe ich vier kleine handgestrickte Fingerpuppen, einen Fuchs, einen Adler, einen Pudel und einen Storch.

20. Oktober
Rückflug.

Oktobertage in Bochum. Dort leben die drei für einige Monate, da das Engagement der Schwiegertochter am Schauspielhaus noch besteht. Da die Wohnung klein ist, übernachte ich im Hotel. Am ersten Morgen legt die junge Frau, die Frühstücksdienst hat, ein Buch vor mich hin, Zettel ragen heraus, sie blättert es auf, Unterstreichungen, Anmerkungen mit Bleistift. Es ist »Christiane und Goethe«. Sie schreibe ihre Magisterarbeit darüber. Ob sie etwas fragen dürfe. Selbstverständlich. Sie hat viele Fragen.

Die Schwiegertochter hat am Morgen Proben, am Abend Vorstellungen. Zum zweiten Mal sehe ich sie auf der Bühne. Vor Jahren in »Vatermord« von Arnolt Bronnen. Zu dem Stück, wie auch zum »Vater« von Sobol, hatte der Sohn das Bühnenbild gemacht. Jetzt erlebe ich sie als Polly in der »Dreigroschenoper«. Die Energie in diesem Persönchen. Sie muß auf ein hohes Gerüst steigen, dort singen. Macki Messers Schüsse fallen. Diese Rolle hat sie noch im achten Monat gespielt. Ich will es kaum glauben. (Später wird das Kind auf die Frage, welchen Beruf seine Mutter habe, zur erheiternden Verwunderung aller und es hartnäckig wiederholend, antworten: *Lala peng*. Er ist nicht von seinem *Lala peng* abzubringen. Die Erklärung: sein pränatales Erleben im Mutterleib, das Singen und die Schüsse.)

Lange Arbeitsgespräche über unser Lappland-Buch, in der kleinen Wohnung, auf Spaziergängen. Das Kind ist immer bei uns. Erstmals erlebe ich meinen Sohn im Alltag als Vater: Füttern, windeln, Zubettbringen des kleinen Kerls. Ich bin ihm zur Seite, helfe. Was mich mit besonderem Glück erfüllt: Ich trage Noah auf dem Arm umher, und wir reden über unser Buch. War nicht stets mein Lebensmotto: die Kinder und die Arbeit. Hat sich mit dem Erwachsenwerden der Söhne nicht die Arbeit in den Vordergrund gedrängt? Mit dem Lappland-Projekt kommt diese Einheit zurück und schließt zudem noch das Kindeskind mit ein.

Wir nehmen unsere Gespräche mit einem Recorder auf, um Zuordnungen von Bild und Text für den Dritten im Bunde nachvollziehbar zu machen. Noahs Stimme, sein Weinen, Protestieren, Krähen und Juchzen sind auf dem Band zu hören.

Der letzte Abend: Der Sohn tippt zusammenfassend unsere Gedanken zur Konzeption des Buches in den Computer, während ich das Kind ins Bett bringe. Der Spaß mit den Fingerpuppen. Den Fuchs mit dem roten Schwanz mag Noah besonders.

23. Oktober

Besuch der Fotografin aus Hamburg. Der Verlag hat sie geschickt. Nun werden in Rom die Bilder entstehen, die im Juni innerhalb von zwei Tagen vorliegen sollten. Die Suche nach Orten außerhalb der Casa. Die schwere Fototasche. Sie läßt sie sich nicht abnehmen.

Wir laufen viel. Reden. Ihr neues Projekt: ein Experiment über das Miteinander von Generationen. Sie will mit dieser Arbeit auch ihren eigenen Wünschen für das Alter auf die Spur kommen. Nicht in Zweisamkeit mit dem viel jüngeren Mann, mit dem sie seit vielen Jahren glücklich ist, will sie alt werden, ihr schwebe eine Wohngemeinschaft vor.

Habe ich nicht in letzter Zeit ähnliche Gedanken gehabt? Bei mir waren sie stets an den engeren Familienkreis gebunden. Mein Verdacht, sie sind einem Mangel, meinem Alleinleben, geschuldet. Nicht ihre Kinder (drei erwachsene und mehrere Enkel hat sie), so gern sie mit ihnen zusammen sei, meine sie, sondern Gleichgesinnte, eine Gemeinschaft von Künstlern vielleicht. Und du, fragt sie. Warum lebst du ohne einen Liebsten? Ich habe keine Antwort darauf.

Am Abend mit Ursula Bongaerts im Teatro Valle. Goethes »Wahlverwandtschaften«. *Das Leben war ihnen ein Rätsel, dessen Auflösung sie nur miteinander fanden.* Eine Inszenierung von Stefan Bachmann, Jahrgang 1966, witzig, ironisch, doppeldeutig. Ich bin hingerissen.

24. Oktober

Anruf vom Verlag. Es geht um die Fernsehsendung »Wetten, daß«. Ein solcher Fernsehauftritt sei die größtmögliche Chance für das Buch. Ob ich dazu bereit wäre. Ich lache, halte es für einen Witz. Aber es ist ernst gemeint. Wird mit Nachdruck wiederholt. Ich glaube, sage ich, erstens nicht daran, daß dies eine *Chance* ist, und zweitens mache ich mich nicht zum Clown. Ich lehne ab.

Als ich auflege und darüber nachdenke, werde ich zornig. Mein Schutzengel im Verlag scheint machtlos. Um mich zu beruhigen und es loszuwerden, erzähle ich es Frau Bongaerts. Sie sei unlängst im Vatikan bei einem Konzert gewesen, entgegnet sie, Kristof Penderecki habe es für den Papst gegeben. Thomas Gottschalk saß in der ersten Reihe, sämtliche Botschafter hätten ihn begrüßt, der Papst, der aufgestanden sei, um das Wort zu ergreifen, hätte warten müssen. So sei es heute, wir haben keine Könige mehr, dafür aber Medienstars.

Ich überlege, ob ich Unseld anrufen soll. Ich kann mir nicht vorstellen, daß er meine Ablehnung nicht verstehen würde. Da fällt mir ein, was er auf meinen Protest gegen den kitschigen, angeblich werbewirksamen Suhrkamp-Taschenbuch-Umschlag zu »Ich bin nicht Ottilie« entgegnete: Ihm gefiele er auch nicht, aber ich solle doch über meinen Schatten springen, er müsse das jetzt auch oft tun. Schon ihn im Rücken zu spüren, erleichtert mich.

Und bin ich nicht in Entzugsstrategien geübt? Plötzlich erscheint es mir nur noch als ein schlechter Witz. Und ich lache.

25. Oktober
Die Unschuld des Erlebens.

In der Nacht träume ich von einem Mann; ich weiß sofort, *er* ist es. Mein Herz schlägt heftig, die Jahre des

Alleinseins fallen wie Steine von mir. Alles in mir ist Erwartung.

26. Oktober
Entschluß, mein Zimmer sauberzumachen. In drei Stunden ist alles geschafft. Ich gehe zu der alten Blumenfrau, die ihren Stand in einem Hausflur der Via di Ripetta hat. Kaufe, soviel ich tragen kann, Töpfe und Schnittblumen. Auf dem Rückweg begegnet mir die Reinemachefrau auf der Treppe. Ich lade sie zu meiner Lesung ein.

Am Abend Telefonat mit Joachim. Er ist erstmals allein mit dem Kind in Berlin. Er arbeite am Lappland-Buch, sagt er, und Noah habe die Fortbewegung auf allen vieren entdeckt, in Windeseile krabbele er durch die Wohnung, nichts sei vor ihm sicher.

27. Oktober
Gestern Lesung aus »Christiane und Goethe« in der Casa. Ich war aufgeregt. War unzufrieden mit mir. Bettina redete es mir aus. Es sei alles in Ordnung gewesen. Danach ein Empfang. In der Bibliothek das kalte Büfett. Gedränge.

Fragen über Fragen. Wenige zum Text. Überwiegend neugierige zu meiner Person. Eine ältere Dame, Römerin, erzählt mir, seit der Existenz dieses Hauses komme sie zu jeder Veranstaltung. Sie sieht mich prüfend an, sagt dann: Sie müssen einmal eine sehr schöne Frau gewesen sein. Ich bin schockiert. Es soll offenbar ein Kompliment sein.

Ich halte nach meinen Freunden Ausschau. Anna und Fulio sind da. Auch Baschal ist gekommen. Ich treffe die drei im Flur; sie wirken ein wenig verloren. Ich ma che sie miteinander bekannt. Und mit zwei der umstehenden Germanisten. Bringe sie dann zum Büfett.

Heute die zweite Lesung in der Casa. Auf italienisch »Cornelia Goethe«. Meine Übersetzerin Mirella Torre aus Mailand. Ihre warme, volle Stimme, sie liest phantastisch. Und ihre Übersetzung trifft genau meinen Sprachrhythmus.

28. Oktober
Gestern abend die Idee, die Geschichten im Lappland-Buch aus der Perspektive eines fiktiven Wanderers zu erzählen.

Die dritte Lesung, in der Aula der deutschen Schule in Rom. Ehe ich beginne, sage ich, das Zuhören sei freiwillig, wer die Lesung nicht möchte, habe jetzt Gelegenheit zu gehen. Ein Moment Verwunderung, Zögern. Dann erheben sich zwei junge Männer. Der Direktor schreitet ein. Es käme nicht in Frage, er habe die Aufsichtspflicht. Er nennt Paragraphen. Ich unterbreche ihn, die Schüler klatschen Beifall. Er spielt seine Autorität aus, ein scharfer Disput zwischen ihm und den Schülern. Dann auch zwischen ihm und mir. Er hat mir gegenüber den gleichen unangenehm belehrenden Ton wie im Gespräch mit seinen Schülern. Buhrufe für ihn. Dann übernehmen wieder die Schüler die Angreifer-Rolle. Ein wahrer Schlagabtausch. Da drängt wohl einiges an die Oberfläche, was schon lange schwelte. Ich lehne mich zurück und warte, was passieren wird. Die zunehmende Lautstärke des Schulleiters zeugt von seiner Erregung. Soll ich es auf die Spitze treiben, die Lesung verweigern? Während ich das noch überlege, retten die beiden Schüler, die bereits mit ihren Jacken an der Tür stehen, die Situation. Sie würden freiwillig bleiben, erklären sie.

Während der fünfzig Minuten der Lesung vollkommene Aufmerksamkeit, man könnte eine Stecknadel zu Boden fallen hören. Ich bin beglückt, sehe immer wieder vom Buch auf, sehe in die jungen Gesichter. Danach Fragen zum Text, die bezeugen, sie haben das Gehörte auf ihr eigenes Leben bezogen. Die interessantesten kommen von den beiden jungen Männern. Der Direktor bedankt sich steif; ich stehe noch umringt von den Schülern am Lesetisch, da verläßt er den Raum.

Abends mit Mirella und ihrem Mann im Restaurant »L'Angoletto« an der Piazza Rondanini nahe der Chiesa di Santa Maria Maddalena. Ein phantastisches Menü. Ein freundlicher Kellner, wenn er lacht, sieht man, er hat nur noch zwei Zähne. Mirella und Ferruccio laden mich nach Mailand und für ein Wochenende in ihr Sommerhaus nach Cerro am Lago Maggiore ein.

Meine mehrfache Überlegung, den Rom-Aufenthalt abzubrechen, hat sich seit Venedig verflüchtigt. War es Ulla Berkéwicz mit ihrem Rat? Aus Rom wegzureisen, zu fliehen ist auch eine Möglichkeit, dem Lärm zu entgehen. Ich nehme Mirellas und Ferruccios Angebot an. Und ebenso für Dezember Einladungen zu Lesungen in Perúgia, Genua und Palermo.

29. Oktober
Preßlufthämmer im Nebenhaus. Ich ziehe mich ins Museum, in den hintersten Raum mit dem Zitronenbaum zurück. Rom läßt die Sinne in alle Winde fahren, bringt mich nicht zu mir selbst.

Der lange Vormittag. Das Papier bleibt leer. Der Mann aus dem Traum.

Haben sich die Männer in meinem Leben überflüssig gemacht, habe ich nicht schon aufgegeben?

Seit gestern ist die Alarmanlage defekt. Große Aufregung. Domenico soll die Nacht über hierbleiben. Ich räume das kleine Zimmer. Dann aber stellt die Sicherheitsfirma einen Mitarbeiter. Ich wittere die Chance zum Ausschlafen, wenn ich mir die Ohren verstopfe. Sage ihm, wann die Putzfrau kommt. Und schlafe tatsächlich bis 8 Uhr. In der Nacht ein wilder Traum, der Mitarbeiter der Firma ist ein Mafioso, ich werde vor Gericht gestellt.

30. Oktober
13 Grad. In Cerro in einem Märchenbett erwacht. Das Feuer gestern abend im Kamin. Ich stoße das Fenster auf: ein Märchengarten. Und die stille Fläche des Lago Maggiore, nebelverhangen. Gegenüber soll eine Kette von Bergen liegen. Wir sind angekommen, als es bereits dunkel war.

Ich bleibe im Bett. Unter mir werden Türen geöffnet

und geschlossen. Tellergeklapper ist zu hören. Und näher und ferner, irgendwo in dem weiträumigen Haus, im Wechsel die Stimmen von Mirella und Ferruccio.

Frühstück im großen Zimmer. Dann gehört der Tag mir. Die Steinstufen im Garten sind von Kastanien und deren aufgeplatzten stacheligen Hüllen bedeckt; die Herbstfärbung der Blätter, die Rot- und Brauntöne. Riesige alte Bäume. Das Nachbargrundstück. Sein Besitzer war, wie mir Ferruccio erzählte, der Filmregisseur Luchino Visconti. Bis zu seinem Tod sei er oft hier gewesen. Ich höre die Melodie aus seinem Film »Der Leopard«, sehe den alten Fürsten Salina, verkörpert von Burt Lancaster; die großartige, nicht enden wollende Ballszene: Den alten Fürsten hält der Tod schon im Arm, spielt ihm auf, ein abschiednehmender lebensprühender Totentanz.

Die Stufen führen zum See hinab. Unten eine kleine Pforte. Als ich hinaustrete, stehe ich am Lago Maggiore. Unwirklich scheint mir alles. Noch immer liegt dichter Nebel über dem See. Aber die Sonne ist zu ahnen. Und wie auf einem chinesischen Gemälde beginnen sich langsam Umrisse abzuzeichnen; schließlich erscheint Gipfel um Gipfel, und das gesamte Panorama der gegenüberliegenden Bergkette liegt vor mir.

Auf der Fahrstraße ins Dorf. Einen Fußweg gibt es nicht. Überall Privatvillen mit hohen Zäunen. Sobald man stehenbleibt, Hundegebell, wütend springen sie am Zaun hoch. Hören nicht auf zu kläffen. Niemand ruft sie zurück. Stehen die Häuser leer? Im Dorf eine Feldsteinkirche aus dem 10. Jahrhundert. Gestutzte Platanen an der Strandpromenade. Granatapfelbäume und hohe Spaliere voller Kiwis. Lavendel und Rosmarin. Weymouths-Kiefern, Fächerpalmen, Zypressen mit ihren zapfenförmigen Früchten. Nach der Rückkehr aus dem Dorf erneut im Garten.

Am Abend im Märchenbett aus Eisen mit den schönen Verzierungen am Kopfende. Mirella schlief als Kind darin, es ist das Bett ihrer sizilianischen Großmutter.

Ich wollte beim Kochen nützlich sein. Lies, sagt Mirella, denke über ein neues Buch nach, das ich übersetzen kann. Die Geräusche unter mir, Topfdeckel klappern, hin und wieder surrt ein elektrisches Gerät, einmal heult eine Küchenmaschine auf. Was wird da gebraut? Beide kochen, aber nur Mirellas Stimme ist zu hören, ihr ungeduldig befehlendes *Ferruccio* und, offenbar, wenn er etwas zu ihrer Zufriedenheit ausgeführt hat, die Koseform, ihr zärtlich helles *Ferri*.

Kurz nach zehn der Ruf, das Essen ist fertig. Wir sitzen am Feuer.

31. Oktober

Una giornata magnifica – che bello. Ferruccio machte am Morgen das Boot klar, ließ es ins Wasser. Er ruderte uns über den See. Die Sonne schien, es war warm, das Wasser, eine völlig glatte Fläche, wirkte wie mit leichtem Öl überzogen. Wir legten in Polenzo an; es soll der wärmste Ort am Lago Maggiore sein. Schlenderten die Uferpromenade entlang: Magnolien, Oleander, Kamelien, übervoll von Blüten, und das Ende Oktober. Ringsum die Berge. Eisessen, Sonnen auf einer Bank. Auf der Rückfahrt die drei Borromäischen Inseln, Ferruccio, der sich nicht ablösen lassen will, umrundet sie. Isola Madre, Isola dei Pescatori. Auf der dritten, der Isola Bella, ein barocker Garten mit zehn übereinanderliegenden Terrassen voller Blumen und seltener Pflanzen. Seit dem 16. Jahrhundert sei die Insel im Privatbesitz der Familie Borromeo. Arturo Toscanini sei oft hier gewesen.

1. November
Ein Feiertag: Ognissanti, Allerheiligen. Mirella ordnet die Fotos des vergangenen Jahres. Ferruccio sitzt am Computer. Er hat außer seiner Stelle als Oberarzt in einem Klinikum noch eine zweite als Pharmazieberater.

Den Tag für mich. Stundenlang hocke ich im Garten. Reglos. Der Lago Maggiore. Der Wechsel des Lichts auf dem See. Die ziehenden Wolkenformationen, die sich in ihm spiegeln. Die Veränderung der Farben, das Changieren des Blaus, von einem schattigen Graublau bis zu einem satten Dunkel; das Rostrot und das verblichene Tizianrot, mit dem die Sonne die Wasserfläche färbt. Geräusche, vereinzelt Ruderschläge, auf dem Wasser aufsetzende Vögel. In der Ferne Bootsmotoren. Am Himmel ab und an Vogelzüge. Die Ameisen, die eine Straße über meine Schuhe ziehen. Die Ereignisse eines ereignislosen Tages.

Am Abend fahren wir nach Mailand zurück. Ferruccio muß wieder in sein Krankenhaus, Mirella, die Lehrerin ist, in ihre Schule. Stau auf der Autobahn.

2. November
Milano, Mailand. Allein ein Bummel durch die Stadt. Der *Domplatz, wo*, so Julien Green, *die Fassaden sich die großen Arien Aidas entgegen schmettern*, die *höchste Turmspitze über die Herde der vielen wie gotische Schafe gekräuselten Strebe- und Stützsäulen wacht.* Im Inneren im Halbdunkel die Pfeiler und Bögen, der gewaltige Raum. Ich setze mich. Eine Gruppe von etwa zehnjährigen Jungen, alle mit großen Rucksäcken, in der üblichen Kleidung: Markenturnschuhe, kurze Hosen, Nickis mit Werbung. Sie nehmen zwei Bankreihen vor mir Platz. Überrascht verfolge ich ihre Verwandlung. In kürzester Zeit und in völliger Lautlosigkeit ziehen sie sich um. Werden zu Ministranten. Der tiefe Ernst in ihren jungen Gesichtern. In den bis zur Erde reichenden, mehrfach übereinandergezogenen Gewändern schreiten sie, ihre Rucksäcke auf den Bänken zurücklassend, dem Chorraum zu, die Tür zur Sakristei verschluckt sie.

Wieder zu Hause. In Mirellas kleinem Zimmer, in dem ich mich wohl fühle. Unsere Gespräche in der Küche. Mirellas Kindheit auf Sizilien, die Nähe zu ihrer Großmutter. Die Spannungen zu ihrer Mutter, die mit den Jahren stärker werden, jetzt im Alter – sie lebt in Milano – ein schwer erträgliches Ausmaß annehmen. Die Parallelität in unseren Biographien.

Anruf meiner Lektorin aus Leipzig. Die 19. Auflage müsse schnell kommen, ob ich Korrekturen hätte. Ja, sage ich, aber ich bin in Mailand, habe mein Buch nicht bei mir. Wir können keinen Tag mehr warten, entgegnet sie mit einem Vorwurf in der Stimme. Ich beziehe ihn nicht auf mich; eher auf das nicht unkomplizierte Verhältnis zwischen Frankfurter Haupthaus und Leipziger Niederlassung.

Mirella legt, wie die meisten Italienerinnen, viel Wert auf ihr Äußeres. Sie zeigt mir ihren Schrank voller Kleider. Sie trägt Hüte. Was ich nie tue. Vor dem Spiegel probiere ich ihre gewagten Kopfbedeckungen. Ein kleiner Hut mit Schleier steht mir.

Die Abende hat Mirella verplant. Heute ins Theater, eine Inszenierung von Giorgio Strehler. Für morgen sind Gäste geladen, ein Architekturprofessor aus Karlsruhe, ein Lektor vom Verlag Einaudi. Und für den letzten Abend ist ein Besuch der Scala vorgesehen. Keine Opern, leider, es sind Theaterferien, aber du mußt das Haus unbedingt sehen, das »Ensemble Strumentale Scaligero« werde Gershwin und Astor Piazzolla spielen, sagt sie.

3. November

Heute: Santa Maria delle Grazie, Leonardos »Abendmahl«. Es ist aussichtslos, sagt Mirella, Wochen im voraus sind die Karten ausverkauft.

Seit wenigen Monaten erst ist das Gemälde der Öffentlichkeit wieder zugänglich. Nach über zwanzig Jahren. Ablagerungen von Jahrhunderten wurden beseitigt, vor allem aber die insgesamt neun Restaurierungseingriffe, die das »Abendmahl« veränderten, rückgängig gemacht.

Und das fünfhundert Jahre nachdem Leonardo den Pinsel aus der Hand legte. Die ehrgeizige Restaurierung hat zwanzig Milliarden Lire verschlungen, das sind umgerechnet zehn Millionen Euro. Achtzig Prozent des Gemäldes sind unwiderruflich verloren, lese ich. Ein Fragment also. Eine leere Fläche, auf der Reste einer alten Bemalung aufleuchten, wie es zuweilen auf den weißgetünchten Gemäuern von Gotteshäusern zu finden ist? Das Abendmahl ein Geisterbild?

Das Schicksal des Bildes. Leonardo schuf es nicht in der traditionellen Buon-fresco-Technik, bei der die Farben direkt auf den nassen Putz aufgetragen wurden. Als Grundierung diente ihm eine grobe untere Schicht von Kalziumkarbonat, Schlemmkreide, darauf trug er eine feinere Schicht aus Bleiweiß auf. Zum Malen verwendete er eine Mischung aus Tempera und Öl. Das ermöglichte ihm, langsam zu arbeiten und mitunter noch zu korrigieren. Von einem Novizen des Klosters ist überliefert, daß da Vinci an manchen Tagen von der Morgenfrühe bis nach Sonnenuntergang ununterbrochen arbeitete, daß er aber auch zuweilen kam, aufs Gerüst stieg und nur wenige Pinselstriche ausführte.

Bereits zwanzig Jahre nach der Vollendung wellten sich Teile der Grundierung, Farbe begann abzublättern; 1550 spricht Vasari von einer *wirren Ansammlung von Flecken*. War es die Feuchtigkeit des Mauerwerks im Refektorium des Klosters, oder war die Empfindlichkeit des Bildes vom Maler selbst mitverschuldet?

Der rasche Verfall führte zum einen dazu, daß bereits sehr zeitig Kopien angefertigt wurden (vermutlich auch von Malern, die als Leonardos Gehilfen an der Entstehung des Originals beteiligt waren), zum anderen, daß Restaurierungen ungewöhnlich früh einsetzten. Bereits 1726 wurde von einem Mann namens Bellotti die gesamte Bildfläche mit Öl übermalt; ausgenommen die Gestalten von Judas, Petrus, Johannes und Jesus. 1770 machte Mazza, der nächste Restaurator, den ersten Versuch wieder rückgängig, mit einem Schabeisen kratzte er die Ölfarbe ab. Weitere fünf Restaurierungen folgten; in sie flossen die Auslegungen und Interpretationen der jeweiligen Zeit ein, mitunter wurde der Ausdruck von Gesichtern und Körperhaltungen verändert. Hinzu kamen äußere Einflüsse, die dem Gemälde schwer zusetzten, zur Zeit Napoleons hausten Soldaten in Santa Maria delle Grazie, im Zweiten Weltkrieg wurde das Refektorium im August 1943 durch einen Bombenangriff der Alliierten fast völlig zerstört.

Welcher Mut, Schmutzschichten, Schimmel und die Kruste von Firnissen und Übermalungen von fünfhundert Jahren abzutragen, in der Hoffnung, darunter noch Reste der Originalpigmente zu finden. Welche Geduld. Pinin Brambilla Barcilon heißt der Mann, der – gemeinsam mit seinem Team – mit den ihm zur Verfügung stehenden modernen Mitteln in minutiöser Restaurierungsarbeit dem Gemälde zu Leibe ging.

Ich erinnere mich an das »Abendmahl«, das über meinem Bett hing, als ich ein Kind war. Zuweilen zählte ich vor dem Einschlafen die Jünger, die statuarisch aufgereiht an einer langen Tafel saßen. Oder ich ging ihre Namen durch: Bartholomäus, Jakobus der Jüngere, Petrus, Johannes, Judas Ischariot, Andreas, Thomas, Jakobus der Ältere, Philippus, Simon Zerlot, Matthäus und Judas Thaddäus. Der in der Mitte sitzende Jesus, der seine Hände nach beiden Seiten breitete, war mir der liebste, er hatte langes Haar, sah sanft aus, fast wie ein Mädchen. Das Bild mochte ich auch deshalb, weil es den Makel der *Gottlosigkeit* von mir nahm. Bei einem Kindergeburtstag hörte ich eine meiner Mitschülerinnen mit Blick auf die kleine Reproduktion zur anderen sagen: Sie ist doch nicht *ungläubig*.

Das Dominikanerkloster Santa Maria delle Grazie. Die Kasse. Kopfschütteln. Aber ich solle warten. Eine halbe, eine dreiviertel Stunde vergeht. Eine einzige der bestellten Karten wird nicht abgeholt. Ich bekomme sie. Es werde nichts erklärt, gebe keine Führung, sagt die Aufseherin, die die Gruppe begleitet. Dann wiederum Warten vor einer Tür. Sie öffnet sich, einzeln und sehr langsam kommen – ich zähle – zwanzig Menschen heraus. Wir dürfen eintreten.

Die Intimität des Raums. Die Abwesenheit von leeren Flächen nehme ich als erstes wahr. Gedämpfte, an einigen Stellen aufleuchtende Farben. Die Erregung der Jünger, die wie eine Welle das Gemälde durchströmt, sich an dem in der Mitte sitzenden, in sich ruhenden Jesus bricht, zu wirbelnden Kreisen in den Dreiergruppen der Jünger wird. Die hin und her wogenden Gestalten; eine faszinierende Choreographie von Händen, Kopfbewegungen und Körperhaltungen.

Jesus, als einziger dem Betrachter zugewandt, die Augen gesenkt, still dasitzend, ist der Auslöser der Erregung. Greift seine Hand nach dem Bissen, um Judas, den Verräter, zu überführen: *Der ist es, dem ich den Bissen eintauchen und geben werde.* Nein, beide Hände sind leicht erhoben. Von der rechten ist die Handfläche zu sehen, eine Geste, als spräche er. Es muß der Augenblick davor sein, die Ankündigung des Verrates, jenes: *Unus vestrum me traditurus est. – Wahrlich, wahrlich ich sage euch: einer von euch wird mich verraten.*

Der Schock daraufhin. Abwehrend hebt einer die Hände, einem anderen kommt ein unterdrückter Seufzer aus dem Mund, einer mit traurigem Gesicht Jesus zur Rechten – es könnte Philippus sein – legt, als wolle er seine Unschuld beteuern, seine Hände an die Brust. Die Jünger im Moment der höchsten Krise, aufgestört redend, gestikulierend. Wo ist Judas Ischariot und wo Judas Thaddäus? Und wer ist der am Ende der Tafel, dessen Gesicht kaum erkennbar ist?

Unsanft faßt mich jemand an der Schulter. Jäh werde ich aus meiner Betrachtung gerissen. Ich blicke mich um, sehe, die anderen stehen bereits an der Tür. Mahnung, mich zu beeilen; unbarmherzig werden wir alle aus dem Refektorium nach draußen gewiesen. Genau fünfzehn Minuten Besichtigung sind für jede Gruppe vorgesehen.

Ich bin wie benommen. Heftiger Regen, als ich das Kloster verlasse. In einem nahe gelegenen Café blättere ich in dem in Santa Maria delle Grazie gekauften Buch. Was habe ich alles nicht gesehen! Die Lichtführung in dem Gemälde, die Lünetten über dem Bild, den von Leonardo geschaffenen illusionistischen Bühnenraum, der breiter als das wirkliche Refektorium ist. Ich lese von seinen Bemühungen um Dreidimensionalität, von den perspektivischen Schemata, den bei der Rekonstruktion entdeckten Linien, die er in die Komposition eingeritzt hat, von dem kleinen, in den Putz gestanzten Fluchtpunkt an der Schläfe Christi. Die Kassettendecke im Bildraum ist eine Überarbeitung des 18. Jahrhunderts geblieben, ebenso wurden die dicken Übermalungsschichten von den Wandteppichen nicht abgetragen. Auch der Kopf von Judas Ischariot ist eine Rekonstruktion, lediglich die jüngeren Farbschichten wurden abgetragen, damit er dem Original näherrückt.

Abbildungen. Details, der halbgefüllte Becher mit Wein, das filigrane Gewebe des Tischtuchs, das Messer, das Petrus in der Gefühlswallung des Augenblicks wie eine Waffe hält, die Girlanden aus Früchten und Blättern in den Lünetten mit ihrer symbolischen Bedeutung. Der junge Mann mit dem traurigen Gesicht ist in der Tat Philippus, neben ihm, der mit dem offenen Mund, ist Jakobus der Ältere, der mit den wie zur Abwehr erhobenen Händen ist Andreas. Leonardos Bruch mit der aus dem Mittelalter überkommenen Tradition, in der die Jünger als lineare Gruppe hinter der Tafel angeordnet sind. Die Entstehung des Bildes fällt in eine seiner fruchtbarsten Schaffensperioden, in das Jahrzehnt zwischen 1490 und 1499. Unmittelbar vor und während seiner Arbeit am »Abendmahl« hat er Studien zur Anatomie, Mechanik, Ballistik, zur Bewegung von Lichtstrahlen und zur Ausbreitung von Klangwellen getrieben. Sie sind in das Gemälde eingeflossen; die Übertragung akustischer und optischer Gesetze; die emotionale Dynamik seiner Komposition.

Auf dem Heimweg, es hat aufgehört zu regnen, es nieselt, feuchtes Novemberwetter, der Blick in Gesichter Vorübergehender. Leonardo porträtierte seine Zeitgenossen, gab seinen Jüngern die Züge von Mailänder Bürgern und Höflingen. Wer könnte – ich versuche, in den Gesichtern zu lesen – heute Petrus, wer Johannes, wer Bartholomäus sein?

Mirella und Ferruccio wollen mir nicht glauben, daß ich im Refektorium des Klosters Santa Maria delle Grazie gestanden habe. Der Glücksumstand dieses einen nicht abgeholten Tickets.

4. November
Ein Regentag. In Mirellas kleinem Zimmer auf dem Sofa. Lektüre. Zufällig aus dem Bücherregal gegriffen. Wieder zurückgelegt. Mein Blick auf den Abreißkalender an der Wand. Waren wir vor zehn Jahren tatsächlich zur großen Demonstration auf dem Alexanderplatz in Berlin? Der eine Sohn mit der Karikatur des Noch-Staatsoberhauptes Egon Krenz: *Großmutter, warum hast du so große Zähne*, der andere seinen Wehrdienst bei der Armee ableistend, im Morgengrauen mit seiner Kompanie nach Berlin gebracht, für den *Ernstfall*, den Durchbruch der Demonstranten durch das Brandenburger Tor, mit scharfer Munition ausgerüstet.

6. November
Im Zug von Mailand nach Rom. Schwere Wolken, auf den abgeernteten Feldern Nässe. In der Casa di Goethe eine Ausstellungseröffnung.

7. November
Am Morgen Vogelzüge über Rom. Das laute Krächzen in den Innenhof fallend. Nochmals eingeschlafen. Regen beim Erwachen. Die Glocken läuten. Es ist sieben Uhr. Was ist mit der Reinemachfrau?

8. November
Wieder im Schreiben.

Am späten Nachmittag – schon früh wird es dunkel – in den Park der Villa Borghese. Herbstlicher Geruch. Ein Anflug von Färbung am Laub der Bäume. Nie ist mir in den Sinn gekommen, daß Goethe diese Wege hier ging, über seinen Egmont nachdachte, zeichnete. Er hat die Villa Medici von der Spanischen Treppe aus skizziert, den Blick auf Rom vom Monte Pincio aus. Und im Park selbst sind zwei Arbeiten entstanden: »Allee im Park Borghese« und »Motiv aus der Umgebung der Villa Borghese in Rom«, beide mit Bleistift vorgezeichnet, dann mit Tuschfeder und Aquarellfarben ausgearbeitet, die eine in der Größe 10,8 × 18,9 cm, die zweite annähernd gleich 10,8 × 18,8 cm. Schön auch seine Studien von der Umgebung Roms: »Albaner See bei Castel Gandolfo«, »Villa Reiffenstein in Frascati«, »Kapuzinerkloster bei Albano«, »Landgut in den Albaner Bergen«.

9. November
Vollständig in Lappland verschwunden.

10. November
Erwin Strittmatters Rat: beim Schreiben das richtige Maß von *Beharrlichkeit* und *Beschwingtheit*. Ich habe es.

11. November
Neuerdings kommt die Sicherheitsfirma dreimal in der Nacht. Trauen sie ihrem System nicht, haben wieder Probleme mit ihren Computern? Am Morgen finde ich Zettel: 22 Uhr 06, 4 Uhr 16, 6 Uhr 30, dreimal die gleiche Unterschrift.

Anruf eines römischen Journalisten.

Seine Bitte: vier Vorträge über Goethes »Italienische Reise«, jeweils eine halbe Stunde. Unterkunft in einem Fünf-Sterne-Hotel im Süden mit Blick aufs Meer. Oberste Luxusklasse, fügt er hinzu. Die Vorträge vor 120 Motorjournalisten, sagt er. Was für Journalisten, frage ich. »Focus«, »Stern«, alles, was Rang und Namen habe, eine einzigartige Chance. Ich sage ihm, daß ich an einem Projekt mit meinem Sohn arbeite, ihn dazu in Rom erwarte. Aber Sie können ihn mitbringen, Computer und alles wird gestellt, ich bitte Sie, fünf lächerliche Tage.

Als ich aufgelegt habe, tut mir die Absage leid. Vielleicht hätte es uns Spaß gemacht, hätte uns Aufschlüsse über die Mechanismen der Medien gegeben, zudem, noch nie haben wir ein Fünf-Sterne-Hotel betreten. Wir hätten es, wie wir Ausflüge in fremde Bereiche in DDR-Zeiten nannten, als *soziale Erfahrung* nehmen können. Mein Zeitgeiz hat es nicht zugelassen.

13. November
Neun Stunden geschlafen. Heiter, ausgeruht. Meine Tiefs entstehen immer durch zu wenig Schlaf. Auf den Schlaf habe ich schwerlich Einfluß. Aber auf das zweite, das mir depressive Stimmungen beschert, sehr wohl. Ich nehme mir stets mehr vor, als ich schaffen kann. Bis zu Joachims Ankunft wollte ich ein bestimmtes Pensum bewältigen. Die letzten beiden Schreibtage hatte ich nur *Beharrlichkeit*, die *Beschwingtheit* hatte sich verflüchtigt. Das Papier blieb leer. Sehenden Auges organisiere ich mir solche Niederlagen, Gefühle des Versagens.

Heute kommt der Sohn. In Wien sein Gastspiel mit »No time to loose«. Der Bruder hat ihm assistiert, bringt Technik und Requisiten mit dem Auto nach Berlin zurück. Joachim steigt in Wien in den Zug. Um 21 Uhr 10 kommt er in Roma Termini an. Der Tisch ist gedeckt. Ich fahre zum Bahnhof. Ein Kopfbahnhof. Binario tre. Eine uralte Lok, keuchend rollt sie ein. Joachim mit einem großen Metallkoffer, einem kleinen Koffer, einem Rucksack, auf dem Kopf seine verwegene alte Russenmütze und, ich kenne ihn nicht, gehüllt in einen fast fußlangen eleganten schwarzen Lodenmantel.

16. November
Intensive Tage mit dem Sohn.

Seine Heiterkeit, das Leben ein Spiel, alles gelingt ihm. War ich nicht als junge Frau ebenso? Alles fiel mir leicht, gelang mir. Und jetzt? Habe ich diese Eigenschaft weitergegeben und sie selbst verloren?

Arbeit, Leben, Genuß, alles ist für ihn eins. Er ist begeistert von Rom, will alles sehen, erfahren. Die Architektur der Stadt, seine Geschichte, die Gegenwart, die Menschen. Er hat Vorstellungen, welche Weine er probieren, was er unbedingt essen möchte: schwarze Trüffel, Ossobuco und Saltimbocca alla Romana. Mit den schwarzen Trüffeln sind selbst Bettina und ihre Mitarbeiter an der Piazza Montecitorio überfragt. Aber er läßt nicht locker. In der vierten Gaststätte können wir Platz nehmen: Spaghetti mit schwarzen Trüffeln.

Der Lärm auf dem Corso stört ihn nicht, im Gegenteil, das animiere ihn, reize ihn zur Arbeit. Er zeichnet, schreibt, fotografiert, filmt, nimmt mit dem Recorder die Geräusche der Stadt auf. Arbeitet bis zum frühen Morgen, bis die Kehrmaschinen über den Corso rattern. Wenn ich gegen zehn, halb elf ins Zimmer komme – die Balkontür steht weit offen –, schläft er noch wie ein Stein. Ich denke daran, wie gut wir im Norden, in Roknäs, mit unseren unterschiedlichen Rhythmen zu Rande kamen. Er arbeitete bis gegen drei oder vier Uhr morgens in der Maschinenhalle, oft mit lauter Musik. Ich stand um fünf Uhr auf und schrieb in meiner Kammer. Unsere gemeinsame Zeit lag zwischen fünf Uhr am Nachmittag und in den Abendstunden.

Hier in Rom aber sitzen wir meist bis weit nach Mitternacht. Und am Morgen muß ich um sieben Uhr die Tür öffnen und die Anlage entsichern. Ich gewöhne mir an, die Putzfrau im Nachthemd zu empfangen. Sie lacht. Aber nicht wie sonst fängt sie neben meinem Zimmer mit Saubermachen an, sondern entfernt im letzten Raum des Museums. Dennoch finde ich meist keinen Schlaf mehr. Aber die Müdigkeit bringt mich keineswegs in ein Tief, im Gegenteil, ich gerate in einen überwachen, fast euphorischen Zustand.

18. November

Was wir auch tun, in Garbatella durch die Obst- und Gemüseabfälle des Großmarktes waten, um zum Museum »Maschinen und Götter« zu gelangen, auf dem Brunnenrand der Fontana di Trevi sitzen oder in langen Gängen die Altstadt von Rom durchstreifen, immer sprechen wir von unserem Lappland-Buch. Auch heute, als wir über steile Stiegen bis in die Laterne des Doms gelangten und die Ewige Stadt vor uns lag.

Der Petersdom. Ein Wunsch des Sohnes. Ich war erst einmal dort. Erdrückend groß erschien er mir, den eigenen Herzschlag dämpfend. Das Kolossalgebäude, eine Repräsentation von Macht; ständiges Beweisenwollen, als Kirche des Stellvertreters Gottes auf Erden die größte der Christenheit, die gewaltigste auf dem Erdenrund überhaupt zu sein. Alles schien mir darauf angelegt, den Besucher einzuschüchtern.

Für Winckelmann, ich kann es nicht nachvollziehen, war der Petersdom *größer als alle Tempel der Griechen und Römer*. Erleichterung, als ich lese, daß Rilke von ihm als einem *hoffärtig-großen, leeren Haus, das wie eine hohle Puppe ist*, schrieb, und Julian Green, der gläubige Katholik, davon, daß diese Kirche ihn nicht mehr berührt habe als *eine Bahnhofshalle*.

Einzig eine vergleichsweise kleine Marmorskulptur hinterließ in mir einen tiefen Eindruck: Maria mit dem toten Christus auf dem Schoß. Die Pietà, mit der der noch unbekannte junge Michelangelo Buonarotti 1499/1500 in Rom seinen Ruhm als Bildhauer begründete.

Über die Via della Conciliazione hatte ich mich bei meinem einzigen Besuch dem Petersdom genähert. Eine Straße mit unverkennbar faschistoider Architektur. Geschaffen unter Mussolini, der das Gewirr der alten Gassen des Borgo-Viertels, zwischen Petersplatz und Tiber, niederreißen und die fünfzig Meter breite, zu Aufmärschen geeignete Prachtstraße bauen ließ.

Heute wähle ich einen anderen Weg, den parallel verlaufenden Borgo Santo Spirito, wir kommen seitlich der Kolonnaden Berninis auf den Petersplatz. Eine Schar junger Schwarzhäutiger ist dabei, die Absperrgitter von den Gottesdiensten im Freien wegzuräumen.

Das Innere des Doms. Das dreigeteilte Schiff, 187 Meter lang, das Querhaus 140 Meter breit. Ich sehe, der Bühnenbildner bewundert die Theatralik des Raums. Über dem Hochaltar gedrehte Säulen, ein Dach mit Engeln und floralem Schmuck, ein riesiger Baldachin aus Bronze. Um ihn zu schaffen, wurde das antike Pantheon geplündert. Papst Urban VIII. Barberini ließ die Bronzeverkleidung an der Kassettendecke des Pronaos abnehmen, daraus 80 Kanonen und den Baldachin des

Altars in der Peterskirche gießen. *Was die Barbaren nicht gemacht haben, machte Barberini*, hieß es daraufhin in einem Spottvers.

Laß uns in die Kuppel hochsteigen, sagt der Sohn. Wir gehen in die Vorhalle zurück, fahren mit dem Lift hinauf. Von dem Umgang, der sogenannten Flüstergalerie, der Blick nach unten. Jetzt kann auch ich mich der Gewalt des Raumes kaum mehr entziehen. Dann weiter zu Fuß, mühsam Stufe für Stufe, der Treppenaufgang wird immer schmaler, schließlich müssen wir das letzte Stück durch einen gelbschmutzigen, lichtlosen beklemmenden Schlauch.

Dann stehen wir draußen; ein überwältigender Blick über die Dächer Roms und weit in die Landschaft hinein. Dort oben sprechen wir, als hätten wir nicht die Albaner Berge, sondern das Panorama Lapplands vor uns, über den hohen Norden. Mein Vorschlag eines fiktiven Wanderers als Träger aller Texte findet Zustimmung. Wir entscheiden uns für eine Wanderroute, der Tausende in jedem Sommer folgen. Aber die Jahreszeit, da unser Wanderer über die Seiten des Buches gehen wird, soll der Herbst sein; eine Zeit, da nur noch wenige Gänger in den Bergen Lapplands unterwegs sind. (Erst ein Jahr später, nachdem wir zu dritt die Wanderung nochmals gemacht haben, entschließen wir uns für zwei Erzählfiguren, den jungen Mann und die alte Frau). Dort, über den Dächern Roms, legen wir auch fest, wie sich Bilder und Texte zueinander verhalten sollen, nicht neben- oder untereinander sollen sie stehen, sondern ineinanderfließen. Das bedeutet, daß von uns alles zu leisten ist: Bildbearbeitung, Layout und Satz. Wir wollen dem Verlag das Buch als Datei druckfertig übergeben.

Der Höhenrausch dort oben. Auf dem Rückweg sehen wir uns in der Herder-Buchhandlung Bildbände und Reisebücher an. Welches Format wäre für uns das günstigste? Wir holen Bettinas Rat ein. Und entscheiden uns. Legen eine Seitenzahl fest. Und erstmals taucht an diesem Abend der Titel des Buches auf: »Tage- und Nächtebücher aus Lappland«.

19. November
Am Morgen das Geräusch von strömendem Regen im Innenhof. Nachdem ich die Tür geöffnet habe, schlafe ich wieder ein. Erst gegen neun Uhr werde ich wach. Joachim hat den Tisch bereits gedeckt, das Frühstück ist fertig, er hat Scampis mit viel Knoblauch in Olivenöl gebraten. Ein intensiver Geruch. Ich koche hier, wenn überhaupt, erst spät am Abend, wenn das Museum geschlossen ist, denn der Geruch durchzieht alle Räume. Joachim zeigt sich unbeeindruckt, lacht, Goethe, der Genießer, hätte gewiß nichts dagegen.

Wir essen, reden. Der Regen wird heftiger, plattert, springt in Blasen vom schwarzen Asphalt des Corsos. Joachim öffnet seinen großen Metallkoffer, kramt in einem Stapel Videokassetten. Legt dann eine ein. Reich-Ranicki mit seinem Literarischen Quartett. »Christiane und Goethe. Eine Recherche« wird besprochen.

Es liegt ein halbes Jahr zurück. Ich hatte, obgleich Verlag und Freunde mich mehrfach auf den Termin 18. Juni aufmerksam gemacht hatten, die Sendung nicht gesehen. Bewußt. Auf der Frankfurter Buchmesse 1998, nach meiner Lesung im Hochstift, die Siegfried Unseld eingeleitet hatte, nahm er mich anschließend zu einem Empfang der »Frankfurter Allgemeinen Zeitung« in der Privatwohnung von Frank Schirrmacher mit, stellte mich dort Marcel Reich-Ranicki vor. Mit knarrender Stimme wiederholte dieser meinen Namen, fügte, wie mir schien, spöttisch hinzu, dies sei also die Frau, die ihr Herz für Christiane entdeckt habe. Hält er es für feministisch? Liest er überhaupt all die Bücher, die er bespricht? Ich dachte an Fehlurteile, an Verletzungen, von denen mir Autoren erzählt hatten. Sollte man sich dem aussetzen?

In der Nacht vor dem Sendetermin zudem ein Albtraum. Ich sitze in einem fensterlosen kahlen Raum mit grellen Scheinwerfern, in einer endlosen Reihe mit anderen Frauen, die Stühle stehen an der Wand aufgereiht, ein Aufseher bewacht uns, er trägt eindeutig die Züge des Oberkritikers. Er geht die Stuhlreihen entlang und läßt sein Wortbeil fallen. Noch zweimal wird es fallen, dann ist die Reihe an mir.

Am Morgen der Entschluß, mir das »Literarische Quartett« nicht anzusehen. Daß ich keinen Fernsehapparat besitze, erleichtert ihn. An dem Abend, entsinne ich mich, ging ich früh zu Bett. Gegen elf klingelte das Telefon, Joachim war am Apparat, die Stimme von Reich-Ranicki imitierend schnarrte er: ... *so ergreifend und gründlich ... Dieses Buch hätte den höchsten Preis verdient. Das, was diese Autorin für die deutsche Leserschaft und die deutsche Literatur getan hat,* sei *außerordentlich*. Schlaftrunken nahm ich es zur Kenntnis, sagte, das werden wir feiern, und ging wieder ins Bett. Aber das Telefon klingelte erneut, und es stand nicht mehr still. Freunde und Kollegen gratulierten. *Du hast ausschließlich Bestnoten bekommen. – Sieg auf der ganzen Linie für Dein Buch.* Meine Leipziger Lektorin: *Solche Einmütigkeit gab es im Literarischen Quartett noch nie ...*

Auch am anderen Tag unaufhörlich Anrufe. Und Briefe. Karl Otto Conrady schrieb: *Und gestern Abend war des Jubilierens beim (eigentlich unerträglichen und mit dürftigen Kriterien geradezu inhuman hantierenden) Marcel Reich-Ranicki kein Ende.* Mein Staunen über die Macht der Medien. Ich bin vielleicht nur zufällig gut weggekommen, dachte ich damals.

Die Videokassette. Zum ersten Mal sehe und höre ich, was mir von so vielen kolportiert wurde. Die wichtigsten Sätze Reich-Ranickis aber über meine Art des Zitierens hat mir niemand gesagt. Diese Sätze freuen mich wirklich.

20. November
Den Sohn zum Flugplatz gebracht. Ich bin erschöpft. Die Tage waren sehr intensiv. Ein Strom von Bildern und Gedanken in meinem Kopf. Ich denke an »Christiane und Goethe«. Wie unmöglich es mir schien, die Fülle des Materials zu bändigen, in eine Form zu bringen, wie verzweifelt ich oft war. Der Druck, der während der vier Schreibjahre auf mir lastete.

Jetzt von neuem der Druck, dazu ein völlig unbekannter Weg. Die Entschlüsse, die wir gestern ohne den Dritten im Bunde gefällt haben. Über seinen Kopf hinweg.

War das richtig? Wir stellen ihn vor Tatsachen, ohne ihn an den Entscheidungen beteiligt zu haben.

Mir fällt der Schatten – der einzige – ein, der auf meine Gespräche mit Joachim fiel. Seine Beschwerden über seinen Bruder. Dessen Video zum »Wassertheater« sei nicht so ausgefallen, wie er sich gewünscht habe. Auch in Wien habe es Spannungen gegeben. Als ich wissen will, welche, erklärt er, sie seien nach der Vorstellung bei einer ziemlich abgefahrenen Disko gelandet, er habe dem Bruder gesagt, daß dies für das Lappland-Buch äußerst wichtig sei, er aber habe kein Feuer gefangen. Dieser Zusammenhang will mir nicht einleuchten. Und die Vorstellung selbst, frage ich. Da lief alles perfekt, erwidert er. Dann ist es doch gut, sage ich. Aber ein Schwall von Argumentationen folgt.

Die Kehrseite seiner Philosophie: Arbeit, Genuß, Leben nahtlos zu verbinden. Seine Begabung. Er ist ein von seinen künstlerischen Ideen Besessener. Kann sich schwer in andere hineinversetzen, nimmt sich selbst als Maß.

Sein Bruder ist dabei, sich eine eigene kleine Firma aufzubauen. Ich beobachte, er geht strategisch und ernsthaft ans Werk. Seine Auftraggeber kommen aus unterschiedlichen Bereichen: Plakate und Programmhefte für Theater, Materialien für Medizin- und Pharmazie-Kongresse, Messe-Präsentationen. Er schafft sich mehrere Standbeine. Nur mit der Kunst könne man ein erfülltes Leben leben, meint Joachim. Muß der Bruder das nicht als Bedrängnis empfinden? Sei froh, daß er dir überhaupt hilft, sage ich. Aber er wiederholt das

Gesagte. Er kann nicht aus seiner Haut, spüre ich. Und weiß, der Jüngere muß sich vom Älteren frei machen, sein Selbstbewußtsein wird in dem Maße wachsen, wie er sich von ihm entfernt.

Unsere Dreierarbeit am Lappland-Buch? Ist es überhaupt richtig, Tobias einzubeziehen, wird sich sein Konflikt mit dem Bruder nicht verschärfen. Oder ist es eine Chance, sie einander näherzubringen. Ich bin unsicher. Auf mich wird es ankommen, denke ich. Ich muß aufpassen, daß diese Arbeit ihn nicht verschlingt, in einem vernünftigen Verhältnis zu seinen anderen Aufträgen steht. Ich muß sehr aufpassen. Oder bin ich zuweilen übervorsichtig? Der wiederkehrende Traum, daß ich ihn verlassen habe. Die Projektion meiner Schuldgefühle?

21. November

Totensonntag. Es regnet in Strömen. Gegen Mittag läßt der Regen nach. Mit Bettina in Vulci, im Castello dell'Abbadia und in Cerveteri. Die Grabbeigaben der Etrusker.

22. November

Fünf Grad am Morgen, die Putzfrau kommt völlig verfroren an. Ich hocke im kleinen Zimmer, heute das Schreibpapier auf den Knien, die Füße auf der Plasteschüssel. Konzentration. Glück. Sieben Tage habe ich noch bis zu den Lesungen in Genua und Palermo. Sieben Schreibtage. Am Mittag mit Bettina auf dem Platz nahe dem Pantheon, draußen gesessen, nach dem Essen heißer Tee.

24. November
Gearbeitet.

25. November
Ein Fax von Siegfried Unseld, er bietet mir die Poetik-Professur an der Frankfurter Universität an. Ein ehrendes Angebot. Es hockt wie ein Gespenst neben mir.

26. November
Arbeit. Am Nachmittag Sonne. Im Park der Villa Borghese, alle Schattenbänke frei, alle Sonnenbänke besetzt.

27. November
Das Gespenst Poetik-Vorlesung. Die Entscheidung hinausschieben.

Zum Bahnhof, um Alfredo abzuholen. Von Módena kommt er für einen Tag nach Rom. Seit über dreißig Jahren sind wir befreundet, 1964 lernten wir uns in Weimar kennen. Alfredo ist in Apulien, in Süditalien, geboren und aufgewachsen. Von Beruf ist er Lehrer, lebte lange in Bari, jetzt aber im Norden. Ab 1966 hielt er sich jedes Jahr in den Sommerferien für einen Monat in Ostberlin auf, arbeitete als Übersetzer für »Intertext«. Er besuchte uns oft, wohnte zuweilen auch für einige Tage bei uns; mit ihm und meinen Kindern haben wir viel zusammen unternommen, er gehörte fast zur Familie.

Roma Termini. Er springt aus dem Zug, unverändert sein jugendliches Aussehen, elastischer Schritt, Lachen, betont gerade Haltung. Mit letzterer zogen wir ihn oft auf, nannten ihn einen Preußen, auch wegen seiner Vorliebe für das Militär. Zwei Jahre hatte er bei der italienischen Armee gedient, auf seinen erworbenen Dienstgrad war er stolz. Alfredo schlägt einen Ausflug zur Via Appia Antica vor. Am Wochenende sei die Straße für den Verkehr gesperrt, es sei eine gute Flaniermeile. Wir fahren mit dem Bus 118 bis zur Haltestelle Cecilia Metella. Die zweitausend Jahre alte Straße. Ein warmer Novembertag. Dunst in der Ebene. Der zerstreute Blick auf die alten Grabstellen und Monumente. Nur einmal, an der Fosse Ardeatine, bleibt Alfredo stehen, wenige Kilometer von hier habe Herbert Kappler, SS-Mann, deutscher Polizeichef von Rom, am 24. März 1944 355 Italiener erschießen lassen. Als Vergeltung für ein Sprengstoffattentat italienischer Partisanen in der Via Rasella, bei dem 33 deutsche Soldaten umgekommen seien.

Wir gehen weiter, reden, reden, über unsere Vergangenheit, über verlorene Illusionen ... Täusche ich mich, wenn ich bei dem einstigen IKP-Genossen eine Sympathie für die Lega Nord herauszuhören meine? Wir verlassen das politische Terrain. Ich erinnere ihn an seine über ein Jahrzehnt währende Suche nach einer passenden Frau. Dann die schöne Polin, Tochter eines Generals der polnischen Armee. Sie entführte er in den Westen. Die Hochzeit. Eine Nachfeier in Berlin auf unserem kleinen Holzboot auf dem Müggelsee. Die Geburt ihres Kindes. 1987 dann bin ich erstmals in seinem Zuhause in Módena. Ob er sich entsinne, wie wir damals mit seinem Sohn – er war neun – einen Ausflug nach Mantua und Verona machten. Wir aßen in der

Nähe von Verona im Militärcasino des NATO-Hauptquartiers zu Mittag. Alfredos Dienstgrad verschaffte ihm Zutritt. Viele Uniformen, aufgeputzte Frauen mit Hüten. Der Freund grüßte die höheren Ränge militärisch, ich amüsierte mich. Alles war sehr vornehm. Weiße Tischdecken, Wasser aus Kristallkelchen. Auch zum Nachtisch – eine harte Birne – wurde Besteck gereicht, und das Kind quälte sich, aber der Vater bestand auf Einhaltung der Etikette.

Er lacht, er erinnere sich. Als wir von der Via Appia Antica mit dem Bus ins Stadtzentrum zurückfahren, lädt er mich wiederum in ein Offizierskasino ein. Dieses Faible ist ihm also geblieben. Das Casino im Palazzo Barberini macht im Gegensatz zu dem bei Verona einen sehr bescheidenen Eindruck. Überwiegend alte oder sehr alte Männer – nur vereinzelt in Uniform – sitzen an blankgescheuerten Tischen. Selbstbedienung. Es könnte ein Klub der Volkssolidarität in DDR-Zeiten sein. Wir essen.

Unsere alte Vertrautheit ist im Laufe des Tages zurückgekehrt. Und so taste ich mich vorsichtig zu einer Frage vor, die mir schon lange am Herzen liegt. Es scheint mir fast unmöglich, daß er während der vielen Jahre seiner Arbeit in Ostberlin bei »Intertext« niemals von der Staatssicherheit angesprochen worden ist. Er weiß, ich habe meine Akten nicht eingesehen. Es werde sich an unserer Freundschaft nichts ändern, sage ich, es interessiere mich einfach. Er reagiert unerwartet heftig, er fühle sich in seiner Ehre angegriffen, eine Unterstellung, eine solche Frage hätte er mir niemals zugetraut. Ein Redeschwall. Was ich auch sage, er läßt sich nicht beruhigen. Nun bin ich es, die ins Stottern gerät. Wir trennen uns in einer deutlichen Mißstimmung.

28. November
In der Nacht über den Ausgang des Gesprächs gegrübelt. Unruhe.

Am Morgen Reisevorbereitung. Abbruch des Schreibens. Das in den sieben Tagen Erarbeitete durchgelesen. Unzufrieden. Es dennoch auf eine Diskette übertragen und sie in den Briefkasten in der Via del Babuino geworfen.

29. November
Im Zug.

30. November
Perúgia, die alte Hauptstadt Umbriens. Vor der Lesung ein Empfang. Danach ein offizielles Essen. Nicht immer hat man Glück mit seinen Tischnachbarn. Heute habe ich es. Ein älterer Mann und seine Frau; ihre Gesichter sind mir schon während der Lesung aufgefallen. Es sind der Schriftsteller Paul Wühr und seine Frau Inge Poppe. Sie leben hier in der Nähe in einem Bauernhaus. Verkaufen würden sich seine Bücher nicht, sagt er und lacht. Aber seine Frau veranstalte Symposien zu seinem Werk. Mein Erfolg sei ein Glücksfall, er gönne ihn mir. Er hat das Buch gelesen, er ist einer der wenigen, die die zwischen den Zeilen stehende Bitternis im Verhältnis von Goethe und Christiane wahrgenommen haben.

1. Dezember
Heute nach Génova. Auf dem Bahnhof eine junge Frau, zotteliges Haar, das Gesicht mit roter Farbe verschmiert, eine Drogenabhängige vermutlich, sie läuft, mit brüchiger Stimme singend, einen großen Stoffbären im Arm, die Hand aufhaltend durch die Menge.

Der Blick aus dem Zugfenster. Keine menschenleeren Landschaften wie in Lappland. Eine Ansiedlung folgt der anderen. Dazwischen Ackerflächen und Obstplantagen im Wechsel. Die abgeernteten Felder sind noch nicht umgepflügt, gelb leuchten die Stoppeln in der Sonne. Unter den Obstbäumen liegen große Plastefolien. Mit langen Rechen werden die Früchte heruntergekämmt.

Halt in Magione. Ein Kind im roten Mäntelchen stiefelt auf dem Bahnsteig umher. Hinter Gartenzäunen leuchten Grünkohl und Mangold.

Als nächstes Passignano sul Trasimeno, paradiesisch an einem See gelegen. Hier lebt Paul Wühr. Das Wort Passignano klingt für ihn sicher wie für mich Roknäs in Nordschweden. Hierher lädt er seine deutschen Schriftstellerkollegen ein, hier finden die von seiner Frau veranstalteten Symposien zu seinem Werk statt. Kleine Inseln bevölkern den See, weiße Vögel steigen aus dem Dunst, der über dem Wasser liegt.

Dann Zypressenhaine. Riesige weiße Säulen, die Reste eines Tempels? Wühr, der gestern abend über den zweiten Teil von Goethes Faust-Tragödie sprach. In jedem der Bruchstücke öffne sich ihm eine Welt.

Der Zug hält in Tarantola. Es gibt nichts zu sehen. Später Steinmauern, Felder, auf einer Anhöhe eine Burg.

Das Bahnhofsgebäude von Camucia Cortona, schwere bemooste Dachpfannen, gurrende Tauben. Dann umgepflügte Felder voller heller Erdschollen, und immer wieder Flächen mit Wein, die Rebstöcke bedeckt mit Plastehauben.

Castiglione, ein trauriges Mädchen, wie von Sulamith Wülfing gezeichnet, steigt ein. Ein Autofriedhof, ein Güterzug mit großen Holzstämmen. Arezzo in gleißender Sonne. Noch eine Viertelstunde bis Florenz. Wie auf meinem Weg mit dem Linienbus von Bodø nach Narvik sind auch hier auf der Bahnstrecke viele Tunnel. Fährt ein Gegenzug durch, heftiger Druck in den Ohren. Die beiden alten Frauen mir gegenüber, in ländlich schwarzen Kleidern, reden von ihren Kindern und Enkelkindern.

Umsteigen in Firenze. In einer knappen Stunde wird der Zug in Pisa sein. Ich entschließe mich, dort einen Zwischenhalt zu machen. Eine Stadt zum zweitenmal betreten, Straßen, Plätze wiedererkennen. Zwei Stunden wandere ich durch Pisa. Meine Lesung im April 1987 hier. Die Besteigung des Schiefen Turmes am frühen Morgen. Ich war die einzige Besucherin. Die Treppen im Inneren hoch. Dann das Hinaustreten, der Schock: kein Geländer. Den Rücken und die Handflächen immer im Kontakt mit der Mauer, dort, wo unter den Füßen die Neigung spürbar wurde, befiel mich jedesmal Angst. Aber ich stieg höher und höher, umrundete ihn außen fünfmal. Jetzt große Schilder, das Betreten ist verboten. Weiträumig ist das Gelände abgesperrt.

Der Dom, in dem ich damals am frühen Morgen eine

Messe erlebte. Auch da gab es wenige Besucher. Die Geistlichen im Chorraum, überwiegend alte Männer, mit ihren roten und lila Gewändern. Ich beobachtete die im Chorgestühl Sitzenden, manche gähnten, einige hielten die Augen geschlossen, auch ihr Gesang war müde und lustlos.

Mit dem Eurostar weiter nach Porta Brione. Auf der Karte sehe ich, die Eisenbahnstrecke führt an der Küste entlang. Vorfreude. Aber die Dämmerung beginnt schon einen Schleier über die Landschaft zu werfen, der schwarze Vorhang der Dunkelheit entzieht sie vollends meinen Blicken.

2. Dezember

In Genua im Hotel Bristol erwacht. Der freundliche Empfang gestern. Und ein Vorschlag für den heutigen Tag: mit der Bergbahn nach Righi hinauf. Eine Wegskizze, wie ich zur Abfahrtsstelle komme, liegt bei.

Oben angelangt, steigt auch der Zugführer aus, mit einem Kaffee setzt er sich auf eine Bank in die Sonne. Zum ersten Mal hier, fragt er in meinem Rücken. Steht auf, erklärt mir: Genua, Altstadt, Hafen, Golfo di Génova, rechts Riviera di Ponente, links Riviera di Levante. Auf der anderen Seite Berge, er nennt Namen, und ich sehe auf eine sich weithin schlängelnde vierspurige Autobahn, auf denen sich spielzeugklein unaufhörlich Lastzüge und Personenautos bewegen. *Bello, molto bello,* sagt er. Ich kann ihm nur zustimmen. Hierher komme man nicht jeden Tag. Wenn ich den phantastischen Ausblick genießen wolle, könne ich bleiben;

er nennt mir die nächsten zwei Abfahrtszeiten, er werde Bescheid geben, sagt er, die Hand hebend.

Am Abend meine Lesung im Goethe-Institut.

3. Dezember
Mit dem Bus nach Nervi ans Meer. 19 Grad.

Nach der Rückkehr eine Ausstellungseröffnung im Palazzo Ducale. Die Räume sind mit rotem Samt ausgeschlagen. Kanonen stehen umher. Die lange Ahnenreihe der Dogen.

4. Dezember
Die Leiterin des Goethe-Institutes lädt mich zu einem Ausflug ein. In südlicher Richtung die Küstenstraße entlang nach Camogli. Wir lassen das Auto stehen, wandern über Treppen und einen sich aufwärts windenden Weg bergwärts. Gesäumt wird er von rötlichbraunen Feldsteinmauern, aus denen sich tiefgrünes Buschwerk drängt. Weithin an den Hängen Olivenhaine, knorrige alte Bäume, ausgespannte Netze darunter. Blauschwarz glänzen die Früchte. Auf der Bergspitze die Kirche San Rocco. Ein alter Priester mit gütigem Gesicht. Er erzählt von den sechzig jungen Männern aus den umliegenden Dörfern, die zur Zeit Mussolinis als Vergeltung für eine Partisanenaktion an Ketten gefesselt im Meer ertränkt wurden.

Dunst über dem Meer. Herbstfarben, Herbstgerüche. Weit draußen die Ertrinkenden.

Am Abend Einladung in das Generalkonsulat in Genua. Eine imponierende Konsulin. Nach vierzig Jahren wird die Einrichtung geschlossen. Ebenso das Goethe-Institut in Genua. Viel Unmut ist zu hören, nicht nur im östlichen Teil der neuen Bundesrepublik finde ein Ausverkauf statt, auch hier. Sparen an der falschen Stelle, der Prestigeverlust sei enorm.

5. Dezember
Mit dem Bus nach Pegli. Kalter Wind. Heftige Halsschmerzen. In der Zeitung lese ich, gestern ist in einer Kirche ein Priester ausgeraubt und ermordet worden. San Rocco ist sofort vor mir. Aber der Ort heißt Vernazza.

6. Dezember
Genua, Aeroporto. In »la Repubblica« ein Foto: Der Sarg des ermordeten Priesters schwebt über einer Menschenmenge. Der Name des Ermordeten ist Don Emilio Gandolfo. Er wird zu Grabe getragen.

Unablässiges Handy-Klingeln um mich her.

Mein Flug nach Palermo wird aufgerufen. *Italien ohne Sicilien macht gar kein Bild in der Seele: hier erst ist der Schlüssel zu Allem.* Hat dieser Satz Goethes mich zu einer Lesung in Palermo bewogen? Oder sein *Sicilien deutet mir nach Asien und Afrika und auf dem wundersamen Punkte, wohin so viele Radien der Weltgeschichte gerichtet sind …* Das Flugfeld liegt direkt am Meer. Im Rückblick Genua im gleißenden

Sonnenlicht. Dann das Grün von Monte Portofino, die große Bucht bei La Spézia, hinten eine Gebirgskette mit Schnee bedeckt, die flache Toskana und, mein Herz schlägt heftig, die Gegend, wo ich im September war: San Felice und der Monte Circeo, Sperlonga und Gaeta sind deutlich zu erkennen. Jetzt müßten der Golf von Neapel und der Vesuv auftauchen, aber das Flugzeug dreht ab, nimmt Kurs auf das offene Meer; der Küstenstreifen verschwimmt im Dunst.

Von Neapel aus startete Goethe nach Sizilien. Vier Tage brauchte das *Paquetboot* bis Palermo. Und ebensolange dauerte die Rückkehr von Messina aus. Diese Schiffsreise nach Sizilien war die einzige in Goethes Leben, da er sich für längere Zeit auf offenem Meer befand. (Abgesehen von der Reise mit dem Kurierschiff von Venedig nach Ferrara, das ihn über Chioggia bis Porto di Pila, von dort poaufwärts bis Pontelagoscuro und – zu Lande – weiter nach Ferrara brachte, wo er *die beiden Nächte in* seinen *Mantel gehüllt* auf dem *Verdeck verbrachte.*) Auf der Überfahrt nach Sizilien wurde er seekrank, vom *Tribut* einer *dreitägigen Unpäßlichkeit*, die er dem Meer auf der Hin- und auch auf der Rückreise *zahlen* mußte, berichtet er. Und daß er wegen der Übelkeit *fasten*, ja *hungern* mußte. Zacharias Werner will sogar von Kniep gehört haben, daß Goethe *wie ein Wahnsinniger phantasiert und das Gehen der Matrosen auf dem Verdeck, als er es unten im Bette der Kajüte gehört, für den Gang seiner Großmutter gehalten hatte.* Obgleich Goethe meistens in der Kajüte lag – auf der Hinfahrt nach seiner Aussage über den Tasso nachsinnend –, hinterließ das Meer einen bleibenden Eindruck. *Hat man sich nicht rings-um vom Meere umgeben gesehen, so hat man keinen Begriff von der Welt und von seinem Verhältnis zur Welt*, schrieb er und daß ihm *diese große simple Linie ganz neue Gedanken gegeben.*

Welchen *Begriff von der Welt*, welche *neue Gedanken* würde ihm eine Reise mit einem modernen Flugzeug bringen, würde er die Küstenlinie Italiens, das weite Meer und die Berge und Buchten Siziliens aus der Vogelperspektive sehen?

Der Flugkapitän kündigt die Landung an. Nachdem wir unterhalb der dichten Wolkendecke sind, sehe ich nur bräunlichen Dunst. Smog? Ich denke an Goethes Ankunft. Von *dunstiger Klarheit*, die um die *Küsten schwebte*, schreibt er, als das Schiff in den Hafen von Palermo einlief. *Die Reinheit der Konture, die Weichheit des Ganzen, das Auseinanderweichen der Töne, die Harmonien von Himmel, Meer und Erde. Wer es gesehen hat der hat es auf sein ganzes Leben.*

Aeroporto »Falcone e Borsellino«, 30 Kilometer westlich von Palermo gelegen. Benannt nach Giovanni Falcone und Paolo Borsellino, den beiden Richtern, die gegen die Mafia zu Felde zogen und es mit ihrem Leben bezahlten. 1992 wurden sie ermordet. Die Fahrt mit dem Taxi in die Stadt dauert eine Ewigkeit, chaotischer Verkehr, Hupen, lautstarke gegenseitige Beschimpfungen der Autofahrer, aber alles geschieht mit einer gewissen Gelassenheit, nirgends verbissene Gesichter. Schließlich Hochhäuser, ein Neubauviertel; gesichtslos und häßlich wie überall auf der Welt. In einem der Hochhäuser meine Unterkunft, privat bei der Leiterin des Goethe-Institutes von Palermo. Als wir uns in Rom kennenlernten, hat sie nach meinen Wünschen für die sechs Tage Sizilien gefragt. Alles ist perfekt vorbereitet.

Noch habe ich meine Sachen nicht ausgepackt, da werde ich von einer jungen Frau abgeholt. Wieder geht es in den dichten Verkehr, teilweise fahren wir im Schritttempo. Felsmassen aus grauem Kalkstein, der Monte Pellegrino zur Rechten, und, eine Handbewegung, nach Westen dehne sich die weite Ebene der Conca d'Oro. Wir verlassen die Autobahn, es geht bergauf. Die Kathedrale von Monreale wolle sie mir zeigen.

Dann stehen wir in ihr. Goldglänzend die Mosaiken. Bin ich im Morgenland? Griechen, Römer, Phönizier, Sarazenen und Normannen, alle seien hier gewesen, daher die Symbiose von abendländischer und morgenländischer Kultur. Die Kapitelle der marmornen Säulen im Kreuzgang. Die grotesken Figuren, was erzählen sie? Ich kann mich nicht lösen.

Meine Begleiterin drängt, wir müßten pünktlich zum Empfangsessen von Goethe-Institut und Universität wieder in Palermo sein. Sie spricht ausgezeichnet Deutsch. An der Universität Palermo habe sie es gelernt. Sie sei nicht in Sizilien geboren, als Studentin sei sie aus Norditalien hierhergekommen. Jetzt sei sie vierunddreißig und seit acht Jahren mit einem Sizilianer verheiratet. Ihr Mann sei Rechtsanwalt, habe seine Kanzlei in Palermo.

Meine Erkältung plagt mich noch immer. Wir halten an einer Apotheke. Die junge Frau schwört auf homöopathische Mittel, sie kauft eines, ich schlucke winzige Kügelchen.

7. Dezember
Am frühen Morgen drei Kirchen. Das sei ein Muß in Palermo, sagt meine Begleiterin. Die Kirche San Giovanni degli Eremiti, die Palatinische Kapelle, die Cattedrale Maria Santissima Assunta. Wir eilen von einer zur andern. Wieder die orientalische Pracht; wieder die Anmutung von Morgenland.

Dann – mein Wunsch – zum Mercato La Vucciria, dem Altstadtmarkt. Es herrscht ein unglaubliches Gedränge. Eine Lärmwolke schwebt über allem, fast jeder der Stände hat sein eigenes Radio. Die Rufe der Verkäufer, ihr Anpreisen der Waren mischt sich mit sizilianischer Volksmusik, mit Fetzen von Opernarien, Verdi und Puccini. Heiterkeit liegt über allem, Lust am Verkaufen und Kaufen ist zu spüren. Die Buden, oft winzig, sind mit Tüchern überspannt. An den Metzgerständen Fliegenschwärme. Übervolle Stände mit frischem Fisch. Meine Begleiterin begutachtet mehrere Fischsorten, kauft dann einen Schwertfisch. Langes Feilschen um den Preis, sie schäkert mit dem Fischhändler, ein lauter Wortschwall hin und her, sie handelt den Preis herunter. Auberginen, Fenchel, wilder Spargel, Lorbeer und Löwenzahn wechseln – wiederum mit lautem Palaver – aus den Händen der Verkäufer in die meiner Begleiterin. Mit dem vollen Korb zum Auto.

Ob ich ihren Mann kennenlernen wolle. Wir fahren

zur Kanzlei des Rechtsanwalts. Ein altes Haus mit schönem Treppenaufgang. Im Flur liegen Bretter. Und dann der seltsame Anblick: Ein schmaler, vielleicht sechzigjähriger Mann sitzt in einem hohen kalten Raum im Mantel mit hochgeschlagenem Kragen an seinem Schreibtisch. Seine auffallend schönen, feingliedrigen Hände liegen auf der Tischplatte. Sonst nichts. Nirgends kann ich ein Schriftstück, kann ich Akten oder Ordner sehen. Er grüßt freundlich. Die beiden wechseln auf sizilianisch einige Sätze. Dann stellt meine Begleiterin ihren Korb auf die Bretter im Flur. Ohne daß wir uns verabschiedet haben, gehen wir, die Tür klappt zu, im Treppenhaus sagt sie, ihr Mann liebe sie sehr, und er wünsche sich sehnlich ein Kind von ihr.

In einer Pizzeria bestellt sie zwei *Caffè Corretto* und einen Teller mit *Cannoli*, gefüllte Teigrollen mit zimtgewürztem Quark. Das Gespräch geht um das Kind. Ihr fehle als Nichtsizilianerin die Familie, Mutter und Großmutter, ihre Stelle an der Universität würde sie verlieren. Ich rede ihr zu, wie ich es immer tue, wenn es um ungeborene Kinder geht.

Wir sehen auf die Uhr. Am Büfett läßt sie *Caponata* einpacken. Für die Reise, sagt sie, es sei ein Nationalgericht, Reisbällchen, gefüllt mit gekochten Auberginen, Kapern, Kürbis, Tomaten und Oliven, man könne es gut kalt essen. Am Busbahnhof holt sie mit Schwung meinen Rucksack aus dem Kofferraum. Pünktlich um 13 Uhr verlasse ich Palermo.

Mit dem Überlandbus quer über die Insel an die Ostküste nach Catania. Fast vier Stunden Fahrt. Eine karge, bergige Landschaft, von den über ihr hängenden Wolken in ein eintöniges Graubraun getaucht, kein Baum, kein Strauch. Ich bin in Lappland, augenblicks geht mir das Herz auf. Dann aber, in den Ebenen, überraschend aus dem Nichts auftauchend, endlose Haine mit Apfelsinenbäumen, übervoll von Früchten.

Drei Stunden Aufenthalt in Catania. Ich werde erwartet. Eine Freundin der Leiterin des Goethe-Institutes, eine junge Künstlerin, zeigt mir die Stadt. Atmet sie auf, als ich auf ihre Vorschläge entgegne, ich möchte weder die Gräber in der Cappella della Madonna noch in der Cappella di Sant'Agata, auch nicht das von Friedrich II. errichtete, am Meer gelegene Stauferkastell sehen. Einfach schlendern wäre mir am liebsten. Wir laufen die Via Vittorio Emanuele II. entlang, den Ätna immer im Blick. Den 3323 Meter hohen Berg, den Berg der Berge, den *Mongibello*, wie ihn die Einheimischen in einer lateinisch-arabischen Wortschöpfung nennen. Und Catania, sagt sie, heiße die *schwarze Tochter des Ätna*. Seit der Antike wurde die Stadt siebenmal durch Erdbeben und Vulkanausbrüche völlig zerstört. 1669 der letzte verheerende Lavastrom, 1693 ein Erdbeben. Danach dann, zu Beginn des 18. Jahrhunderts, der Wiederaufbau Catanias im barocken Stil, größtenteils aus dunklem Lavagestein. Wir stehen auf der Piazza del Duomo, am Brunnen mit dem Elefanten, der einen ägyptischen Obelisken trägt. Da ich auch auf den Anblick des Grabes von Vincenzo Bellini, dem berühmtesten Sohn der Stadt, verzichte, lädt mich die junge Frau zu einem Tee in ihre Wohnung ein. Hohe dunkle Zimmer, kostbare alte Möbel. Für einige Minuten verläßt ihr Mann sein Arbeitszimmer, setzt sich zu uns. Ich spüre die Spannung zwischen den beiden, sie scheint nicht glücklich mit ihm. Mehrfach fällt er ihr ins Wort, korrigiert sie wegen Lappalien. Nennt sie *Kind, Kindchen.*

Dann am Busbahnhof. Das erleuchtete Schild *Siracusa*. Die Sorge der jungen Frau, daß ich dort in der Dunkelheit ankomme. Warnung zur Vorsicht. Und, als habe sie meine Gedanken erraten, sagt sie, ihr Mann sei im Moment sehr nervös, er arbeite zu viel.

Fahrt die Ostküste entlang nach Süden. Zweieinhalb Stunden bis Syrakus. Späte Ankunft. Auf dem Weg vom Busbahnhof zum Hotel, das in der Altstadt, auf der Insel Ortigia, liegt, treffe ich keinen einzigen Menschen, nur freilaufende streunende Hunde sind unterwegs. Ein nachttrunkener Portier. Ich öffne das Fenster im Zimmer. Das Anschlagen des Meeres gegen eine Mauer ist zu hören. Das Meer selbst ist nicht zu sehen. Schwarze finstere Nacht.

8. Dezember

In Syrakus erwacht. Das habe ich mir ausgedacht. Am 7. Dezember wollte ich den südlichsten Punkt meiner Reise erreichen. Am 7. Juni war ich am nördlichsten, in Narvik. Dort ging die Sonne nicht unter, noch um Mitternacht stand sie am Himmel, und auf den Bergen lag Schnee, die Leute fuhren Ski. Jetzt, im Dezember, ist es in Sizilien sommerlich warm, es sind fast zwanzig Grad. Syrakus. Schon als Kind faszinierte mich das

Wort. Ich erinnere mich, wie ich es buchstabierte: Sy – ra – kus. Auf einem Buchdeckel, der auf dem Nachttisch meines Vaters lag, las ich es. Johann Gottfried Seume, »Spaziergang nach Syrakus«, das Lieblingsbuch meines Vaters. Nie ist er, der Reisebegierige, nach Syrakus gekommen. Erst machte der Krieg seine Pläne zunichte. Dann die Mauer. Und als sie fiel, war er sechsundachtzig Jahre alt.

Nach dem Frühstück mache ich zunächst einen kleinen Gang über die Insel Ortigia. Ziellos lasse ich mich treiben. Das starke südliche Licht, ich meine die Nähe zum afrikanischen Kontinent zu spüren. Das Ionische Meer. Die Farbkaskaden der Häuser an der Ufermauer. Dann enge Gassen; dunkle Schattenfelder, Stellen, in die das gleißende Morgenlicht wie ein Stein fällt. Und überall der Duft nach frischem Brot, obgleich ich nirgends einen Bäckerladen entdecken kann. Schon habe ich die Insel durchquert. Ich laufe durch andere Gassen zurück, auch hier der verführerische Geruch und das Spiel von Licht und Schatten.

Ich komme an ein Gebäude mit der Aufschrift »Galleria Regionale di Palazzo Bellomo«. Ich zögere, soll ich eintreten? Ich tue es, bezahle, laufe ein wenig lustlos durch die Säle, viele Historienbilder. Mit einemmal halte ich Schritt und Atem an.

Ich stehe vor einem Gemälde, es muß ein Caravaggio sein. Ein Raum von düsterer Verlassenheit, steil aufragende, in dunklen Farbtönen gehaltene riesige Wände, die die gesamte obere Bildhälfte einnehmen. In diesem Raum von erdrückender, gespenstiger Leere liegt eine tote junge Frau auf der nackten Erde, ihr Kopf ist zur Seite gesunken, eine Schnittwunde ist am Hals erkennbar. Das ist so existentiell, daß ich das Gefühl habe, mein Körper ist es, der da auf der kalten braunen Erde liegt, und die zwei in der vorderen Bildebene stehenden, mit Schaufeln bewehrten zyklopischen Totengräber, mit dem Ausheben der Gruft beschäftigt, tun das für mich. Erst viel später nehme ich die verloren wirkende, dicht gedrängt stehende kleine Trauergemeinde wahr: ein junger Mann in einem leuchtend roten Mantel, eine verschleierte Frau ihm zur Rechten, eine Kniende, die fassungslos ihren Kopf in die Hände stützt. Und rechts, von einem der Totengräber fast verdeckt, ein Soldat und ein Bischof, an Mitra und Stab erkennbar.

Ich kann mich kaum lösen, gehe zum Ausgang des Museums, kehre um. Stehe wieder vor der in dem unterirdischen Verlies auf dem kalten Erdreich in trostloser Verlassenheit liegenden toten jungen Frau.

Im Hotel fühle ich mich müde, die Erkältung, ich habe Kopfschmerzen. Mein Plan war heute, in die Neustadt zu fahren, in den »Parco Archeologico«, die größte und bedeutendste Ausgrabungsstätte von Monumenten der griechischen und römischen Epoche. Ich kapituliere, lege mich ins Bett und lese, was ich alles versäume: das griechische Theater, in dem 427 v. Chr. Aischylos' Tragödie »Die Perser« eine Aufführung erlebte, das dann 238 v. Chr. umgebaut wurde und mit 15 000 Zuschauern das größte der griechischen Welt ist. Über meiner Lektüre schlafe ich ein.

Als ich erwache, sind fast zwei Stunden vergangen. Die junge Frau auf der nackten Erde. Damals las ich nicht nach, wen Caravaggio da gemalt hatte, wie er überhaupt nach Syrakus gekommen war. Als Gejagter, als Flüchtling kam er. Innerhalb von etwa zwei Monaten muß das Gemälde entstanden sein. Die Termini ante und post quem sind seine Flucht aus Malta am 6. Oktober 1608 und seine Ankunft in Messina im Dezember des gleichen Jahres. 1606 hatte er in Rom im Streit einen Mann getötet und war mit dem päpstlichen Bann belegt worden. Er floh aus der Ewigen Stadt. In Neapel und später auf Malta gelangte er durch seine Arbeiten wieder zu Ruhm. In Valletta ernannte man ihn sogar zum Ritter des Malteser-Ordens. Dann aber warf man ihn ins Gefängnis. War der päpstliche Bann entdeckt worden, war es ein Komplott? Wiederum gelang ihm die Flucht. Nun nach Syrakus. Überliefert ist, daß er hier von seinem römischen Werkstattmitarbeiter Mario Minniti empfangen wurde und durch ihn einen Auftrag erhielt. Für den Hochaltar der Kirche Santa Lucia, die in den Jahren 1608 bis 1610 restauriert wurde, sollte er ein Bild schaffen. Die Kirche lag über den frühchristlichen Katakomben. In ihnen war Lucia, eine frühchristliche Heilige, bestattet worden. Unter Diokletian hatte sie das Martyrium erlitten. »Das Begräbnis der heiligen Lucia« ist der Titel des Bildes. Der ruhelose Caravaggio ging von Syrakus nach Messina, dann nach Palermo, von da nach Neapel. In Neapel malte er zwei Selbstporträts: »Johannes der Täufer« und »David mit dem Kopf des Goliath«. Beide waren als Geschenke für seinen Gönner Scipione Borghese gedacht, der sich in Rom mühte, bei Papst Paul V. einen Gnadenerlaß für den Maler zu erwirken. Die Bilder waren Eingeständnisse seiner Schuld und die Bitte um Vergebung. In Porto Ercole, einem von den Spaniern besetzten Hafen an der Tibermündung, unweit von Rom, erwartete Caravaggio den bevorstehenden päpstlichen Gnadenerlaß. Aber noch ehe dieser ihn erreichte, erkrankte er an einem Fieber, seine letzten Tage soll er im Hospiz der Confraternita di San Sebastiano verbracht haben. Am 18. Juli 1610 starb er, noch nicht vierzig Jahre alt, in Porto Ercole.

Schlief ich an jenem Dezembertag in Syrakus ein zweites Mal ein? Ich entsinne mich, wie ich mich am frühen Nachmittag aufraffte, um den auf einem antiken Tempel errichteten Dom Santa Maria delle Colonne auf Ortigia zu besichtigen; antike Säulen sollen in das christliche Gotteshaus integriert, der Altar ein antiker Block sein.

Als ich den Platz vor dem Dom erreiche, wogt eine Menschenmenge auf ihm. Ich dränge mich bis in die Nähe des Portals durch. Ein Weiterkommen ist unmöglich. Ein süßer Duft steigt mir in die Nase. An einem dicht umlagerten Stand wird brauner Zucker auf heiße Marmorplatten gegeben, zischend schmilzt er, und die hauchdünne Masse wird blitzschnell und mit großem Geschick an einem Stab aufgerollt. Noch heiß wandert die Leckerei in ausgestreckte Hände. Ich beobachte es eine Weile. Da beginnen die Glocken des Doms zu läuten, in die Menge kommt Bewegung, das Portal öffnet sich, und das Geläut vermischt sich mit den aus dem Inneren dringenden Orgelklängen. Über den Köpfen der Menschen wird aus dem Dom, auf einem großen Gerüst schwankend, eine Muttergottes getragen. Ist sie aus Pappmaché, aus Holz? Im Näherkommen sehe ich, sie ist aus Holz, die Farbe an Stirn und Gewand ist zum Teil abgeblättert. Eine Gasse bildet sich, die vorn stehenden Frauen fallen auf die Knie, die Hände betend erhoben, brechen sie in Wehklagen und Schreien aus, laut und schrill setzt es sich in der dichten Menschenmenge wie eine Schallwelle fort. Die Maria schwankt über den Köpfen, bewegt sich in meine Richtung, kommt näher, ist in der Höhe der heißen Marmorplatten. Ich sehe, wie einer der Zuckerbäcker sich mit der linken Hand bekreuzigt, seine Arbeit aber nicht unterbricht. Immacolata Concezione, Marie Empfängnis, feiere man heute, erzählt mir ein Mann. Die Prozession zu Ehren der Muttergottes gehe über ganz Ortigia. Zum Abschluß werde es ein Feuerwerk geben.

Gegen neun bin ich in meinem Hotel, noch immer ist der Lärm der fröhlich Feiernden zu hören und übertönt das an die Mauer schlagende Meer. Ich schalte den Fernseher ein. Der Papst weiht in Rom ein Teilstück eines Autotunnels am Vatikan ein. Riccardo Muti dirigiert in der Mailänder Scala eine Premiere. Ausführlich werden die Kleider der Damen bei der Premiere gezeigt. Ich denke an Bettinas Ausspruch, das oberste Gebot in Italien sei, eine gute Figur, *una bella figura*, zu machen. Im Einschlafen die ersten Böllerschüsse des Feuerwerks.

9. Dezember
Rückfahrt mit dem Bus nach Palermo. Die Strecke von Syrakus bis Catania, die ich hinwärts bei Dunkelheit fuhr, eine endlose Industriezone; Petrochemie, Raffinerien, Bohrtürme, Batterien von Strommasten, rauchende Schlote und überall Wohnsilos aus Beton.

Am Abend die Lesung im Goethe-Institut. Professor Cometa, ein Goethe-Experte – ich bin ihm schon in Rom in einer Urfaust-Aufführung begegnet –, leitet sie ein. Dann »Christiane und Goethe« auf sizilianisch. Eine Studentin hat die kurzen Textstellen, die ich lese, übersetzt. Schließlich übernimmt der Professor wieder, dolmetscht die Fragen aus dem Publikum und meine Antworten. Danach im Hochhaus eine Runde von acht Leuten. Am Ende bin ich froh, daß ich nur wenige Schritte zu gehen brauche, um in mein Bett zu fallen.

10. Dezember
Heute in Segesta. Der dorische Tempel aus dem ersten Viertel des 5. Jahrhunderts vor Christus. Meine Begleiter, ein verliebter Student mit seiner Freundin, bleiben auf dem Parkplatz zurück. Ganz allein wandere ich durch vertrocknete Disteln und wilden Fenchel bergwärts. Am Ende eines weiten Tales liegt der Tempel einsam auf einer Anhöhe. Nur das Geräusch des Streifens der verdorrten Kräuter an meinen Schuhen ist zu hören. Ansonsten Stille. Nicht einmal ein Vogellaut. Dann bin ich in der mächtigen Säulenhalle, die nie fertig geworden ist, ihr Dach der Himmel. Die verwitterten jahrtausendealten dorischen Säulen. Die hohe Lichtin-

tensität. Die Dezembersonne steht schon tief. Klare starke Schatten.

Der letzte Abend in Palermo. Zu zweit. Die Leiterin des Goethe-Institutes erzählt von ihrem in Chile 1973 verschollenen Mann, ihr gemeinsames Kind war vier Jahre. Die Nähe, die sich einstellt. Ähnlich war es in Genua. Die Lebensklugheit, Kultiviertheit, Souveränität; die Wärme dieser beiden Frauen. Unsere intensiven Gespräche. Das Sich-Öffnen. Und dann der Abbruch. Das Wissen, sich im Leben vielleicht nie wiederzusehen. Oder ist das gerade die Bedingung dieser rückhaltlosen Nähe? Der Unterschied zu Rom. Da bleibt alles Distanz.

11. Dezember
In Palermo am Morgen heftiger Regen. Der Himmel ist schwarz. Dann kommt die Sonne, und ein Regenbogen leuchtet über der Stadt. Ein Geschenk zum Abschied.

Der Aeroporto »Falcone e Borsellino«.

Sechs Tage in Sizilien. Sechs Wochen, vom 2. April bis 12. Mai 1787, hielt sich Goethe zusammen mit dem Maler Christoph Heinrich Kniep auf der Insel auf. Er reiste mit einem Schutzbrief, einem Paß, ausgestellt auf *Giovanni de Goethe di Weimar, Tedesco*. Kniep zeichnete, Goethe notierte seine Beobachtungen zu Flora, Fauna, Geologie, Mineralogie, zu Architektur und Menschen. Bis zum 17. April blieben die beiden in Palermo.

Dann reisten sie, begleitet von einem *Vetturin*, einem Eselstreiber, zu Pferde oder auf Mauleseln über *Alcamo nach Segest, nach Castell Veterano, Grigent, Caltanisetta, Castro Giovanni* und schließlich über Catania und Taormina nach Messina.

In Palermo wurde der Autor des »Werther« vom Vizekönig empfangen, und dieser versprach, ihn auf seinem *Weg durch Sicilien auf alle Weise zu fördern.* Im Landesinneren aber war es zuweilen schwierig, eine *leidige Herberge* zu finden. In der Gegend um Enna gab es zwar für die *Maultiere ... prächtig gewölbte Ställe*, und die *Knechte schlafen im Klee, das für die Tiere bestimmt ist*, aber für die Reisenden gab es weder Betten noch Tische und Stühle. Einzig niedrige *Böcke aus starkem Holz* waren vorhanden. Diese benutzten Goethe und Kniep als *Bettfüße,* borgten sich bei einem *Tischler ... so viel Breter als nötig sind, gegen eine gewisse Miete*, und den *große⟨n⟩ Juchtensack*, den ihnen der Maler Philipp Hackert für die Reise überlassen hatte, füllten sie mit Stroh. Und das Nachtlager war fertig.

Befremdlich waren ihnen manche Eßgewohnheiten der Sizilianer. So verzehrte ihr Vetturin rohe Kohlrabi und rohe Artischocken. Und in einem Tal, wo *ungeheure Distelmassen* wuchsen, begegnen ihnen *ein paar sicilianische Edelleute*, und sie sehen *mit Verwunderung*, wie diese *mit scharfen Taschenmessern, vor einer solchen Distelgruppe stehen und die obersten Teile dieser emporstrebenden Gewächse niederhauen; sie faßten alsdann diesen stachligen Gewinn mit spitzen Fingern, schälten den Stengel und verzehrten das In-*

nere desselben mit Wohlgefallen. Als der Vetturin auch ihnen solches *Stengelmark* zubereitet und versichert, es sei *eine gesunde kühlende Speise, wollte* es *uns aber so wenig schmecken als der rohe Kohlrabi*; die beiden bleiben dabei, sich *an Wein ... und gutem Brot* zu *erquicken.*

Als Goethe dreißig Jahre später seine »Italienische Reise« verfaßt, verbrennt er *alle Papiere, auf Neapel und Sizilien bezüglich.* Er *widmete* sie *dem Feuer*, heißt es. Nur weniges bleibt erhalten, so ein Brief an Frau von Stein vom 17. April 1787. Ihn schenkt er im Februar 1816, also noch zu Lebzeiten Charlottes, seinem Freund Zelter: *... sende ich Dir ein uralt Blättchen, das ich nicht verbrennen konnte. Was man doch artig ist, wenn wir jung sind.*

An diesem 17. April besucht der Siebenunddreißigjährige den Botanischen Garten in Palermo. *Im Angesicht so vielerlei neuen und erneuten Gebildes*, schreibt er nach Weimar, *fiel mir die alte Grille wieder ein: ob ich nicht unter dieser Schar die Urpflanze entdecken könnte?* Später wird er notieren: *So leuchtete mir ... in Sizilien die ursprüngliche Identität aller Pflanzenteile vollkommen ein.*

Sizilien als der Ort, wo er zu seiner *Welterschaffung ... manches erobert.* Nicht nur in bezug auf die Botanik, sondern vor allem auf die Geologie. Goethe, seit seiner Verantwortung für das Ilmenauer Bergwerk leidenschaftlich am Phänomen der Erdentstehung interessiert, sammelt in Sizilien unablässig Gestein, die *rote tonig-kalkige Erde* fasziniert ihn, immer wieder ist von in verschiedensten Schichten gefundenem *Kalk-*

stein die Rede. Hat er noch seine in Thüringen entstandene Idee, einen »Roman über das Weltall« zu verfassen, im Kopf? In Neapel besteigt er dreimal den Vesuv. In Sizilien will er von Catania aus auf den Ätna. Er erhofft – das Meer ist nahe –, Kalkablagerungen zu finden, die vor Tausenden Jahren entstanden sind. Als zu gefährlich wird die Besteigung des Ätna aufgegeben. Statt dessen reitet er am 4. Mai 1787 auf einem Maultier zusammen mit dem Maler Kniep zu einem Nebenkrater des Ätna, zum *Doppelgipfel des Monte-Rosso*. Der Weg führt in *die Region der durch die Zeit noch ungebändigten Laven. Zackige Klumpen und Tafeln starrten uns entgegen ... Wir rückten dem roten Berge näher, ich stieg hinauf; er ist ganz aus rotem vulkanischen Grus, Asche und Steinen zusammengehäuft.* Dort findet er das, worauf es ihm ankommt, alte Lava vom Ausbruch des Ätna im Jahr 1669. Die Kalkvorkommen waren für Goethe die Bestätigung der Stetigkeit der Erdentwicklung. Seine entschiedene Wendung gegen die Theorie der Vulkanisten und sein lebenslanges Bekenntnis zum Neptunismus hat in Sizilien seinen Ursprung. Seine Erkenntnisse in Botanik und Geologie meint er wohl, wenn er davon spricht, daß in *Sizilien ... der Schlüssel zu Allem* liege, wenn er die Insel als den *wundersamen Punkt* bezeichnet, *wohin so viele Radien der Weltgeschichte gerichtet* sind.

Was wird von Sizilien in meiner Erinnerung bleiben? Die karge, seltsam schöne Landschaft, auf meinem Weg von Palermo nach Catania durchfahren, hat kaum eine Chance, zu fest haben sich die Berge Nordschwedens und Norwegens, hat sich die Landschaft Lapplands in meine Seele gegraben. Welche Bilder werden es sein? Der Rechtsanwalt in seinem Mantel in dem hohen kalten Raum seiner Kanzlei, die vor der abgeblätterten Statue der Mutter Gottes wehklagenden und auf die Knie fallenden Sizilianerinnen in Syrakus, die Augen meiner jungen Begleiterin bei dem Gespräch in der Pizzeria über ein Kind, die Lichtintensität und sakrale Stille in Segesta? Die petrochemische Zone zwischen Syrakus und Catania, das Chaos des Verkehrs, die Betonwüste Palermo? Oder einzig Caravaggios Gemälde »Das Begräbnis der heiligen Lucia«?

12. Dezember
Gestern Ankunft in Rom. Mein Zimmer wurde in den vierzehn Tagen nicht saubergemacht. Sie habe den Schlüssel nicht bekommen, sagt mir die Putzfrau am Morgen. Ich lasse mir von Domenico Eimer, Wischlappen und Putzmittel geben; in zweieinhalb Stunden ist alles geschafft.

Ich habe unsäglich aufgeladen und brauche Ruhe es wieder zu verarbeiten, schreibt Goethe nach der Rückkehr aus Sizilien an Herder.

Die Faszination, die die im Zimmer an den Schrankwänden befestigten Wanderkarten von Lappland auf mich ausüben. Ich starre auf sie, öffne meinen Computer, rufe den Text auf. Ohne Übergang scheint alles in den vierzehn Tagen Gesehene und Erlebte zu versinken. Ich bin wieder im Norden. Schreibe an dem

Punkt weiter, an dem ich am 26. November aufgehört habe.

13. Dezember
Anruf meines Rechtsanwaltes. Ich solle keinesfalls selbst mit dem Verlag sprechen. Mein Instinkt sagt mir, ich darf die Klärung von Fragen nicht ihm überlassen. Ich muß es tun. Doch schließlich stimme ich seinen Vorschlägen wieder zu, er hat den längeren Atem. Oder ist es meine Scheu vor Auseinandersetzungen, meine Bequemlichkeit?

Es regnet seit zwei Tagen, alle Wege im Park der Villa Borghese stehen unter Wasser.

16. Dezember
Seit der Rückkehr aus Sizilien alle Morgenstunden an meinem Text.

Und vor Tagen der Besuch eines alten Freundes. Auch ihn habe ich in Weimar kennengelernt, auch er ist in Süditalien geboren und aufgewachsen. Mimmo ist Professor für Germanistik in Bari. Dieses Bari am Hacken des Stiefels war 1987 meine erste italienische Stadt. Von Berlin-Schönefeld war ich nach Mailand geflogen, von dort mit dem Nachtzug nach Bari gefahren. Der Schock: der Fußgänger war ein Nichts. Ungeniert parkten die Autos auf den Gehwegen. Der nächste Schock: die Anweisung, niemals mit einer Handtasche auf die Straße zu gehen, auch kein Portemonnaie bei sich zu haben, selbst in der Wohnung wurde meine Barschaft in eine Schallplattenhülle gesteckt. Meinen Paß verwahrte Mimmo in der Innentasche seines Jacketts. (Er habe Erfahrung mit allzu leichtgläubigen DDR-Bürgern.)

Eine Lesung aus »Vögel, die verkünden Land« vor Studenten, ein Seminar über Volker Braun an der Universität.

Die Ausflüge mit Mimmo. Nach Trani, wo er seine Militärzeit verbracht hatte. Die weiße Kathedrale am tiefblauen Meer, von dem ein starker warmer Wind wehte. In Bari das Gefängnis, in dem Antonio Gramsci eingekerkert war. Und am Hafen der Fischmarkt mit seinem Überfluß, den Formen, Farben, Stimmen, Gerüchen. Unser Wochenendausflug mit Mimmos Frau und Sohn zusammen. Über das Gebirge, den Appenin, nach Salerno und von dort die Küstenstraße nach Sorrento. Der Blick aufs Meer und an den Hängen Zitronen- und Apfelsinenbäume, übervoll mit weithin leuchtenden Früchten. Am Abend saßen wir im Freien unter Eukalyptusbäumen, aßen aus tiefen Tellern Spaghetti mit frischen Muscheln, tranken Wein. Die Glyzinien mit ihrem betäubenden Geruch. Am Morgen vom Hotel der Blick auf den Golf von Neapel und den im Dunst liegenden Vesuv. Unsere Ausflüge nach Capri und Pompeji. Ich erinnere mich, wie ich alles beglückt und zugleich verstört einsog. Mein schlechtes Gewissen. Wieso durfte ich, von den Grenzwächtern für vier Wochen entlassen, das sehen, meine Söhne und Freunde aber nicht? Die ständige Anwesenheit dieses Gedankens wirkte wie ein Gift, das in den Genuß tröpfelte und ihn verdarb. In meinem Kopf konnte ich damals die hermetisch verriegelten Tore nicht öffnen.

Erst jetzt – Mimmo sitzt vor mir – gelingt es mir, und erinnernd schießt ungeteilte Freude in mich. Aber ich schweige dem Freund gegenüber, rühre nicht an die Erlebnisse von 1987. Es könnte ihn verletzen. Seine Frau ist vor einigen Jahren an Krebs gestorben.

Drei Tage ist er in Rom. An zwei Abenden wird er zu Kollegen nach Hause gebeten. Ich werde mit eingeladen. Ein Abend bei Professor Marino Freschi, ein anderer bei Professor Paolo Chierini. Ihre schönen Wohnungen. Das aufwendige Tafeln, mehrere Gänge. Die Frauen bewältigen alles bewundernswert leicht und heiter. Mimmo, schon immer korpulent, hat stark zugenommen. Aber er hält sich nicht zurück, im Gegenteil, er ißt mit sichtlicher, fast animalischer Freude. Mit der gleichen animalischen Freude betreibt er seine Wissenschaft. Das mag ich an ihm. Die Gespräche drehen sich ausschließlich um Arbeit. Chierinis Frau ist ebenfalls Germanistin, sie hat mein Lenz-Buch besprochen, ich fühle mich verstanden und danke ihr.

Die Poetik-Vorlesung. An diesen beiden Abenden nimmt mein Absagebrief an meinen Verleger Gestalt an. Das Gespenst verflüchtigt sich. Ich werde nicht in einen Hörsaal der Universität wandern. Ich spüre, die kleinen Bleigewichte in den Füßen, die mich seit meinem ersten Buch beim Schreiben erden, würden wieder verlorengehen, mit langen Armen würde ich in die Wissenschaft zurückgezogen.

17. Dezember
Noch vier Tage, dann ist Tobias da. Post, ein Berg Leserbriefe. Fotos vom Kindeskind.

Am späten Nachmittag ein Abschiedsgang durch Trastevere. Ponte Fabricio, das Ristorante Comparone, Santa Maria in Trastevere, wo die kleinen Bettler waren. Wieder fallen mir die vielen Che-Poster unter den auf der Erde vor Gotteshäusern, Plätzen und in Gassen ausgebreiteten Waren auf.

Ich bleibe bei einem der fliegenden Händler stehen. Wann habe ich das Poster erstmals gesehen? Ich weiß es nicht. Bei meinem Aufenthalt in Kuba 1978 aber, entsinne ich mich, war es allgegenwärtig. In Havanna riesengroß an Häuserwänden. Che Guevara war zum Mythos geworden. Wurde damit eine idealisierte Vergangenheit als Glücksverheißung in die Zukunft projiziert. Und: Förderte Fidel Castro Ches Popularität und instrumentalisierte sie zugleich für seine eigene Herrschaftslegitimation. *Wir werden sein wie Che* singen die kubanischen Kinder am Morgen in der Schule.

Meine zweite Reise nach Kuba war eine Dienstreise. Eine deutsch-kubanische Arbeitsgruppe des Verlagswesens war 1975 in der DDR gegründet worden, der ich als Mitarbeiterin des Ministeriums für Kultur angehörte. Bisher hatten wir in Leipzig anläßlich der Internationalen Buchkunstausstellung oder in Berlin getagt. Ich erinnere mich an heftige Attacken der Kubaner gegen unseren selbstbezogenen, lächerlichen DDR-Sozialismus. Ihr leidenschaftlich vorgetragener Haupteinwand galt unserer fehlenden Solidarität mit den unterdrückten Völkern Lateinamerikas und Afrikas. Denselben Vorwurf erhoben sie gegen die Sowjetunion.

Nun hielt der DDR-Sozialismus auch vor meinen Augen längst nicht mehr stand, aber aus anderen Gründen. *Gesellschaftsgestocktsein* in erschreckendem Ausmaß. Denkverbote. Die bitteren Erfahrungen von Prag 1968. Das wärmende Ländchen wurde zunehmend zum Totenhaus. Die Erkenntnis, immer weniger bewirken zu können. Im Sommer 1978 zog ich die Konsequenz, kündigte. Der 30. September würde mein letzter Tag im Amt sein. Die Reise auf die Karibikinsel sah ich als eine Art Abschied. Mein Ehrgeiz war, in Kuba über die vereinbarten Übersetzungsprojekte hinaus neue auf den Weg zu bringen, ehe ich die Arbeit aus der Hand gab.

Als wir auf dem Airport »José Martí« in Havanna landeten, war mein bisheriger Partner nicht unter den Abholenden. Auch als die Tagung begann, fehlte er. Meiner Frage wurde ausgewichen. Dann, als ich hartnäkkig blieb, hieß es, er stehe an anderer Stelle im revolutionären Kampf. Da wußte ich, er war mit der Waffe in der Hand nach Angola geschickt worden. (Nach Guevaras Tod hatte die Sowjetunion zunächst die Unterbindung des Exports der kubanischen Guerilla mit einer drastischen Kürzung der Wirtschaftshilfe versucht. Nachdem Castro dann verschiedene Zugeständnisse gemacht, unter anderem den Einmarsch der sowjetischen Truppen in die ČSSR gerechtfertigt hatte, *durfte* Kuba ab 1975 wieder Kämpfer nach Afrika schicken, in ein Operationsgebiet, das bereits Che Guevara ins Auge gefaßt hatte.)

Ches Ideal des *Selbstopfers* war, wie ich mich überzeugen konnte, lebendig. Mit Stolz sprachen sie von den in Angola gefallenen Revolutionären. Jede Frage nach Sinn und Effektivität des Einsatzes in Afrika verbot sich. Ebenso die nach ihrer Wirtschaft. In unseren Gesprächen in Leipzig und Berlin – ich hatte die *compañeros* auch bei mir zu Hause zu Gast – versuchte ich zuweilen, ihre absurde und kuriose Verwerfung jeglicher Art von Privatinitiative zu thematisieren. Vergeblich. 1978 sah ich, die wirtschaftliche Lage war äußerst angespannt, fast alles gab es auf Bezugsscheine, angefangen von den primitivsten Dingen wie Seife. Die Häuser in der Altstadt wirkten verwahrlost, die kleinen Kneipen, in denen wir vor vierzehn Jahren Mojito und Daiquiri getrunken hatten, waren überwiegend geschlossen, und das bereits 1964 abenteuerliche Aussehen der Autos, fehlende Türen, verrostete, nur noch halb vorhandene Karosserien, hatte sich dramatisch verschärft. Aber niemand hungerte. Niemand klagte. Es sei denn über einen unstillbaren Bildungshunger. Bei den offiziellen Gesprächen, den Arbeitsessen im Hochhaus von »Habana libre« wie bei den Spaziergängen unter vier Augen: immer dieser ungebrochene revolutionäre Enthusiasmus.

Wie lange kann man für ein ganzes Volk die Idee des *Selbstopfers* aufrechterhalten? (Noch heute singen die kubanischen Kinder: *Wir werden sein wie Che*. Heute wallfahren sie nach der Provinzhauptstadt Santa Clara, wo seit Oktober 1997 die in Bolivien am Rande des Flugfeldes von Vallegrande geborgenen sterblichen Überreste Che Guevaras in einem eigens dafür errichteten Mausoleum bestattet sind.)

Das auf der Erde liegende Poster. Das Porträt von Alberto Díaz, das inzwischen zum meistreproduzierten Foto der Geschichte geworden ist. Hat sich für mich nicht inzwischen ein anderes Bild darüber geschoben? Das des toten Che, aufgebahrt im Waschhaus von Vallegrande, einen Tag nach seiner Exekution. Che Guevara mit nacktem Oberkörper, die toten Augen offen, er scheint zu lächeln; gelassen, ruhig wirkt er, schön; eine Sanftheit geht von ihm aus. Eine Aufnahme des Fotografen Freddy Alborta. Die Assoziation zu »Der tote Christus« von Andrea Mantegna und einem gleichnamigen Bild des jungen Holbein. Wie hätte Caravaggio den Toten gemalt? Der Christus-Gedanke bekam zusätzlich Nahrung durch einen der dreißig Journalisten und Bildreporter, die von der Presseagentur UPI nach Vallegrande gerufen worden waren. Der Franzose Jean Lartéguy berichtet, daß ein Bauer aus der Umgebung (kein einziger hatte sich den Guerilleros angeschlossen, im Gegenteil, von einem Bauern waren sie verraten worden), daß dieser Bauer an den zwischen zwei toten Gefährten aufgebahrten Che Guevara herangetreten sei und gesagt habe: *Gott verzeih mir, man könnte glauben, es sei Christus zwischen den beiden Schächern.*

Die Imitatio Christi. Auch Fidel Castro griff sie bei der Trauerfeier der Hunderttausende in Havanna auf. Che habe *sein Blut für die Erlösung der Ausgebeuteten und Unterdrückten, für die Armen und einfachen Menschen vergossen,* sein *Tod werde langfristig wie eine Saat sein ...*

Ein Christus der Gewalt? Oder nicht eher ein Don

Quijote? So sah er sich selbst. Im Abschiedsbrief an seine Eltern vom April 1965 heißt es: *Mit meinen Fersen spüre ich wieder die Rippen meiner Rosinante, ich mache mich erneut auf den Weg mit meinem Schild auf dem Arm.*

Ist nicht eher, so frage ich mich heute, Fidel Castro dieser Don Quijote, der fünfundachtzigjährige, kranke Castro kämpft noch immer; mit verrosteter Lanze, blind für seine Irrtümer, ein Ritter von der traurigen Gestalt.

Rückblickend ist Che Guevara für mich keineswegs der *vollkommenste Mensch unserer Zeit,* als den ihn Jean-Paul Sartre bezeichnete. Auch nicht der *neue Mensch des 21. Jahrhunderts,* zu dem er sich selbst stilisierte. Das ist er für mich zuallerletzt. Seine Überzeugung, daß man *Gewalt bis zum Selbstopfer* ausüben müsse und *sich daraus die allmähliche Geburt eines neuen Menschen ergebe.* Dieses *Selbstopfer* forderte er nicht nur von sich, sondern in Zusammenhang mit der Kuba-Krise 1962 von Millionen Kubanern. Sein schockierender Satz vom *schaurigen Beispiel eines Volkes, das bereit ist, sich im Atomkrieg aufzuopfern, damit seine Asche als Fundament einer neuen Gesellschaft dient.*

In seiner »Botschaft an die Völker der Welt« verteidigt Guevara den *Haß als Faktor des Kampfes. Der unnachgiebige Haß gegenüber dem Feind*, heißt es, *der weit über die natürlichen Schranken eines Menschenwesens hinaustreibt und es in eine wirksame, gewalttätige, auswählende und kalte Tötungsmaschine verwandelt.* Es ist die allerletzte Botschaft, die von Che aus den bolivianischen Bergen kommt, im Sommer 1967 wird sie in Havanna öffentlich verlesen.

Das Poster auf der Erde. Che Guevaras *Es gibt kein Leben außerhalb der Revolution*. Wußte der seit der Kindheit unter schwerem Asthma Leidende als ausgebildeter Mediziner, daß die starken Medikamente sein Herz schädigen, ihm kein langes Leben beschieden sein würde? Verabsolutierte er seine existentiellen Erfahrungen in der Sierra Maestra? War seine *Achillesferse*, wie Fidel Castro sagte, seine *übermäßige Kampfbereitschaft*?

Sein für mich berührendstes Dokument bleibt bis heute sein »Bolivianisches Tagebuch«. Es ist seine menschlichste Aussage, alle Rhetorik, aller Schein ist verschwunden, es ist das Dokument der revolutionären Tragödie. Der letzte Eintrag vom 7. Oktober 1967, kein Wasser, keine Medikamente, völlige Isolierung der wenigen Kämpfer in einem unwegsamen Gebiet; der Ring der bolivianischen Armee wird immer enger. Ernesto Che Guevara bewegt sich auf seinen Tod zu.

Hat dieser Tod seinem Leben den Sinn gegeben? Ist er die *Auferstehung*? Giangiacomo Feltrinellis *Che lebt*. Das Plakat, seine Verführung. Sind es die Augen? Ist es diese seltsame Mischung von Rebellion und Jugendlichkeit, von Militanz und Sehnsucht, von Entrücktheit und Entschlossenheit?

Der Händler, ein junger Schwarzhäutiger, berührt mich am Arm. Ich habe schon zu lange hier gestanden. Er zeigt auf das Plakat, macht die Bewegung, ob er es zusammenrollen solle. Ich schüttle den Kopf, kaufe ihm eine Sonnenbrille ab, die ich nicht brauche. Danke ihm, gehe weiter.

18. Dezember
Tobias ruft an, seine Abfahrt verzögere sich, die Winterreifen seien bereits aufgezogen, aber das Auto verliere Öl, er müsse morgen nochmals in die Werkstatt. Der rote Passat, der schon über hunderttausend Kilometer gefahren ist, wird er die zweimalige winterliche Alpenüberquerung noch schaffen?

19. Dezember
Ausflug mit Ursula Bongaerts und einer Kunsthistorikerin aus Weimar nach Olevano. Ein wunderbarer Tag: Agaven, Tamarisken, gute Gespräche, sonnenbeschienene Mauern, frühlingshaft schmeichelnde Luft.

20. Dezember
Abschied von Baschal. Er erzählt vom Tod der Nonne, die, und sei es nur für einen Tag, das neue Jahrhundert erleben wollte. Gott habe ihr Gebet nicht erhört.

In den letzten Tagen meine mehrfachen vergeblichen Anrufe bei Fulio und Anna. Heute eine Karte, sie sind bereits zu Sohn und Schwiegertochter gefahren, um das Weihnachtsfest mit ihnen zu verbringen. Ich trage ein kleines Päckchen mit einem Abschiedsgeschenk zur Post.

21. Dezember
Ausstellungseröffnung: Handzeichnungen von Goethe und seinen Zeitgenossen.

22. Dezember
Anruf von Tobias, er stehe in der Höhe von Bologna im Stau.

16 Uhr seine Ankunft. Wir bringen das Auto in das unterirdische Parkhaus, finden den Ausgang zum Park der Villa Borghese nicht. Durch eine häßliche Betonröhre gelangen wir in einem Strom von ebenfalls Parkenden in der Nähe der Spanischen Treppe wieder an die Oberfläche. Wir werden entschädigt: Sonnenuntergang vor der Kulisse der Kuppel von San Pietro in Vaticano. Es ist empfindlich kalt geworden. Durch die von Besuchern volle vorweihnachtlich aufgeregte Stadt. In der Via dei Quattro Santi in der Nähe des Kolosseums – ich war mit Bettina schon hier – essen wir bei Pasqualino. Der Appetit des Alpenüberquerers. Dann der Heimweg. Die Via del Corso in vollem Weihnachtsschmuck der Lichterketten. Zeitiges Schlafengehen. Tobias schließt die hölzernen Fensterläden, die *scuri*.

23. Dezember
Schon die zweite Nacht ein ungutes Geräusch im Flur. Gestern versuchte ich es zu überhören, indem ich mir die kleinen Wachspfropfen in die Ohren drückte. Aber es half nichts. Ich stand auf und sah nach. Es war die Klimaanlage, ihr sonst fast unhörbares, allenfalls leises Summen war von einem in Abständen heftigen Schlagen abgelöst. Die Stelle an der Flurdecke ließ sich ge-

nau lokalisieren. Beunruhigt teilte ich es am Morgen Domenico mit. Es hänge mit der niedrigen Außentemperatur zusammen, die Lüftung habe einfach mehr zu tun. Es will mir nicht einleuchten, wir hatten im Dezember schon kältere Tage. Heute nochmals ein Vorstoß, diesmal im Sekretariat. Die Chefin ist schon in Deutschland. Ob man nicht einen Techniker kommen lassen könnte. Achselzucken. Domenico Martilli kenne sich bestens aus, er werde schon recht haben.

Am Morgen mit der U-Bahn zur Station Piramide. An August von Goethes und Antonio Gramscis Gräbern. Keine Sommerfülle mehr, zurückhaltende Dezemberfarben. Dann in das alte Kraftwerk nach Garbatella in die Ausstellung »Maschinen und Götter«. Die Musa Polimnia. Der Sohn entdeckt, daß im obersten Stockwerk eine Fotoausstellung ist; von dort ein Blick über die Ewige Stadt, die in keinem Reiseführer zu finden ist, endlos triste Neubauten. Der Anfang von Federico Fellinis »Roma«, sagt er.

24. Dezember
In der Nacht mehrmals wach, wieder das Geräusch. Meine Beunruhigung. Drei Tage wird die Casa di Goethe geschlossen sein.

Die Feiertage. Wir müssen einkaufen. Die Seitengassen der Via del Corso. Winzige Geschäfte. Der Sohn ist entzückt. Während ich noch aus der Kindheit Fleischer- und kleine Kolonialwarenläden kenne, ist es für den mit tristen DDR-Kaufhallen Aufgewachsenen und nun an Supermärkte Gewöhnten etwas völlig Neues. Die

Metzgerei, war sie in der Via di San Giacomo oder in der Via dei Greci? Im Schaufenster aufgereiht nackte Hühner mit langen Hälsen, Fasane noch im Federkleid. Im Inneren Schweine- und Rinderhälften an großen Haken hängend, aus denen der Schlachtermeister – seine rechte Hand hat nur zwei Finger – die vom Kunden gewünschten Stücke schneidet. Die Metzgersfrau mit blutiger Schürze, die Ränder der Fingernägel schwarz, der Kittel unter der Achsel zerrissen. Ein faszinierendes Gesicht. Eine eigenartig grobe Schönheit. Sie scherzt mit jedem Kunden, wir verstehen nicht, was sie sagt. Aus der Art des Gelächters aber, das den ganzen Laden erfüllt, läßt sich auf Obszönitäten schließen.

Dann mein kleiner Lebensmittelladen in der Via di Gesù e Maria. Wie immer ist er überfüllt. Aber statt zwei sind heute vier Verkäufer da. Wir stehen noch in der zweiten Reihe und werden schon nach unseren Wünschen gefragt. Die vertraute Begrüßung als Kundin. Und wie stets ein persönliches Wort. Mit Blick auf Tobias die Frage: Besuch aus Deutschland, der Sohn etwa? Als ich bejahe, folgt ein langes Lob seiner Jugend und Schönheit. Über den Kopf der vor mir stehenden Frau dann rufe ich, was wir möchten. Und als der Verkäufer uns die vollen Tüten über die Theke reicht, sagt er: *Con tanti auguri per natale* und dann *ed un felice anno nuovo*, und ich erwidere: *Con tanti auguri per natale, ed un felice anno nuovo*. Tobias lacht, man könnte glauben, du sprächest Italienisch.

Dann verlieren wir uns in der Via Margutta – hier war ich noch nie –, kleine Galerien, Antiquitätengeschäfte, Restaurierungswerkstätten für antike Möbel.

Das Gewirr der Gassen. Schließlich stehen wir in der Via della Croce vor einem Feinkostladen. Das Schaufenster voller Köstlichkeiten. In der Mitte thronen auf einem Porzellanteller unter einem Glassturz drei weiße Trüffel. Ihr Preis ist sündhaft. Wir sehen uns an, lachen, sind uns einig: einer davon wird unser Weihnachtsessen.

Wir gehen hinein, sind die einzigen Kunden. Der Verkäufer, ein älterer Herr, Fliege, pomadisiertes Haar, hohe, schrille Stimme; er spricht ausgezeichnet Deutsch. Wir hätten keine Ahnung, wie wir den Trüffel zubereiten sollen, sagen wir. Er klärt uns auf. Ganz einfach, hauchdünn hobeln und über heißen Tagliatelle servieren. Er schnalzt mit der Zunge, spitzt den Mund, beglückwünscht uns zu unserer Entscheidung. Als er den Glassturz von dem aus dem Schaufenster genommenen Porzellanteller hebt, strömt uns ein scharfer eigenartiger Geruch entgegen.

Ein faszinierender Anflug von Morbidität, ein starkes Aroma, ruft er. Und als wir darüber lachen, setzt er zu einer Trüffel-Lektion an. An keiner königlichen Tafel, weder im Altertum noch in der Renaissance, habe die köstliche Knolle fehlen dürfen. Lukullus sei ein großer Freund der Trüffel gewesen. Ebenso der Sonnenkönig. Aphrodisische Eigenschaften seien ihnen zugesprochen worden, ein Nahrungsmittel und zugleich ein Mythos. Nach Plutarch und Juvenal seien sie aus dem Einwirken von Regen, Donner und Hitze auf mineralische Elemente entstanden. Francesco Petrarca habe ein Sonett auf den Trüffel geschrieben. Er beginnt zu deklamieren: *dent o dove Giammai nosi aggiora …*

Ich zeige auf den kleinsten der drei, er unterbricht sich, nimmt ihn vorsichtig vom Teller; ein *Tartufo Bianco d'Alba*, sagt er, die Königin unter den Trüffeln, nicht in Symbiose mit einer Pappel oder Birke, sondern mit einer Eiche gereift, was wir an dem hellbraunen, fast karamellfarbenen Fruchtfleisch sehen könnten. Er umhüllt die kleine Knolle behutsam und mehrfach, als sei sie eine Prinzessin auf der Erbse, überreicht, nachdem er uns noch die besten Tagliatelle empfohlen hat, Tobias das Paket.

Ein Theaterauftritt ist nichts dagegen, sagt dieser, als wir den Laden verlassen haben, und wir spotten über unsere neuen, bizarren, aber vielleicht auch verzichtbaren Erfahrungen nach dem Einsturz der Mauer und tragen dennoch fröhlich unseren Schatz nach Hause.

Aber noch fehlen die Getränke. Als letztes daher in die Weinhandlung in der Via di Ripetta mit den bis zur Decke reichenden, mit Flaschen gefüllten dunklen Holzregalen. Der mit einem Wortschwall auf uns zueilende eloquente Verkäufer. Er kennt mich, weiß, daß ich Ausländerin bin, kann sich aber offenbar nicht vorstellen, daß sein wasserfallartiges Italienisch nicht verstanden werden kann. Beim Rotwein sind wir uns schnell einig. Ein italienischer soll es sein und einer aus einer Gegend, die wir zumindest vom Durchfahren kennen. Letzteres verschweigen wir, da es für einen Experten kein Kriterium sein kann. Als er *Bardolino* sagt, erinnern wir uns an den kleinen Ort am Gardasee und stimmen zu. Und dann ein Sekt. *Per l'ultimo dell'anno, per San Silvestro*, fragt er. *Si, si*. Ein Redeschwall folgt, dem wir entnehmen, für den Eintritt in ein neues Jahrtausend könne, müsse es ein Champagner sein. Und schon ist er die Leiter hochgeklettert, mit einer Hand hält er sich daran fest, mit der anderen führt er, sich waghalsig zu uns herunterbeugend, sein Champagner-Angebot vor. Erstaunlich, wie er trotz seiner eingeschränkten Stellung auf der Leiter Gestik und Mimik spielen läßt. Unser Beifall; wir folgen seiner Empfehlung, kaufen einen teuren Champagner.

Für den Abend sind wir zu Bettina eingeladen.

25. Dezember
Gegen drei Uhr am Morgen zurück. Die Heilige Nacht, die wir in der Via Barrili verbracht haben. Zwei annähernd gleichaltrige Frauen, zwei junge Männer, Mutter und Sohn jeweils. Gegen 19 Uhr holte uns Bettina ab. Tobias' heitere Gesprächigkeit im Auto. Daß die Chemie zwischen den beiden stimmte, hatte ich schon bei unserem ersten kurzen Besuch in der Buchhandlung an der Piazza Montecitorio wahrgenommen. Und war es mir mit Niklas nicht ebenso ergangen? Von Bettina ganz zu schweigen, sie wird eine Freundin über dieses halbe Jahr Rom hinaus bleiben.

Die schöne große Wohnung. Die jungen Männer im Wohnzimmer. Bettina in der Küche am Herd, ich tatenlos daneben. Gespräch über das, was da in der Röhre köchelte und uns schon beim Eintritt in den Korridor verführerisch in die Nasen fuhr. Bei eurem Dreierprojekt, sagt Bettina übergangslos, paß auf Tobias auf. Ich frage nicht nach dem Warum, ich weiß es selbst.

Ich will die Schleusen nicht öffnen, bin aber den Tränen nah. Da ertönt rettend aus dem Wohnzimmer der Ruf: Hunger.

Und dann brennen die Lichter am Weihnachtsbaum, wir sitzen um den Tisch, Wein in den Gläsern, wir stoßen an, das helle Klingen, von den Tellern dampft es. Ein Rezept von Bettinas römischer Marktfrau: mit Rosmarin gewürzt, Tomaten- und Kartoffelscheiben, Zwiebelringe, Lachsscheiben in einer Pfanne geschichtet, obenauf Garnelen. Köstlich.

Das Gespräch verläßt die Bahnen der Heiterkeit nicht; selbst dann, als Bettina den Sohn unvermittelt – mein Herz stockt – nach den technischen Anforderungen bei dem Buch fragt. Ich bin überrascht, wie präzise er die Schwierigkeiten benennt; bin zugleich schockiert, wie schnell mein Vorstellungsvermögen bei der Darlegung technischer Details versagt. Für eine Zeit dann verschwinden die jungen Männer ins Nebenzimmer, vermutlich sitzen sie vor dem Computer. Dann sind wir wieder zu viert. Eine neue Flasche Wein.

Auf dem Bildschirm, ohne Ton, die Übertragung der Christmette aus dem Petersdom. Heute – Zeitungen, Rundfunk und Fernsehen sind seit Wochen voll davon – wird Papst Johannes Paul II. die Porta del Paradiso öffnen, die Porta Santa, eine der fünf in die Peterskirche führenden Türen. Seit dem Jahr 1300, seit Papst Bonifatius VIII., ein institutionalisiertes Ritual; das Öffnen der heiligen Pforte leitet das sogenannte *Jubeljahr* ein. Ursprünglich, sagt Niklas, hieß es *Jobeljahr*, vom hebräischen Wort *Jobel (yobale)*, das für den Klang der Schofar, einer Art Posaune, steht, die das Jahr ankündigt. Luther übersetzte es mit *Halljahr* und *Erlaßjahr*, weil in ihm ein besonderer Sünden-Ablaß möglich war. Zuletzt war die Pforte von Gründonnerstag 1983 bis Ostersonntag 1984 zum außerordentlichen Heiligen Jahr der Erlösung geöffnet. Seither ist sie zugemauert. Heute nun soll sie wieder betretbar und bis zum 6. Januar 2001 begehbar sein. Tausende und Abertausende sind zu diesem Ereignis nach Rom gekommen. Die Erwartungen der Gläubigen.

Und dann ist es soweit. Unter vielen Zeremonien und Gebeten – für uns lautlos – wird die heilige Pforte geöffnet, und Papst Johannes Paul II. und der Klerus ziehen in einer prächtigen Prozession durch sie in den Petersdom ein.

Der Papst, ein kranker alter Mann, die Mitra und sein prächtiger Umhang sind ihm viel zu schwer, er scheint sich kaum auf den Beinen halten zu können, tief gebeugt klammert er sich an seinen Petrusstab, die Ferula. Sein Gesicht immer wieder in Großformat auf dem Bildschirm. Karol Józef Wojtyłas erzwungenes Lächeln; eine berührende Mischung aus List, Bauernschläue und durch Erschöpfung und Schmerz schimmernde verzeihende Güte. Die Unbarmherzigkeit der Fernsehkamera, ihre Schamlosigkeit, die verletzende, kaum zu ertragende Nähe. Wir schalten aus.

Als wir mit dem Taxi von der Via Barrili zur Via del Corso zurückfahren, kündigt sich die Morgendämmerung schon an. Ich denke an Goethe, der in Rom unzählige Kirchen besucht. Der als *protestante* in die Einwohnerlisten Eingetragene im Rom des Katholizismus.

400 Kirchen gibt es zu seiner Zeit in der Stadt, 240 Klöster, 73 Stifte. Von den 35 894 Häusern gehören allein 28 000 der Kirche. Ein Viertel der arbeitsfähigen Bevölkerung ist im öffentlichen Dienst der Kirche tätig. Über 100 000 Pilger kommen im Jahr nach Rom. Am 6. Januar 1787 notiert Goethe: *Am ersten Christfeste sah ich den Papst und die ganze Klerisei in der Peterskirche ... Es ist ein einziges Schauspiel in seiner Art, prächtig und würdig genug ...* Dann aber sein Einwand, er gesteht: *daß mir diese Herrlichkeit mehr nimmt als gibt ...* Für ihn sind die Schöpfungen der Natur und der Kunst das weitaus Wichtigere. *Eine Wirkung der Natur hingegen*, fährt er fort, *wie der Sonnenuntergang von Villa Madame gesehen, ein Werk der Kunst, wie die viel verehrte Juno, machen tiefen und bleibenden Eindruck.* Dann endet er mit einem barschen, summierenden Urteil über die Italiener: *Ihre Zeremonien und Opern, ihre Umgänge und Ballette, es fließt alles wie Wasser von einem Wachstuchmantel an mir herunter.*

Der Harmonie des Weihnachtsabends folgt am ersten Feiertag Streß. Wir sitzen beim Frühstück, da gehen alle Lampen im Zimmer aus. Wir öffnen die Tür, auch da Finsternis. Keine Taschenlampe, mit einer Kerze gehen wir in den Museumsflur. Stille, kein Schlagen, die Klimaanlage schweigt. Die Alarmsicherung funktioniert noch, aber für die kleine Kammer blinkt die Warnleuchte, das bedeutet eine zu hohe Temperatur. Die wertvollen Originale in der Kammer. Und im Museum die Sonderausstellung mit den Handzeichnungen. Ich gerate in Panik. Tobias beruhigt mich. Es muß ein Notstromaggregat geben, sagt er. Aber wie lange es arbeiten wird und was es bedient, wissen wir nicht. Offensichtlich nicht die für das Museum lebenswichtige Klimaanlage.

Ich mache mich auf die Suche nach Notstrom und Hauptsicherung, sagt der Sohn, versuche du die Chefin des Hauses zu erreichen. Das Telefonbuch im Sekretariat ist im Schreibtisch eingeschlossen. Ich rufe in Deutschland Konrad Scheurmann an, er gibt mir die Nummer. Aber niemand hört, und auch kein Anrufbeantworter ist eingeschaltet. Nervös rufe ich nacheinander die drei Mitarbeiter in Rom an. Dasselbe. Nur bei Domenico Matilli kann ich aufs Band sprechen. Tobias kommt zurück, die Hauptsicherung hat er nicht gefunden, aber das Notstromaggregat. Es werde nicht mehr lange laufen, sagt er, es sende als Warnmeldung schon Pieptöne aus und an der kleinen Lichtorgel sei abzulesen, daß es bald leer sein werde.

Also den Sicherheitsdienst alarmieren, die Sistemi di Sicurezza in der Via Cavour. Tobias schlägt im Italienisch-Wörterbuch Stromausfall, Notstromaggregat und Warnmeldung nach. Ich wähle die Nummer. Die drei Worte bewirken Wunder, innerhalb von zehn Minuten ist ein Mann da. Er wird fast zornig, als wir nicht angeben können, wo sich die Hauptsicherung befindet. Nicht in dieser Etage, sagt Tobias. Der Mann kramt in seiner Tasche voller Schlüsselbunde, hält einen dann gegen das Licht seiner Taschenlampe, winkt Tobias, ihm zu folgen; die Tür klappt zu, ihre Schritte die Treppe abwärts.

Der Luftzug der Tür hat die Kerze auf dem Empfangstresen verlöschen lassen, ich taste im Dunkeln nach einem Stuhl hinter der Museumskasse, setze mich, meine übermäßige Erregung, mein Herz rast, ich spüre, wie dünnhäutig ich in den Monaten in der Casa di Goethe geworden bin. Die mich umgebende Finsternis, es scheint eine Ewigkeit zu vergehen.

Dann irgendwann geht das Licht an. Ich höre die beiden auf der Treppe, öffne ihnen. Die in einem fast gerümpelartigen Verschlag im Keller befindliche Hauptsicherung sei es gewesen, sagt Tobias, und der Mann sagt: Tutto okay und schreibt sein *Referto dell'ispezione*, seinen Bericht. Und unter *Firma del Cliente* muß ich meinen Namen setzen, und er reicht mir den Durchschlag; ich sehe, die Ewigkeit hat ganze zwanzig Minuten gedauert, von 13:00 bis 13:20 Uhr, und ich lese Ivano Proletti »Vigilanza Elettronica«.

Am Abend dann unser Festessen. Soweit ich denken kann, immer gab es in meiner Kindheit am ersten Weihnachtsfeiertag Thüringer Klöße und Gänsebraten. Und auch ich habe später in meiner Familie mit meinen Kindern an dieser Tradition festgehalten, stets waren Gänsebraten und Thüringer Klöße auf dem Tisch; den ganzen Vormittag des ersten Weihnachtstages verbrachte ich in der Küche am Herd, um die Gans goldbraun und knusprig zu bekommen.

Heute nun unser Tartufo Bianco d'Alba. Noch liegt er in seine sieben Hüllen verpackt im Kühlschrank. Aber immer, wenn wir die Kühlschranktür öffneten, entströmte ihm ein Geruch, der augenblicklich den ganzen Raum füllte. Nun nehmen wir ihn heraus. Die Hüllen fallen. Der Geruch intensiviert sich, ist fast betäubend und zugleich schwebend leicht. Wonach riecht der Trüffel? Wir suchen nach Vergleichen, nußartig duftend, ein Anflug von Käse, Nähe zum französischen Roquefort, junger Knoblauch, frischgeschnittene Schalotten? Wir verwerfen alles, es trifft nicht, der Geruch ist unvergleichlich. Aber das Geruchsgedächtnis verwahrt den im Wortsinn *eigenartigen* Duft bis heute, jederzeit ist er abrufbar, steigt in der Nase auf, breitet sich aus, auch Zunge und Gaumen erinnern sich. Wenn wir von unserm Trüffel-Essen berichtend einem Dritten eine sinnliche Vorstellung von der Ungewöhnlichkeit und Einmaligkeit des Geruchs geben wollen, scheint uns der Verweis des Verkäufers auf Plutarch und Juvenal am geeignetsten: daß die unter der Erde reifenden Trüffel durch Einwirkung von Regen, Donner und Hitze auf mineralische Elemente entstanden seien.

In Rom ist der Wein eingegossen, die heißen Tagliatelle sind auf den tiefen Tellern, zu feinen Splittern gehobelt wird das hellbraune, karamelfarbene Fruchtfleisch des Trüffels darüber getan. Mit seinen Lobpreisungen des Tartufo bianco d'Alba hat der Verkäufer in der Tat nicht übertrieben.

26. Dezember

Der gestrige Tag endete mit einem stürmischen Klingeln genau zehn nach 22 Uhr. Wir saßen noch bei unserem Festessen. Die Sprechanlage: ein Mann von der Proletti-Firma. Er stürmte förmlich die Treppe hoch und zur Tür herein. Signor Matilli habe Alarm gemeldet. Sein hastiges Italienisch. Er wurde sofort ungehalten. Tobias wollte ihn aufklären. Aber er schaltete die Alarmanlage aus und ging mit uns durch alle Museumsräume. Mehrmals sog er die Luft prüfend ein, sagte aber nichts. Wir hatten es sofort bemerkt, den Geruch unseres Mahls hatte die Klimaanlage auch ins Museum getragen. Tutto okay, brummte er dann und sicherte den Alarm wieder. An die Empfangstheke gelehnt, verfaßte er sein *Referto dell'ispezione*, reichte es mir zur Unterschrift. Aber ich lehnte ab, ich hätte ihn nicht gerufen, sagte ich. Einen Moment schien er verwundert, setzte dann, wo der Name stehen mußte, das Wort *assente* = abwesend, machte einen Pfeil in Richtung Signor Matilli, gab mir den Durchschlag und verschwand. Und wir kehrten zu unserem Essen zurück.

Heute ein ruhiger Tag. Nach dem Frühstück liegt Tobias auf dem zum wackligen Sofa umfunktionierten Bett, blättert in einem Bildband über Rom, erhebt sich zuweilen, um auf dem über ihm hängenden alten Rom-Panorama, diese Kupferstichfolge von Giuseppe Vasi von 1765, etwas zu suchen.

Ich halte mich mit meinen Plänen, was ich ihm zeigen möchte, zurück. Nach unserem Mißerfolg am gestrigen Nachmittag. Oder war das Nicht-ans-Ziel-Gelangen nicht das eigentliche Erlebnis gestern? Niklas hatte uns erzählt, daß noch in drei weiteren römischen Kirchen heilige Pforten geöffnet werden, in der Pauls-Kirche, in Santa Maria Maggiore und in San Giovanni in Laterano. In der Lateranbasilika gibt es ein Freskofragment von Giotto zur Verkündigung des ersten Heiligen Jahres 1300, diese Basilika ist die älteste Roms, die erste Kultstätte des Christentums. Über dem Hochaltar in den aus Silber getriebenen Kopfreliquiaren werden in einem Tabernakel die Schädel der Apostel Petrus und Paulus verwahrt. Und die Inschrift über dem Portikus lautet: *Caput et Mater ecclesiarum Urbis et Orbis*, Haupt und Mutter der Kirchen der Stadt und des Erdkreises.

Metrolinie A, San Giovanni, sagte Tobias beim Frühstück, und mit der Zweistundenverzögerung durch Stromausfall und Sicherheitsdienst machten wir uns gestern auf den Weg.

Das haben wir nicht erwartet. Schon vor der Porta San Giovanni Menschenmassen. Den ankommenden Bussen entströmen sie, die unterschiedlichsten Sprachen sind zu hören, offenbar Pilgergruppen aus aller Herren Länder; auffällig die älteren Frauen, viele in Nonnentracht.

An dem geschichtsträchtigen Ort auf dem weiten Platz vor dem Laterangelände Absperrgitter, Ordner in blauen Uniformen, barsche Anweisungen, Lautsprecherdurchsagen; die Anmutung einer touristischen Großveranstaltung. Ein enormes Aufgebot an Polizei. Im Gegensatz zu den Ordnern sind die Polizisten stumme Figuren, sie stehen unbeweglich in der Menge, geben keinerlei Anweisungen, scheinen eine Art Sicherheitsgarantie zu sein, sie befinden sich nicht auf italienischem Staatsgebiet, San Giovanni in Laterano ist Teil des Vatikanstaates.

Das Drängen, die laute Atmosphäre, die vielen Gläubigen. Es ist aussichtslos, nur in die Nähe der Basilika, geschweige in ihr Inneres zu gelangen. Wir geben auf. Auf dem Rückweg, schräg gegenüber dem Lateranpalast ein geöffnetes Kirchenportal, auch hier viele Menschen, aber es gelingt uns, in den Vorraum einzutreten. Ein schockierendes Bild bietet sich uns: eine hohe steile Treppe ohne Geländer, die zu einem hellerleuchteten Raum führt; die Treppe ist voller Gläubiger, alte und junge, mit Rucksäcken und Einkaufsbeuteln rutschen sie Stufe um Stufe mühsam auf den Knien nach oben. Es soll die Treppe aus dem Palast des Pontius Pilatus sein, die Jesus zum Verhör hinaufstieg. Vor mir tauchen die schreienden, vor der hölzernen Muttergottes auf die Knie fallenden Frauen in Syrakus auf, ein für mich unbegreifliches, mich befremdendes Geschehen wie auch dieses hier; zugleich das Gefühl, ein Voyeur zu sein, ein unzulässiger Zeuge einer intimen Handlung. Tobias hat sich abgewandt, empfindet offenbar ähnlich; wir verlassen die Kirche Santissimo Salvatore della Scala Santa.

Der ruhige Tag. Ich klappe mein Notizbüchlein zu. Der Sohn, noch immer auf dem wackligen Sofa, schlägt vor, eine Stunde nach draußen zu gehen. Einfach so, ohne Besichtigungsprogramm.

Wir gehen zum Tiber, und plötzlich rauscht es, ein Flügelschlagen, ein Krächzen, Tausende von Vögeln über uns. Ein Schwarz, dann ein helles Grau, je nachdem wie dicht die Vögel beieinander sind, sie bilden Formationen, die sich auflösen, blitzschnell verändern. Schwarz-Weiß-Grafiken am Himmel. Die Masse der

Tiere direkt über uns. Der unsichtbare Dirigent der Tausenden; ein faszinierendes Schauspiel, eine Vogelperformance. Tobias hält es mit seiner Videokamera fest.

Zurück. Die Via del Corso ist am frühen Nachmittag des zweiten Weihnachtsfeiertages relativ menschenleer. Die verschlossene Haustür, mein schwerer Schlüsselbund, die marmornen Treppen, die verzierten Eisengitter des Fahrstuhls, im zweiten Stock das Museum, mein Schlüssel im Sicherheitsschloß. Als wir die Tür öffnen: der unvergleichliche Geruch, der faszinierende Anflug von Morbidität, so Tobias. Museumsbesucher möchten nicht unbedingt davon empfangen werden, sind wir uns einig. Es sei denn, sagen wir uns, es gibt hierzulande viel mehr Trüffelkenner, als wir annehmen, die würden den Geruch – wie wir – genüßlich einsaugen im Glauben, Goethe gebe ein Gastmahl.

Dennoch, beruhigt registrieren wir: Zwei Tage schon ist die Casa geschlossen, und auch morgen, am Montag, wird sie noch zu sein. Und wir machen uns an unser zweites Festessen; im Kühlschrank lagert noch in seinen sieben Hüllen die zweite Hälfte der kleinen Knolle. Heute genießen wir in Ruhe, von keinem stürmischen Klingeln unterbrochen.

Am späten Abend legen wir eine Kassette ein, sehen uns Fellinis »Roma« an.

27. Dezember
Himmlisch – schon den dritten Tag kann ich ausschlafen.

Frühlingshaft warm, 18 Grad, Sonne. Gemeinsam durch das jüdische Viertel und die Stufen zum Kapitol hinauf. Glücklich.

28. Dezember
Eine Stunde schon wach. Erst gegen sieben muß ich die Alarmanlage ausschalten und die Putzfrau einlassen.

Auf Tobias' Plan sind heute die Vatikanischen Museen. Ich spüre, er möchte alleine gehen, sich frei bewegen können.

Für mich stehe noch das Museum der Etrusker in der Villa Giulia aus, sage ich, und er stimmt sofort zu. Wir verlassen zusammen das Haus, jeder geht in eine andere Richtung.

Meine Neugier auf die etruskische Kunst, genährt durch den Ausflug mit Bettina nach Vulci und Cerveteri. Die Vasen, Terrakotten und Bronzen im »Museo Nazionale Etrusco«, eine schöner als die andere. Mein Ziel aber ist der Sarkophag der Eheleute. Eine große Terrakotta-Figur aus dem 6. Jahrhundert vor Christus. Die Harmonie, die das Paar ausstrahlt. Blaß vor Neid stehe ich davor. Ihr archaisches Lächeln. Das Geheimnis ihrer Nähe?

Draußen Donnergrollen, heftiger Wind, dann Donnerschläge, schließlich schüttender Regen. Ich stehe in der Eingangshalle. Mein Warten hat wenig Sinn. Der Himmel ist tiefschwarz, der Wind braust. Der Regen zumindest schüttet nicht mehr, als ich losgehe, er kommt in Böen, reißt an den Wipfeln der Bäume, sie biegen sich bedrohlich. Krachend stürzen zwei Bäume hinter mir nieder. Wo wird Tobias sein? (Mütterliche Ängste, die er stets als überflüssig abwehrt.) Ich laufe schneller – es gibt keinen Weg als den durch den Park der Villa Borghese für mich –, in der Höhe der Piazza di Siena sehe ich, wie ein riesiger Ast bricht und niederstürzt. (Anderntags lesen wir, auch in Paris und Berlin Unwetter, entwurzelte Bäume, Überschwemmungen.)

Der Abend. Der Sohn blättert und liest in einem Bildband über die Sixtinische Kapelle. Ich in einem Buch des englischen Schriftstellers Lawrence über seine Reise zu den Etruskern. Schweigen. Durch die geschlossene Balkontür in der Ferne Signale von Feuerwehr und Krankenwagen.

29. Dezember
Als wir beim Frühstück sitzen, klopft es. Massimiliano. Er habe ein Telefonat für uns entgegengenommen. Frau Bolli sei gestern nach Deutschland geflogen, ihre Mutter liege im Sterben oder sie sei gestorben; Genaueres weiß er nicht, auch nicht, wer der Anrufer war.

Schweigend frühstücken wir weiter. Mit dem Gedanken beschäftigt, was nun Silvester wird. Bettina hatte uns eingeladen, mit ihr wollten wir in den Süden zu Freunden fahren. Meine Freude über ihren Vorschlag war groß gewesen. Keinesfalls wolle ich den letzten Tag meiner Stipendiatenzeit, den 31. Dezember 1999, in Rom verbringen, hatte ich Tobias schon am Ankunftstag gesagt und ihm die riesigen Stahltribünen für Großveranstaltungen auf der Piazza del Popolo gezeigt.

Also doch Rom, frage ich jetzt zweifelnd, vielleicht

willst du in fünfzig Jahren deinen Enkeln erzählen, du seiest beim Eintritt in das 21. Jahrhundert in der Ewigen Stadt gewesen?

Nein, kalendarisch genau beginne zudem das neue Jahrtausend erst am 1. Januar 2001, sagt der Sohn. Steht auf, holt den Atlas, wir könnten nach Norden fahren bis zu den Alpen und auf einer Paßhöhe – auf der italienischen Seite noch – in einem kleinen Dorf zum Beispiel ein Quartier suchen, anhalten und feiern. Eine gute Idee. Tobias prüft günstige Autobahnabfahrten, ich mehr den Wohlklang der Namen. Vielleicht ein Ort, den Goethe auf seiner Rückreise von Italien tangiert hat? Vom Comer See aus hat er den Weg über den Splügenpaß, über Chur, Vaduz nach Konstanz genommen. Das führt uns zu weit ab. Noch während wir, über den aufgeschlagenen Atlas gebeugt, debattieren, klopft es erneut.

Wieder ist es Massimiliano. Ich möchte ins Sekretariat kommen, ein Gespräch für mich. Am Telefon ein Mann namens Paul, er stellt sich als Bettinas Freund vor, auch im Namen seiner Frau möchte er mich und meinen Sohn zu Silvester nach Itri einladen. Er nennt mich beim Vornamen, wie es mir aus Schweden vertraut ist; den Weg bis Sperlonga kennst du ja, sagt er, ihr fahrt weiter bis auf die Anhöhe, wo sich der Weg gabelt, der rechte führt nach Gaeta, der linke in die Berge und zu uns. Aber es ist schwer zu finden. An dieser Kreuzung – dein Sohn hat doch ein Handy – ruft ihr mich an, ich hole euch ab. Alles klar, sagt er, wartet ein kurzes Okay meinerseits ab und legt mit einem »Wir freuen uns auf euch« den Hörer auf.

Mir hat es fast die Sprache verschlagen. Ein Luftsprung. Ich überbringe Tobias die Nachricht. Itri, das südliche Städtchen unweit von Neapel. Goethes Vater Johann Caspar sagte es nicht zu: vom *nicht weniger* (als Fondi) *düsteren Itri* schreibt er in seinem »Viaggio per l'Italia«. Goethe dagegen, der auf seinem Weg von Fondi nach Formia am Vormittag des 24. Februar 1787 durch das 14 Kilometer südlich von Fondi gelegene Itri kommt – *sodann durch ein Städtchen* –, ist von der gebirgigen Gegend mit ihrer Vegetationsfülle geradezu entzückt. *Mignon hatte wohl Recht sich dahin zu sehnen*, notiert er.

Wenn, sagt der Sohn, mich wieder in die Gegenwart holend, wir nicht mit Bettinas Auto, sondern mit dem unseren fahren, brauchen wir auch nicht nach Rom zurück. Er schlägt vor, mit sämtlichem Gepäck nach Itri in den Süden und von dort nach Deutschland zu fahren. Sofort bin ich einverstanden.

Am Morgen des 31. Dezember werden wir Rom den Rücken kehren.

Abschied von den Gemälden Caravaggios. Als Überraschung für Tobias habe ich die Begegnung mit ihnen bis zuletzt aufgehoben. Aber Pech. Als wir am Morgen zur »Bekehrung des Paulus« und zur »Kreuzigung des Petrus« wollen, finden wir die Kirchentür verschlossen. Vermutlich wegen der lärmenden, im vollen Gange sich befindenden Vorbereitungen zu der Silvester-Mega-Party, die auf der Piazza del Popolo stattfinden soll.

Wir gehen in Richtung Piazza Navona, biegen in die kleine Seitenstraße ein, die Kirchentüren von San Luigi dei Francesi stehen offen. Kaum Besucher. Die Cappella Contarelli. Wie vor Monaten Andreas werfe ich eine Münze in den kleinen Kasten, erkläre wie er das Notwendigste. Lange stehen wir schweigend, nur das Geräusch beim Aufprall der Geldstücke ist zu hören.

Am Nachmittag ein Gang durch den Aventin, das Wetter hat sich beruhigt, das sanfte Licht einer verschleierten Sonne liegt über allem. Und schließlich in der Dunkelheit die Cestius-Pyramide und die Porta San Paolo im gleißenden Licht der Scheinwerfer; die nächtliche Stadt strahlt, auch Santa Maria Maggiore und, wie wir von weitem sehen, das Kolosseum.

Und Goethes Abschied? Am 10. April 1788 schreibt er nach Weimar: *Noch bin ich in Rom mit dem Leibe, nicht mit der Seele. Sobald der Entschluß fest war abzugehen, hatte ich auch kein Interesse mehr, und ich wäre lieber schon vierzehn Tage fort …* Das klingt nicht nach Schmerz, nach schicksalhafter Endgültigkeit, wie es dann in der »Italienischen Reise« zu lesen sein wird.

Am 23. April verläßt Goethe die Ewige Stadt.

Ankunft im Norden, Fremdheit. Er, der sich in Rom *jenen kimerischen Vorstellungen und Denkweisen des Nordens zu entziehen gesucht, und unter einem himmelblauen Gewölbe* sich *freier umzuschauen und zu atmen gewöhnt* hatte, der in Rom ein anderer geworden, von aller *Kleinheit … weggerückt* ist, wird nun wieder mit der Enge Weimars konfrontiert. Nicht als *zurückgekehrt*, als *zurückgewiesen* empfindet er sich. Charlotte, die einstige Freundin, zeigt ihm die kalte

Schulter. Sein Liebesglück mit Christiane muß er geheimhalten.

Bereits nach wenigen Monaten, am 27. Dezember, klagt er dem in Rom weilenden Johann Gottfried Herder: ... *ich kann eine leidenschaftliche Erinnerung an jene Zeiten nicht aus meinem Herzen tilgen. Mit welcher Rührung ich des Ovid's Verse oft wiederhole, kann ich dir nicht sagen.*

Erstmals taucht das Motiv der Verbannung auf. Im Jahr 8. v. Chr. wurde der Dichter Ovid von Kaiser Augustus aus Rom verbannt. In seinem erzwungenen Exil, *weit hinten am Schwarzen Meere, in trauer- und jammervollen Zustande*, verfaßte er seine Klagelieder »Tristia ex Ponto«. Goethe zitiert in seinem Brief an Herder zwei Zeilen aus der 3. Elegie des 1. Buches und schließt: *Ich fühle nur zu sehr, was ich verloren habe, seit ich mich aus jenem Elemente wieder hierher* (nach Weimar) *versetzt sehe.*

Am 26. Dezember 1789 wird Goethe ein Sohn geboren. Er ist kaum ein Vierteljahr alt, als Carl August seinen Freund bittet, die Herzogin-Mutter ein Wegstück in Italien zu begleiten. Goethe bricht auf, wartet in Venedig auf sie. Die Zeit wird ihm zur harten Probe. Die Stadt erscheint ihm nun als *Stein- und Wassernest.* Dem Herzog gesteht er *im Vertrauen ..., daß* seiner *Liebe für Italien durch diese Reise ein tödtlicher Stos versetzt wird.* Er nennt den Grund: seine *Neigung zu dem zurückgelassenen Erotio und zu dem kleinen Geschöpf in den Windeln.* Sein Fazit: *Ich bin ganz aus dem Kreise des Italienischen Lebens gerückt.*

Dies aber ist nicht von Dauer. Rom pocht erneut an

die Tür. Jahre später wieder Italienpläne. Mit Heinrich Meyer zusammen will er ein kunsthistorisches Werk über Italien verfassen, ein Aufenthalt von mindestens einem halben Jahr in Rom ist vorgesehen. 1796 machen die Kriegswirren die Pläne zunichte, die napoleonischen Truppen marschieren in der Lombardei ein. Nach Friedensschluß im Frühjahr 1797 Reisevorbereitungen; Goethe legitimiert seinen Sohn, sichert seine Gefährtin im Falle seines Todes. Am 30. Juli bricht er auf. Er kommt nur bis Zürich, wo Meyer auf ihn wartet. Erneut Widerstände, nun von den ihm Nächsten, seiner Frau, seinem Freund. Schiller, wohl nicht ganz uneigennützig, beschwört Meyer: *bewegen sie ihn ... recht bald zurückzukommen.* Goethe sei auf dem *Gipfel* seines Schaffens, er dürfe diese große Zeit der Produktivität nicht vertun. Und massiver Protest Christianes, sie will nicht mehr allein bleiben, ihre Drohung, sich mit dem Kind hinten auf die Kutsche zu setzen. Zudem fürchtet sie, Goethe könne durch die Unsicherheit der Lage etwas zustoßen: *Es soll nach der Schweiz auch wegen des Kriegs übel aussehen ... Ich bitte Dich um alles in der Welt, gehe itzo nicht nach Italien!* Auch Goethes Mutter ist beunruhigt: ... *der Gedancke daß du in das Land wo jetzt Räuber und Mörder ihren Sitz aufgeschlagen haben hin wollest* würde ihr *alle Freude vereitel⟨n⟩* und *geheimen Kummer* bereiten.

Goethe verzichtet, kehrt um. An Schiller schreibt er: *Die Hoffnung* auf eine *immer größere theoretische und praktische Vereinigung* sei *eine der schönsten, die mich nach Hause lockt.* Und Christiane kann lesen: ... *daß ich nur um Deinet- und des Kleinen wil-*

len zurück gehe. Ihr allein bedürft meiner, die übrige Welt kann mich entbehren. Das klingt nach Resignation. Und ist es wohl auch.

Wenn man Goethes berührendes Geständnis aus dem Jahr 1826 bedenkt, *daß* er *nur in Rom gefunden habe, was eigentlich ein Mensch sei ...*, daß er *zu dieser Höhe, zu diesem Glück der Empfindung ... später nie wieder gekommen* sei, er *mit* seinem *Zustande in Rom verglichen, eigentlich nie wider froh geworden* sei, kann man ermessen, wie groß seine Trauer war, Rom nicht wiederzusehen, und welchen entscheidenden Stellenwert er seinem Italien-Aufenthalt lebenslang zumißt.

Nur in Gedanken, sich erinnernd, schreibend, auf dem Papier reisend, wird es ihm vergönnt sein, in die Ewige Stadt zurückzukehren. In Zusammenhang mit seiner Autobiographie »Dichtung und Wahrheit« nimmt er 1809 seine italienischen Aufzeichnungen vor. 1813 beginnt er mit der Redaktion. 1816 und 1817 erscheinen als Fortsetzung von »Dichtung und Wahrheit« unter dem Titel »Aus meinem Leben. Zweite Abteilung Erster und Zweiter Teil« die uns heute als »Italienische Reise« Teil 1 und 2 bekannten Bände. Sie enden mit dem Juni 1787. Die Schilderung der acht Monate des zweiten Rom-Aufenthaltes steht noch aus. Erst 1829, drei Jahre vor seinem Tod, wird Goethe sie als Band 29 in seiner »Ausgabe letzter Hand« publizieren.

Mehr als vierzig Jahre sind seit der unternommenen Reise vergangen, als Goethe die literarische Aufarbeitung seines Rom- und Italien-Erlebnisses abschließt. Während den 1817/18 erschienenen Erinnerungen

Papiere zugrunde liegen die im Augenblick geschrieben worden – Goethe hat seine *Tagebücher von Carlsbad und Rom redigiert* –, ist das Kompositionsprinzip im »Zweiten Römischen Aufenthalt« geprägt von seinem Altersstil, dem der »Wanderjahre« vergleichbar. In einem Brief an Sulpiz Boisserée spricht er von *disperate⟨n⟩ Elemente⟨n⟩*, die er vereinigt habe *durch einander gegenüber gestellte und sich gleichsam in einander abspiegelnde Gebilde den geheimeren Sinn dem Aufmerkendem zu offenbaren.* Neben Monatsberichten und redigierten Korrespondenzen werden Partien mit ganz eigenständiger Thematik aufgenommen, ebenso bereits veröffentlichte Texte und Ausarbeitungen Dritter.

Und die Schilderung des Abschieds von Rom? *Wie mit Ovid dem Local nach, so konnte ich mich mit Tasso dem Schicksale nach vergleichen.* Vom *schmerzliche⟨n⟩ Zug einer leidenschaftlichen Seele, die unwiderstehlich zu einer unwiderruflichen Verbannung hingezogen wird …* ist in einer ersten – durch eine Tagebuchnotiz vom 31. August 1817 belegten – Abschiedsszene zu lesen. Und: *Diese Hauptstadt der Welt, deren Bürger man eine Zeitlang gewesen, ohne Hoffnung der Rückkehr zu verlassen, giebt ein Gefühl, das sich durch Worte nicht überliefern läßt.* In der Endfassung von 1829 verstärkt Goethe die schicksalshafte Endgültigkeit des Abschieds. Er schildert seinen letzten Gang im Schein des abnehmenden Mondes durch Rom. *Nachdem ich den langen Corso, wohl zum letzten Mal durchwandert hatte, bestieg ich das Capitol, das wie ein Feenpalast in der Wüste dastand.* Bei diesem Gang zieht er *gleichsam ... die Summa Summarum* seines *ganzen Aufenthaltes. Und wie sollte mir gerade in einem solchen Augenblicke Ovids Elegie nicht ins Gedächtnis zurückkehren, der, auch verbannt, in einer Mondnacht Rom verlassen sollte.*

Am 2. April 1829 hatte Goethe seinen Mitarbeiter Riemer gebeten: *ich bedarf einer deutschen metrischen Übersetzung beykommender sechs ovidschen Verse ...* Riemer erfüllt den Wunsch. Und der fast Achtzigjährige schließt mit jenen sechs Ovid-Zeilen, deren zwei erste bereits im Klagebrief des Neununddreißigjährigen an Johann Gottfried Herder standen.

Cum subit illius tristissima noctis imago,
Quae mihi supremum tempus in Urbe fuit;
...
Wandelt von jener Nacht mir das traurige Bild vor die Seele,
Welche die letzte für mich ward in der Römischen Stadt.
...

30. Dezember

Kein Abschiedsschmerz. Eher das Gegenteil. Freudiges Packen. Computer und Bücher in Plastekisten. Vorsichtiges Ablösen der Lappland-Wanderkarten von den Schränken. Das Zusammenrollen des im Oktober mit Joachim in Bochum erstellten Gesamtplans des Buches.

Gestern spät am Abend ein ausführliches gutes Gespräch mit Tobias darüber. Klare Vorgaben bei der Zusammenführung von Bild und Text von seinem Bruder und mir seien für ihn das Wichtigste, ansonsten laufe es ins Leere, sagt er, und wir vergeuden Zeit und Geld.

Nicht immer werde sich das machen lassen, erwidere ich, es wird Umstellungen geben und von manchen Seiten wohl mehrere Entwürfe. Aber bitte nicht zwanzig, sagt er, lacht, spielt auf Franz Fühmann an, der ihm und seinem Bruder, als sie als Neun- bzw. Dreizehnjährige in Märkisch Buchholz das Puppenspiel »Die heilige Genoveva« aufführten, Manuskriptseiten gezeigt hatte, die zwanzigmal überarbeitet worden waren.

Der Sohn ist heute allein unterwegs, er will Einkäufe machen und vielleicht noch die Treppen zum Kapitol hinaufsteigen zum Reitermonument des Marc Aurel oder einen Blick auf Kaiserforen und Trajansmärkte werfen.

Gestern habe ich meinen Abschied für die Museumsmitarbeiter – nur zwei und ein Praktikant waren da – mit einem Sektfrühstück gegeben. Die Rückkehr der Chefin aus Deutschland wurde für den Abend erwartet.

Jetzt ist sie da, wir sitzen in ihrem Arbeitszimmer. Der Blick in den Innenhof, die riesigen Blätter des Bananenbaums, die bis zur Erde reichenden Wedel der Palmen. Sie entschuldigt sich wegen der Unannehmlichkeiten, daß sie mich nicht unterrichtet habe, wo sich die Hauptsicherung befinde; aber einen gesamten Stromausfall habe es im Museum noch nie gegeben. Silvester aber, deshalb ist sie zurückgekommen, sehe sie mit Unruhe entgegen. Und sie erzählt von den Horrormeldungen, daß es in der Nacht vom 31. Dezember 1999 zum 1. Januar 2000 in ganz Europa zu einem Stromausfall, zu einer totalen Finsternis kommen könne, weil die Computer in den Kraftwerken auf die Zahl 00 übergehen müssen und auf die Nullen nicht reagieren könnten.

Sie ist überrascht, daß wir bereits morgen früh das Haus verlassen. Von unseren Silvesterplänen hatte ich geschwiegen. Dann lade sie mich heute zu einem Abschiedsessen ein; auch ihre aus Deutschland mitgekommene Freundin, Mitarbeiterin im Goethehaus in Frankfurt am Main, würde mich gern kennenlernen. Tobias ist nicht begeistert, seinen letzten Rom-Abend mit drei weiblichen Wesen verbringen zu müssen. Aber er hält sich gut. Die Komplimente der beiden jungen Frauen. Versöhnen sie ihn oder gibt er sich nur den Anschein? Seine stets leichte Ironie, die ich mag.

Ich danke Frau Bongaerts für die Monate in ihrer Casa. Sie ist eine so tüchtige, offene, engagierte Person, ich bewundere sie und spüre, sie hat nach dem persönlichen Kummer ihr seelisches Gleichgewicht noch nicht wiedergefunden. Alles sei gut gewesen, sage ich. Innerlich gebe ich mir selbst die Schuld, daß ich mich so oft unwohl gefühlt habe: mein mangelndes Italienisch, meine Lärmempfindlichkeit. Und wäre nicht alles anders gelaufen, wenn ich über Goethe, Herder, über Goethes Sohn August in Rom geschrieben oder mich, wie es nach den vier intensiven Recherche- und Schreibjahren angebracht gewesen wäre, für einige Monate ins Nichtstun – nur Sehen und Aufnehmen – hätte fallen lassen? Der Irrwitz, über die Einsamkeit und Stille einer Landschaft in einer lärmenden Großstadt zu schreiben.

31. Dezember
Frühstück im Freien. Im Caffè Canova an der Piazza del Popolo, dort wo wir am Morgen nach unserer Ankunft im Juli saßen; derselbe Tisch, derselbe Kellner. An einem Abend, ich war allein hier, hat er mir Rotwein auf mein helles Seidenkleid gegossen. Er erinnert sich.

Auf dem Platz sind wenige Menschen, nur auf den riesigen Bühnenaufbauten sind Leute zu sehen; Techniker, die mit Tonproben beschäftigt sind. Wiederholt in ohrenbetäubender Lautstärke Töne, in kurzen Abständen, aber immer nach Sekunden abbrechend.

Dann die unterirdische Garage, der uns freundlich in die Einbahnstraße einwinkende Polizist. Massimiliano hilft die Kisten mit Büchern und meinen Sachen hinunterzutragen. Die Chefin steht am Auto, so gut möchte sie es auch haben, gebracht und abgeholt zu werden. Ich übergebe ihr Haustür- und Museumsschlüssel. Umarme sie.

Wir verlassen Rom. Ein langes Ausfädeln aus der Stadt, zweimal verfahren wir uns, dann sind wir richtig: Velletri – Latina – Terracina. Schließlich Sperlonga. Ich habe von dem weißen Strand dort erzählt; laß uns ans Meer gehen, sagt Tobias, und die Schuhe in der Hand, wandert er vor mir her. Die Stelle, wo von den in den Sand gesteckten Eisenstangen der phantastische Wasserfall aus Feuer niederging, den ich versäumte. Das Hotel. Vom Strand aus laufen wir ein Stück an dem von üppigen Kaktusfeigen gesäumten Weg in Richtung Torre Truglia, für die verwinkelten Treppen und Gassen reicht die Zeit nicht, wir kehren zum Auto zurück.

Es geht bergan, auf der Höhe hinter Sperlonga der von Paul bezeichnete Treffpunkt. Wir halten, steigen aus.

In einem Stahlblau, sphärenhaft glänzend, breitet sich das Thyrrhenische Meer vor uns. Zur Rechten ist die Landzunge von San Felice zu sehen. Und der Monte Circeo, jener berüchtigte Zauberberg, wo, nach Homer, Odysseus mit seinen Gefährten an den Gestaden der schöngelockten Kirke anlandete. Die Sonne steht direkt über dem Berg und schickt sich an, unterzugehen. Sie berührt schon den Gipfel. Sinkt langsam, ist nur noch halb zu sehen, ein Feuerball, Minuten, dann ist sie verschwunden. Für Momente trägt der Monte Circeo einen Strahlenkranz, dann verliert auch dieser sich, und der Berg wird zum schwarzen Schattenriß.

Der Himmel ist von einem zum Purpur aufsteigenden Rot übergossen, das sich nun auch auf das Stahlblau des Meeres wirft. Eine Ausschweifung, eine Farborgie. Purpur als letzte Farbe des Tages. Das Erröten der Welt. Das Entzücken auf unserer inneren Netzhaut. Die Erhebung rechts von uns, auf der Sperlonga liegen muß, ist in ein melancholisches Schwarz getaucht, dann aber nimmt die mittelalterliche Stadt ihre düstere Maske ab, in den Steinhäusern geht ein Licht nach dem anderen an. Unten liegt wie ein Scherenschnitt die Festung Torre Truglia.

Unser Blick auf den Monte Circeo, auf Himmel und Meer, wir stehen mit den Rücken ans Auto gelehnt, der sich abkühlende Motor knackt ab und an, das Purpur stürzt vom Thron, das Stahlblau verliert sein Bewußtsein, ganz allmählich verwischen sich die Farben, werden zart, fast transparent. (Noch heute, zehn Jahre später, glaube ich, den glücklichsten Augenblick meines ganzen Italienaufenthalts dort erlebt zu haben. Die überwältigende Landschaft, die Nähe des Sohnes, Rom hinter mir.)

Wir schweigen lange. Entschließen uns – um nicht ausgehungert in Itri anzukommen – zu einer kleinen profanen Vesper im Stehen. Die Thermosflasche, die Tüte mit den Tramezzini, die uns der Kellner im Caffè Canova beim Abschied überreicht hat mit der Bemerkung: für den verschütteten Wein.

Und dann kommt Paul. Alles ist unkompliziert. Er hat auch Nachrichten von Bettina; sie und ihre zwei Schwestern – die eine aus Kalifornien – waren noch rechtzeitig da, sie konnten sich von der Mutter verabschieden, sie ist in ihrer gewohnten Umgebung, in ihrem Haus gestorben, ihr Mann und die Töchter waren um sie; Bettina sei darüber sehr froh, berichtet uns Paul.

Steil geht es bergan, gewundene Wege, wir folgen Pauls Auto. Dann Hundegebell, ein Dorf. Wir halten an. Das sei ihr altes Quartier, nun ihr Gästehaus. Er führt uns in unser Zimmer, groß und hell, mit Blick auf die Berge, nennt einen Namen, es ist der des neben uns wohnenden Ehepaares, sie würden uns mit ihrem Auto dann mitnehmen. Feiern würden wir weiter oben, vor einiger Zeit habe er dort ein altes Steinhaus erworben und den umgebenden Olivenhain dazu; viel viel Arbeit, sagt er, aber es wird euch gefallen.

Mir scheint alles wie ein Traum. Dann sind wir zusammen mit unseren Zimmernachbarn die ersten Gäste oben im steinernen Haus. Eine schöne Schlichtheit, wie unten im alten Quartier stimmt auch hier alles; jedes Detail ist für die Augen eine Wohltat. Almuth, Pauls Frau, ist so offen wie er. Wir übergeben ihr den in der Via Ripetta erstandenen Champagner und unseren Beitrag zum Abendessen: Lachs, Zitronen und Dill, den sie mit Tobias zusammen auf einer Platte drapiert.

Nach und nach treffen die Gäste ein, überwiegend sind es Italiener. Die Küche zu ebener Erde und der daran grenzende Raum des Steinhauses füllen sich mit Gespräch. Ich denke an die nordischen Feste bei Jan und Inger in Bölebyn; die Zurückhaltung der Schweden (von den Samen ganz zu schweigen), niemand spricht eine Fremde an, selbst wenn sie als Freundin des Hausherrn gekommen ist. Mich störte das nie. Im Gegenteil. Ich mochte es, inmitten von lebhaft mit- und untereinander debattierenden Leuten stumme Beobachterin zu sein, ich liebte das geradezu.

Hier, bei dem Temperament der Italiener, gelingt mir das nicht. Immer wieder werde ich nach meinen Eindrücken von Italien befragt. Und ich selbst spähe nach Fabrizia Ramondino, der in Itri lebenden Schriftstellerin. Bettina hat mir gerade ihr im Arche Verlag erschienenes, auf Ventotene spielendes Buch »Im Spiegel einer Insel« zu lesen gegeben. Ich sehe, sie ist immer umringt, lebhaft gestikulierend spricht sie. Eine schöne Frau – vier Jahre älter als ich –, sie trägt ein elegantes schwarzes Kleid, hat einen silbergrauen Schal darüber geworfen, im gleichen Farbton wie ihr Haar. Ein Soziologieprofessor aus Neapel und seine Frau ziehen mich in eine Unterhaltung. Neapel sei ein Katzensprung von hier, er habe es schon dem Sohn gesagt, wir sollten unbedingt noch vorbeikommen, er zeige uns die Stadt. Ob ich wisse, daß Goethe Neapel mehr als Rom geschätzt habe. Ich sehe ihn ungläubig an. *Man mag sich hier an Rom gar nicht zurückerinnern, gegen die hiesige Lage kommt einem die Hauptstadt der Welt im Tibergrunde wie ein altes, übelplaziertes Kloster vor.* Er wiederholt: *ein altes übelplaziertes Kloster.* Seine Frau stimmt ihm zu. Ein *Paradies* sei Neapel, *wenn man in Rom gern studieren mag, so will man hier nur leben*, heiße es bei ihm; *der Ort inspiriert Nachlässigkeit und gemächlich Leben ... jedermann lebt in einer Art von trunkener Selbstvergessenheit.* Ich erinnere mich nur, daß Goethe in Neapel seine Aversion gegen den Norden auf die Spitze getrieben hat. Schon in Rom empfindet er sich als von einer *Grönlandreise,* von einem *Wallfischfang* zurückgekehrt. In Neapel aber behauptet er, ein *neapolitanischer Bettler* würde die Stelle eines *Vizekönigs in Norwegen* verschmähen und auch *die Ehre ausschlagen wenn ihm die Kaiserin von Rußland das Gouvernement von Sibirien übertragen wollte.* Der Architekt lacht: *Sempre neve, case di legno, gran ignoranza, ma denari assai,* das habe er als den *traurigen Begriff* der Neapolitaner über die *nördlichen Länder* angeführt, was heiße: *Immer Schnee, hölzerne Häuser, große Unwissenheit; aber Geld genug.*

Die beiden insistieren, für eine Goethe-Kennerin sei die Stadt am Vesuv ein Muß, sie würden den Sohn schon überzeugen. Dann geht unser Gespräch zur Gegenwart über, die Frau erzählt, sie habe ihre Kinder in einer neapolitanischen Wohngemeinschaft zusammen mit Fabrizia großgezogen, jetzt seien sie erwachsen, Fabrizias Tochter sei einunddreißig.

Sie fragt mich, wie ich Bettina kennengelernt habe. Auch im Gespräch mit anderen kommt die Rede des öfteren auf Bettina und ihre Buchhandlung an der Piazza Montecitorio; Bettinas Abwesenheit wird bedauert, und ich spüre, wie sehr sie von allen gemocht und geschätzt wird.

Der Sohn löst sich von einer Gruppe, kommt zu mir, dein Rock ist hier Gesprächsthema, sagt er. Und schon fordert mich eine junge Frau auf ihn vorzuführen. Man tritt zurück, ein Halbkreis. Der weitfallende lange Trägerrock, dunkelgrüner schwerer Stoff, eine Art Filz. Im Fenster einer kleinen Boutique in Trier während einer Lesereise habe ich ihn gesehen und mich auf der Stelle für ihn entschieden. Ich mag ihn, nenne ihn meinen Wohnrock, beide Hände kann man in die eine große Tasche graben. Der Rock ist bauschig geschnitten, wird unten wieder enger. Ich soll mich drehen. Aber die Frauen geben sich nicht zufrieden. Ausziehen ruft eine, und Almuth deutet mir, ihr in die an die Küche grenzende kleine Kammer zu folgen.

In eine Art Hauskittel gewandet sehe ich dann zu, wie Lagen von Zeitungspapier auf den Fußboden gebreitet werden, der Rock darauf. (Er hat die Form einer Bocksbeutelflasche.) Dann höre ich das Rädchen; Erinnerung an ein Kindheitsgeräusch, mit einem solchen räderte meine Mutter ihre Schnittmuster aus. Allgemeine Heiterkeit. Mehrfach muß »la Repubblica« herhalten, für alle, die sich nach dem Schnitt einen Rock nähen wollen.

Endlich gelingt es mir, ein Wort mit Fabrizia Ramondino zu wechseln. Sie habe ein Alkoholproblem, ist mir schon mehrfach zugeflüstert worden. Ich sehe es, weiß es zudem aus ihrem Text; von der *Bestie Alkohol* spricht die Erzählerin, die der realen Person der Autorin offenkundig sehr nah ist.

Ich sage ihr, wie sehr mir ihr Buch gefallen habe. Sie dankt förmlich und überschwenglich, winkt zugleich ab. Ich kann es nachempfinden, man will nicht über längst Abgeschlossenes, bereits Gedrucktes reden. Und schon gar nicht in privater Gesellschaft und zu dieser Stunde. Ich fürchte, unser Gespräch ist beendet.

Aber dann fragt sie, mich scharf fixierend, Ost oder West? Auf meine Antwort hin wird sie lebhaft; ich bin ermutigt, ihr zu sagen, wie stark die Passagen im Buch über Jorge Semprún und Buchenwald seien. Als Reaktion zieht sie mich an sich. Lächelt. Sie habe achtzig unveröffentlichte Seiten über Weimar liegen, flüstert sie. Und dann sind wir für einige Zeit in einem beglükkenden Dialog.

Ihre lebhaften Züge. Ihre Schönheit. Ich sage es ihr. Da auf einmal wieder Distanz, Abwehr. Ich sei die letzte, von der sie das entgegennehmen könne, erwidert sie, sie bereite sich auf ihren Abgang vor, die Welt gefalle ihr nicht mehr. Sie schwankt leicht; ihre neapolitanische Freundin tritt auf sie zu, legt ihr den Arm um die Schulter, die beiden entfernen sich.

Es geht auf Mitternacht zu. Der Zeiger rückt vor. Noch wenige Minuten. Paul füllt die Gläser. Wir gehen nach draußen. Ein kleiner steinerner Innenhof. Von der Brüstung der Mauer ist unten das Meer zu sehen, eine fast schwarze Fläche, vereinzelt Lichtpunkte auf ihr. Die Nacht ist lau. Der Himmel sternenlos. Eine Minute noch, sagt jemand. Der Sekundenzeiger. Der letzte Ruck. Mitternacht.

Ich umarme den Sohn, und er mich, wir stoßen an, auf uns, auf den Winzling Noah, auf seine Eltern, auf Freunde, auf alle, die uns nah sind, die wir mögen. Vor mir Gestalten, Gesichter von Lebenden und Toten; an die Lebenden richte ich meine Wünsche, an die Toten meinen Dank. Eine einzige der Gestalten ist mir unbekannt, nordisch groß und schlank sehe ich sie vor mir, aber sosehr ich mich auch mühe, Gesichtszüge herbeizurufen, eine Kopfform oder das Haar; vergeblich. Ist es der Mann, den ich finden, mit dem ich leben möchte? Die Sekunden, in denen das durch meinen Kopf geht.

Felice anno nuovo, Prost Neujahr, Anstoßen, Umarmen, alle mit allen. Aber niemand von unserer kleinen Gesellschaft zündet einen Feuerwerkskörper oder läßt eine Rakete steigen, auch unten aus dem Dorf ist nichts zu hören. Die schöne Ruhe. Nur unsere Stimmen und der Klang der Gläser. Auch das Schauspiel, das wir von der Brüstung der Steinmauer verfolgen, spielt sich in völliger Lautlosigkeit ab.

Die schwarze Fläche von Himmel und Meer belebt sich. Vor uns sind farbige Lichter zu sehen. Die Insel Ventotene, sagt Paul, und weiter entfernt, wo auch ein schwaches Flackern von Lichtern am Himmel ist, liegen die Isole Ponziane. Zur Linken aber ist der Himmel von Rot übergossen, ein unruhiges Zucken, in die Rottöne mischt sich züngelnd und flackernd ein Blau, ein Gelb, ein grelles Grün.

Es ist der Widerschein der Feste, die in Neapel und auf der Insel Ischia gefeiert werden, die zur Vertreibung des 20. und zur Begrüßung des 21. Jahrhunderts abgefeuerten Raketen. Ein von Menschen gemachtes Wetterleuchten, das für uns hier oben in den Bergen wie das der Natur lautlos ist. Mir kommt Ingeborg Bachmann in den Sinn, wie sie mit Henze auf dem Dach des Sarazenenhauses das neapolitanische Feuerwerk erlebte. Am 12. August 1953 war es, da war ich dreizehn. Siebenundvierzig Jahre ist das her, Vergangenheit, Vergänglichkeit, Lebenszeit, wer mißt sie einem zu?

Später sitzen alle um den großen Tisch, es gibt Linsensuppe, ich kenne den Brauch aus meiner Kindheit in Thüringen, wenn man genug ißt, soll einem das Kleingeld im neuen Jahr nicht ausgehen.

Der Neujahrsmorgen. Paul holt uns ab. Er will uns bei Tag die Landschaft zeigen. Der Seeseite abgekehrt sanfte Hügel, darin überall verstreut kleine Gehöfte. Kaum mehr bäuerlicher Besitz, meist Ferienhäuser. Eine Armbewegung, dies dort gehöre dem Schriftsteller Peter Schneider. Weiter hinten mutieren die Hügel zu Bergen, anfangs noch grün bewaldet, dann kahl von einem rostigen Gelb, schließlich in der Ferne ein Weiß, die mit Schnee bedeckten Gipfel.

Die Sonne strahlt, es weht ein heftiger Wind. Mir erscheint die Landschaft paradiesisch. Eukalyptus- und Lorbeerbäume, Johannisbrotbäume, Feigen- und Mandelbäume, letztere klein und zart. Eine Büffelherde kommt uns entgegen, sie trottet friedlich, der Wind kämmt das zottige Fell, wir gehen mitten durch die Herde hindurch, die traurigen Augen der Büffel.

Zu unseren Füßen wild wuchernd Fenchel, türkisfarben schimmernd der Wermut, Rosmarin mannshoch, ebenso Lavendel, der noch vereinzelt seine blauen Blüten trägt. Die Üppigkeit der Natur. Viele Wolfsmilchstauden. Soll ihr giftiger Saft nicht der Hauptbestandteil von Kirkes Zaubertrank gewesen sein? Paul bejaht es.

Der Wind trägt uns Düfte zu. Sind es die von Rosmarin oder die strengen von wildem Wermut, die sich mit dem vom Meer heraufkommenden Salzgeruch mischen? Und der Hain mit den Ölbäumen. Weitausladende, vielfach zurückgeschnittene, fast strauchförmige bizarre Gebilde. Durch die Bewegung des Windes das Changieren der oberseits graugrünen und unten weißlichgrauen Blätter. Der Stolz des Besitzers der Bäume. Paul erzählt von der Ernte und daß er die Früchte zur Mühle bringt, um eigenes Öl zu haben.

Wir kommen an einer verfallenen Zisterne vorbei. Hier, sagt Paul, habe ein Bauer seine Frau zu Tode gebracht, sie in die Zisterne hinabgestoßen. Das sei nicht nur einmal vorgekommen. Und ich denke an das archaische Lächeln des Ehepaares auf dem etruskischen Sarkophag.

Am späten Nachmittag sitzen wir auf der Bank vor dem Haus, den Rücken an der warmen Steinmauer, die Sonne blendet, wir trinken Rotwein, vor uns liegen große Sträuße von Lorbeerlaub und Rosmarin für unsere Küche, Geschenke unserer Gastgeber. Auch Olivenöl aus eigener Ernte. Abschied von Almuth und Paul.

Am anderen Morgen verlassen wir zeitig Itri. In Frosinone auf die Autobahn. Die Abfahrten Roma, Orvieto, Arezzo, Firenze, Bologna, Módena, Mántova, Verona und Trento liegen gegen Abend bereits hinter uns. Bei Bozen geraten wir in einen Stau, es wird zu spät, eine Unterkunft zu suchen. Er fahre sowieso lieber durch, sagt Tobias, die Autobahn sei in der Nacht leerer und es sei Sonntag und kein Lastwagenverkehr. Einen heißen Kaffee haben wir, und Almuth hat uns einen Ohnmachtshappen mitgegeben. Ich versorge den Fahrer. Wir machen keine Pause.

Damals, in jener Nacht auf der Autobahn, ahnte ich noch nicht, wie viele Reisen ich noch mit Tobias machen würde: mit dem Schiff die nördlichen Breitengrade hinauf bis nach Spitzbergen, auf der südlichen Halbkugel an Afrikas Westküste entlang vom Senegal bis nach Südafrika. In Dakar erstmals die Füße auf afrikanischem Boden, die Häfen Banjul, Takoradi und Lomé. In Benin mit offenen Lastwagen durch die Savanne; über und über sind wir mit feinem roten Staub bedeckt. Landgänge in São Tomé und Lüderitz. Wir wandern durch die Wüste in Namibia, stehen in Kapstadt auf dem Tafelberg, unten Robben Island, die Gefängnisinsel, auf der Nelson Mandela fast zwanzig Jahre eingekerkert war. In Shanghai streifen wir durch die Altstadtviertel, blicken in Tokyo vom Fernsehturm auf die Millionenstadt. Kyoto, die Kaiserstadt. Durch Schwefeldämpfe sehen wir in der Ferne den Fudjiyama. In Cartagena, Kolumbien, schaukelt Weihnachtsschmuck an blühenden Straßenbäumen; am Heiligen Abend erleben wir die Passage durch den Panama-Kanal. Die Häfen in Ecuador, Peru und Chile. In Valparaiso, der Stadt auf den Hügeln, steigen wir zum Haus des Dichters Pablo Neruda hinauf.

Immer ist der Anlaß für diese Reisen mein Schreiben, sind es meine Bücher, aus denen zu lesen ich eingeladen bin. Die ungewöhnlichen Orte der Lesungen: die Norwegische See zwischen Hammerfest und Longyearbyen, der Atlantik im Bereich der Iberischen Halbinsel, der Golf von Guinea in der Nähe des Äquators, der Pazifische Ozean auf einer Fahrt von den Philippinen nach Japan, der Pazifische Ozean vor der Küste Perus in Höhe der Galápagosschwelle.

Und als mein Kindeskind ein Schuljunge von zehn Jahren ist, reise ich mit ihm und seinem Vater nach Grönland. Wir begegnen den Walfängern, wandern durch die kleinste Hauptstadt der Welt, durch Nuuk. Bei Ilulissat in der Disco-Bucht die gewaltigen Eisberge; wir hören das dumpfe Tosen, mit dem sich Stücke von dem immer schneller schmelzenden grönländischen Eisschild lösen und ins Meer stürzen. Wir erleben die Inuit und ihre Sorge, daß der Eispanzer bis zum Ende des 21. Jahrhunderts geschmolzen sein kann.

Island, die krisengeschüttelte Insel. Von Reykjavík aus fliegen wir mit einem kleinen Flugzeug über die Eiswüsten der Gletscher, über Geysire und Vulkane. Die Entzückungsschreie des Schulkindes. Sein Staunen. Die Erde liegt unter uns. In mir das Bewußtsein ihrer möglichen Zerstörung durch die Menschen und zugleich wieder wie in den nordischen Bergen die Nähe zur Schöpfung, das Gefühl, ganz bei sich zu sein; eine *schlaflose Landschaft*, die zum *Vollsein* verhilft. Landschaft als Inbild der Ruhe.

All das liegt noch vor mir, als ich in jener Januarnacht mit Tobias von Italien nach Deutschland zurückkehre. Die lange Fahrt. Unsere Gespräche über das Nächstliegende. Daß wir zum Sommerende, wenn die letzten Wanderer über die Berge Lapplands gehen und alles in die irren nordischen Herbstfarben getaucht sein wird, zu dritt dort wandern werden, jene Siebentage-Wanderung, die wir für unsere Tage- und Nächtebücher gewählt haben. Dann die Paßhöhe – wieder das Schild *Brénnero/Brenner*. Die zu beiden Seiten der geräumten Autobahn aufgetürmten Schneemassen; wir versuchen uns vorzustellen, wie es jetzt im hohen Norden, wie in Roknäs und auf dem Wintermarkt in Jokkmokk aussehen mag. Und in uns steigt die Lust auf, gleich weiter zu fahren, bis – wie die italienbegeisterten Schweden verächtlich sagten – zum Ende der Welt.

Und plötzlich überströmt mich ein heißes Glücksgefühl. Der Süden ist in mir, ich kann ihn nach Norden mitnehmen. Das halbe Jahr in Rom, in Italien. Die Stipendiatenzeit. Das Geschenk. Die Menschen, denen ich nahegekommen bin, die Kunstwerke, Gemälde, Skulpturen, die Architektur, die Landschaften, das südliche Licht. Eine große Dankbarkeit für all das Erlebte erfüllt mich. Wenngleich mir durch meinen inneren Zwiespalt das Gesehene oft von einem Augenblick zum nächsten versunken schien, weiß ich in jener Nacht: Nichts wird verlorengehen, irgendwann werde ich es zurückholen, mich erinnernd, schreibend. *Wer es gesehen hat der hat es auf sein ganzes Leben.*

Langes Schweigen. Dann liegt das urzeitliche Tier, liegen die Alpen in unserem Rücken. Innsbruck, Rosenheim, München, Nürnberg. Das heimatliche Thüringen durchfahren wir in völliger Finsternis. Gegen vier Uhr, als es zu grauen beginnt, nähern wir uns Berlin, unserem Zuhause; es ist der dritte Morgen des neuen, des 21. Jahrhunderts.